三联·哈佛燕京学术丛书
学术委员会：

季羡林　李学勤
（主任）

李慎之　苏国勋

厉以宁　陈　来

刘世德　赵一凡
　　　　（常务）

王　蒙

责任编辑：孙晓林
　　　　　曾　诚

陈肖生 著

辩护的政治

罗尔斯公共辩护思想研究

The Politics of Justification

A Study
on
John Rawls' Thought
of Public Justification

生活·讀書·新知 三联书店

This Academic Book
is subsidized by
the Harvard-Yenching Institute,
and we hereby express
our special thanks.

Copyright © 2018 by SDX Joint Publishing Company.
All Rights Reserved.

本作品版权由生活·读书·新知三联书店所有。
未经许可，不得翻印。

图书在版编目（CIP）数据

辩护的政治：罗尔斯公共辩护思想研究／陈肖生著．—北京：生活·读书·新知三联书店，2018.4
（三联·哈佛燕京学术丛书）
ISBN 978-7-108-06086-0

Ⅰ．①辩…　Ⅱ．①陈…　Ⅲ．①罗尔斯（Rawls, John Bordley 1921—2002）–政治哲学–研究　Ⅳ．① B712.59

中国版本图书馆 CIP 数据核字（2017）第 205104 号

责任编辑	曾　诚
装帧设计	蔡立国
责任校对	龚黔兰
责任印制	宋　家

出版发行　生活·讀書·新知 三联书店
　　　　　（北京市东城区美术馆东街 22 号 100010）
网　　址　www.sdxjpc.com
经　　销　新华书店
印　　刷　北京隆昌伟业印刷有限公司
版　　次　2018 年 4 月北京第 1 版
　　　　　2018 年 4 月北京第 1 次印刷
开　　本　880 毫米 × 1230 毫米　1/32　印张 10.625
字　　数　256 千字
印　　数　0,001–4,000 册
定　　价　48.00 元

（印装查询：01064002715；邮购查询：01084010542）

本丛书系人文与社会科学研究丛书，
面向海内外学界，
专诚征集中国中青年学人的
优秀学术专著（含海外留学生）。

·

本丛书意在推动中华人文科学与
社会科学的发展进步，
奖掖新进人材，鼓励刻苦治学，
倡导基础扎实而又适合国情的
学术创新精神，
以弘扬光大我民族知识传统，
迎接中华文明新的腾飞。

·

本丛书由哈佛大学哈佛－燕京学社
（Harvard-Yenching Institute）
和生活·读书·新知三联书店共同负担出版资金，
保障作者版权权益。

·

本丛书邀请国内资深教授和研究员
在北京组成丛书学术委员会，
并依照严格的专业标准
按年度评审遴选，
决出每辑书目，保证学术品质，
力求建立有益的学术规范与评奖制度。

序　言

何怀宏

政治一直都是需要辩护的，或者说都是需要说理和论证的，尤其比较良好的政治，一定是需要某种理据的，要在至少某一范围的人群中得到足够的同意。但是，在传统社会中，这种辩护并不一定是面向公众的、完全公开的，或者说它面向公众的一面主要依靠的并不是说理的论证，而可能是神权的、传统的，或者具有某种克里斯玛魅力的权威。这样，它在社会层面即便缺乏公共理性的"辩护"，也常常能得到足够的"拥护"。

而近代以来，逐渐破除了那种神权的、神秘的或传统权威的政治"辩护"，而越来越强调在所有社会成员之间的说理的论证或辩护。不仅一般的政治秩序需要面对倾向无政府的人们给出辩护；特定的政治秩序还要面对持异议或怀疑的人们给出辩护，辩护的范围从基本政治制度的论证一直延伸到具体政策的听证。这意味着所有人的平等，所有人把所有人视作平等的说服对象。但这也就带来一些新的问题，首先是人们的价值观念和追求并不相同。在崇尚平等的现代社会，这些价值观念和追求一般都是被视作具有同等权利的，那么，如何在价值观念歧异的人们中达至政治社会不可或缺的基本共识？而现代价值追求中最重要的一种歧异可能就是自由与平等的矛盾了，自由与平等的目标在近代早期因为要面对共同的对手——封建特权和专制权力而往往可以联合在一起来追求，但是，在人们普遍获得平等的基本自由权利之后，自由与平等（这时的平等诉求往往集中在经济的平等）的矛盾就比较充分地显露出来了。如何协调这种自由与平等的冲突？怎样在价值互异的人们中达至在政治的范围内具有道德意义的共识？这就成为当代政治社会的一个重大课题，公民的确有种种差别，但还是在政治上最有可能取得共识，也必须取得共识。这同时也是一个很大的难题，因为要在平等承认和尊重人们价值观念差别的前提下达到人们对政治合法性的一致认识，对辩护性论证提出的要求会是比较高的。

罗尔斯的《正义论》和《政治自由主义》就是当代学者中努力解决这些问题的一种最具系统和创意的哲学尝试。而陈肖生的这本《辩护的政治》则是从上述的角度解读并推进罗尔斯思想的一本富于教益的著作。它真正深入了罗尔斯的思想和话语系统，并得出了自己的结论。对于公共辩护（public justification）的理念，罗尔斯在其著作或论文中并没有专门详述过。但在本书作者看来，公共辩护的理念正是罗尔斯政治哲学的核心思想，是理解罗尔斯从《正义论》到《政治自由主义》的"政治性转向"以及罗尔斯后期学术思想的关键线索。

作者指出，罗尔斯曾不止一次地谈到，他所提出的正义观念，单就内容看来，是为人们熟悉的，并没有太多新奇独特之处；如果说有什么独特性的话，并不在于它主张一种强调自由、平等的正义原则，而在于它主张一种以能够获得公共辩护方式来强调和协调自由、平等关系的正义原则。一种公共辩护的承诺在于：公共领域的根本政治原则，必须取得自由而又平等、理性而又合乎情理，同时又仍具有不同的价值观念的公民的普遍接受，才算是有辩护的。这样，重建自由社会政治正当性的任务的重心，很大程度上就转移到正义观念的辩护方式上来了，也即如何以一个新方式对自由、平等重新达成共享理解，如何将它们相互兼容地整合进一种正义观念内并取得公民的同意。整个原则的辩护过程，实际上就是公开地展示在正义问题上的实践推理，并争取自由平等的公民同意的过程。

当然，这一公共辩护的过程是复杂的，而正是在这方面，作者显示了精细的分析能力和论证水准。该书首先阐明罗尔斯的政治自由主义所秉持的公共辩护究竟是一种什么样的理念，指出它诉诸公民的实践理性（rationality）与合情理性（reasonableness）。政治领域的根本原则获得公共辩护的标准，不可能存在于某些理性无法理解的、未"祛魅"的实体那里，而是自由平等、理性而又合乎情理的人们彼此都可以接受的原则。这表明公共辩护是一个"现代性"的理念。

然后，作者尝试对政治自由主义的公共辩护原则的基础做出说明。这一基础在于对公民的两种道德能力，以及作为这种能力运用的结果而出现的合理多元的事实的尊重。他接着分析了罗尔斯论证策略的两个阶段：第一阶段先要求人们搁置其持有的各种各样的整全性学说，单单从一个政治性视角出发考虑哪种正义观念是值得采纳的；第二阶段则是每一个人从各自所信奉和承诺的各种合乎情理的整全性学说出发考虑，把在上一阶段所挑选出来的正义观念，通过反思平衡的方法接纳进自己的合乎情理的整全性学说。作者认为，罗尔斯《正义论》第三篇中所讨论的稳定性论证并不成功，其原因正是在于罗尔斯在那里是把"作为公平的正义"直接作为一种整全性的观点提出来的，而在一个多元社会里，公民不可能全都认可"作为公平的正义"所建基的那个康德式的整全性的基础。于是，罗尔斯重新考虑对正义观念的完整辩护必须是所有（或绝大多数）合乎情理的学说在该正义观念上达成"重叠共识"，也就是进入"公共辩护"的阶段。他把这种公共辩护的理念所要求的那种政治形态，概括为一种"辩护的政治"。

在一个平等的、以多数民意或选票为决的社会里，对政治的辩护必须是领域公共、形式公开、主体与受众皆为公众的论辩和证明。当然，我们还可以概括或提出一些可供进一步探讨的，不仅从哲学上，或还需要从历史来考虑的问题：比如何以今天的政治不仅一定要有理性的辩护，而且要公共理性地辩护？怎样能够有公共的辩护？它需要一些什么样的条件？所有人或大多数人的理性是否足以支持这种辩护？对一种政治的辩护是否可以采取多种方式和途径？怎样判断一种政治辩护是恰当或成功的？用"辩护的政治"来概括罗尔斯的政治哲学是富于新意的，但是否也会落入这主要是形式或方法上的一种概括的批评？这是否仍是一种同意的契约理论的论证方式？罗尔斯的实质性正义原则是否没有得到足够的重视？如何协调"公平的正义"与"辩护的政治"的概括？等等。

作者陈肖生作为一个"80后"，出生在广东一个边远的山村，家中世代为耕，父母生活艰辛。他从小就勤奋苦读，卓尔自立。在大学本科和硕士生期间，先后在中山大学和南京大学学习政治学理论，到北京大学读博士又深研道德与政治哲学，期间到美国访学进修一年。在北大期间，他发表了多篇学术论文，翻译了数十万字的政治哲学文献，包括其主译的《罗尔斯论文全集》上下卷，独译的罗尔斯的《万民法》等。他很早就关注和思考公共制度的建构和政治人公共精神的培养，大学期间撰写的有关公共生活中"公民同侪平等相待之道"的论文曾获得中山大学校级优秀本科毕业论文。而他现在这本书的主旨也可以说是探讨自由平等的公民在政治领域，就他们相处之道（最根本的就是正义原则）面向彼此做出解释说明、捍卫申辩，以使此"相处之道"能被他们共同接受为基本的行为准则。所以说，这一思想种子是多年前就已埋下的。而这一种子今天已开始结出丰硕的思想学术之果。我和肖生在北大相处数年，深感他好学深思、吃苦耐劳、目标坚定、眼光远大，具有很强的学术自主性和探索性，既有思想的爆发力，同时又有很强的分析能力和细节处理能力，甚至还不乏生活中一种特别的幽默感，我预祝、也相信他会在未来取得更加杰出的思想学术成果。

这些年来，我的学生多是来自条件并不优越甚至贫寒的家庭，且多是从乡村或小城镇来的。他们接地气，而又幸运地及时来到了大都市乃至国外的名校开阔了视野，获得了良好的训练，且奋斗的志向不减，动力强大。我曾疑惑，对于事业目标的实现来说，从小就有良好的教育训练与早年即立下奋斗志向并初衷不改，哪一个更为重要？在文化教育普遍荒芜的"文革"时期，我可能会说前者更为重要；但在今天的社会，我也许会说后者更为重要。生活和教育条件在达到了一定水准之后，志向就比什么都重要了。所以，我对像肖生这样来自中国乡土而又正走向世界的学子有理由抱有更大的期望。

目 录

序　言 ·· 何怀宏　i
前　言 ··· 001

第 1 章　公共辩护的理念 ······································· 010
1.1　公共辩护与实践理性 ·· 011
1.2　谁就什么对谁作辩护？ ····································· 020
1.3　公共辩护的双重目标 ·· 023
1.4　辩护的公共性要求 ··· 026
1.5　正义、合法性与公共辩护的要求 ·························· 029

第 2 章　公共辩护原则的基础 ································· 035
2.1　基础问题的产生及争论焦点 ································ 036
  2.1.1　对公共辩护原则之基础的追问 ···················· 036
  2.1.2　争论聚焦：尊重公民要求什么？ ················· 038
2.2　公民的两种道德能力与公共辩护原则的基础 ············ 041
  2.2.1　两种类型的自由主义 ······························· 041
  2.2.2　尊重对象之争 ·· 043
  2.2.3　两类自由主义所持有的自主性观念的区别 ····· 054
  2.2.4　何种尊重观念适合作为自由主义辩护原则的基础 ··· 063
2.3　总结性评论 ·· 070

第 3 章　公共辩护的策略及其依据 ···························· 076
3.1　平等尊重、辩护理由与双重辩护的要求 ················· 077
3.2　认识论的禁制与辩护的真诚性 ···························· 081

3.3　分阶段的辩护策略 ·· 086
　　3.4　辩护策略的依据：人同时作为"两种立场占据者"
　　　　的理论 ··· 098

第4章　公共视角的确立与正义原则的建构 ················ 103
　　4.1　为什么要采纳政治建构主义：导向政治中立性的论证及
　　　　问题 ··· 104
　　　　4.1.1　合理多元的事实与判断的负担 ·························· 107
　　　　4.1.2　合理多元的事实、价值多元论与认知怀疑主义 ······ 109
　　　　4.1.3　对宗教学说的排斥与要求过分 ·························· 114
　　　　4.1.4　不对称性指责 ··· 122
　　　　4.1.5　政治自由主义的宽容：高度与理由 ···················· 128
　　4.2　理解政治建构主义 ··· 133
　　　　4.2.1　元伦理学背景下的道德实在论与建构主义 ········· 133
　　　　4.2.2　从康德式的道德建构主义到政治建构主义 ········· 137
　　　　4.2.3　作为一种辩护方法的政治建构主义 ···················· 144

第5章　对公共视角与政治建构的内外批评 ················ 171
　　5.1　来自普遍主义的外部批评及回应 ··························· 173
　　　　5.1.1　"建构主义的自由主义观念在应用上的普遍性"？ ······ 177
　　　　5.1.2　奥尼尔对政治建构主义的批评以及她的普遍主义的
　　　　　　　建构主义 ··· 185
　　　　5.1.3　一种相互补充的解释 ·· 189
　　　　5.1.4　为什么罗尔斯需要一个奥尼尔式的普遍正义原则但
　　　　　　　又不能接受奥尼尔的建构 ······························· 194
　　　　5.1.5　政治自由主义如何提供对普遍正义原则的说明 ······ 199
　　5.2　对公共视角的内部批评 ·· 212

第6章　充分辩护与公共辩护 ········· 225
6.1 "稳定性"问题 ········· 227
6.2 《正义论》中的契合论证及其问题 ········· 230
6.2.1 理性的善 ········· 231
6.2.2 善的充分理论与单薄理论 ········· 232
6.2.3 契合论证 ········· 235
6.2.4 "自相矛盾"问题 ········· 237
6.3 新的稳定性论证策略与罗尔斯的"双重论" ········· 240
6.4 "双重论"之下充分辩护的困境 ········· 243
6.4.1 充分辩护任务的实质 ········· 243
6.4.2 "定言力量"的缺失 ········· 246
6.4.3 政治性正义观念的自我支撑力以及弱意义上的规范力量 ········· 250
6.5 对正义原则的"公共辩护"：罗尔斯与哈贝马斯的论争 ········· 266
6.5.1 哈贝马斯的实践理性观与道德判断的有效性 ········· 266
6.5.2 从先验实用的程序预设到不偏不倚的道德考量 ········· 270
6.5.3 哈贝马斯对罗尔斯的公共辩护批评的实质 ········· 274
6.5.4 罗尔斯最后阶段的辩护和对哈贝马斯批评的回应 ········· 277

第7章　结　语 ········· 293
7.1 一种辩护的政治 ········· 293
7.2 辩护政治之基础的薄与厚 ········· 296
7.3 辩护政治的吸引力与生命力 ········· 300

参考文献 ········· 306
后　记 ········· 317
出版后记 ········· 321

The Politics of Justification:
A Study on John Rawls' Thought of Public Justification

Contents

Foreword (He Huaihong)

Preface

Chapter 1　　The Idea of Public Justification in Political Liberalism
　　　　　　　1 Public Justification and Practical Reason
　　　　　　　2 Public Justification: Its Topic and Relevant Parties
　　　　　　　3 The Dual Aims of Public Justification
　　　　　　　4 Publicity in Justification
　　　　　　　5 Justice, Legitimacy and Public Justification

Chapter 2　　The Foundation of the Principle of Public Justification
　　　　　　　1 The Foundation Problem and the Focus of Relevant Disputes
　　　　　　　2 Citizens' Two Moral Powers and the Foundation of the Principle of Public Justification
　　　　　　　3 Concluding Remarks

Chapter 3　　The Strategy of Public Justification and Its Rationale
　　　　　　　1 Equal Respect, Justificatory Reasons and the Dual Desiderata of Justification
　　　　　　　2 "Epistemic Abstinence" and the Sincerity of Justification
　　　　　　　3 Phased Justification as a Strategy

　　　　　4 The Rationale of Phased Justification: Thomas Nagel's Standpoint Theory

Chapter 4　Shared Political Point of View and the Construction of Justice Principles
　　　　　1 Why Political Constructivism?
　　　　　2 Understanding Political Constructivism

Chapter 5　Criticisms of Political Constructivism: Internal and External
　　　　　1 External Criticism from the Liberal Universalism
　　　　　2 Internal Criticism of the Shared Political Point of View

Chapter 6　Full and Public Justification
　　　　　1 The Stability Problem
　　　　　2 The Congruence Argument and its Problems
　　　　　3 The Stability Thesis Reconstructed and Ralws' Dualism
　　　　　4 The Dilemma of the Full Justification
　　　　　5 Public Justification: the Debate between Rawls and Habermas

Chapter 7　Conclusion
　　　　　1 The Politics of Justification
　　　　　2 The Foundation of the Politics of Justification: Thin and Thick
　　　　　3 The Vitality and Attractiveness of the Politics of Justification

Bibliography
Postscript

罗尔斯作品原名与引用简称对照表

TJ — John Rawls, *A Theory of Justice* [Revised Edition] (Cambridge, MA: Harvard University Press, 1999).

PL — John Rawls, *Political Liberalism* [Second Edition] (New York: Columbia University Press, 1996).

CP — John Rawls, *Collected Papers*, Samuel Freeman ed., (Cambridge, MA: Harvard University Press, 1999).

LP — John Rawls, *The Law of Peoples* (Cambridge: Harvard University Press, 1999).

DISSERTATION — John Rawls, *A Study in the Grounds of Ethical Knowledge: Considered with Reference to Judgments on the Moral Worth of Character*, Ph.D. Dissertation, Princeton University, 1950.

前　言

作为一种规范政治理论的自由主义，在近二十年的发展中，有一个分支占据了重要的地位：这就是罗尔斯在《政治自由主义》中提出的"政治性的自由主义"（political liberalism）。有理论家甚至宣称："在现代世界，如果存在一种有吸引力的普遍主义的话，它必定是某种形式的政治自由主义。"❶要评估它多大程度上有益于人类追求一种良善政治生活的思考和实践，就必须探究清楚：它是如何设想作为公民的人，以及这样的人之间的政治关系的；它着重强调哪些基本的人类价值，以及如何处理这些价值之间的冲突；对这些价值的一种有序化排列，最终是通过一个（组）原则表达出来的，那么它是以一种什么样的方式将这些根本的政治原则制定出来呢？在所有这些构想和处理方式中，它表现出来区别于其他形式的自由主义的理论特质是什么？

有人认为，政治自由主义最重要的理论特质，就体现在它是一种"政治性"的自由主义：它的理论建基于各种政治性的理念和观念之上。其他人会认为，这种自由主义的特点在于它对中立性

---

❶ Martha Nussbaum, *Sex and Social Justice* (Oxford: Oxford University Press, 1999), p.9.

(neutrality)的强调：它制定根本性正义原则的方式，不依赖任何整全性学说，也不攻击任何合乎情理的整全性学说。这些都没错，但如果我们深究一下，为什么这种自由主义会认为这种"政治性"或"中立性"是值得追求的呢？对这个问题的回答，必然涉及政治自由主义的更深层次的理论承诺。

我在这本书中提出：这种更根本的理论关怀，可以归结为一种公共辩护（public justification）的承诺——政治生活里的根本原则，必须取得自由而又平等、理性而又合乎情理的公民的接受，才算是有辩护的。

更具体地讲，罗尔斯提出这种公共辩护的理念，实质是对自由民主政治在当代所遭遇的正当性危机的一种回应。自由主义的理论及其提倡的制度安排，在17、18世纪反对专制主义的斗争中确立了自身初步的正当性。而随着相关国家政治、社会、经济的发展以及人们观念相应地发生变化，上述制度安排到了当代，却陷入了一种正当性的危机当中。原因主要有两个：第一，自由主义极力倡导和最为珍视的两种主要价值——自由与平等，在很多重要的问题上提出了对立的规范要求，它们处于一种激烈的对抗中。这是自由民主传统的内部冲突，罗尔斯称之为"和洛克传统相连的现代人的自由"与"和卢梭相连的古代人的自由"之间的冲突。政治自由主义没法通过压制、贬低或放弃这两个价值中的任一个来解决这个问题，而只能探寻一种使它们能够共容并存的方式。第二，人们所持有的关于什么是好生活的道德、哲学和宗教观念，呈现出一种不可化约的多元性。这种多元性，是人们自由地运用理性时自然而然就会产生的，因而是一种合理多元（reasonable pluralism）的事实。第一个问题的解决，要求制定出一个（或一组）能够调和及平衡这两种主价值的正义原则；而第二个问题也就是合理多元事实的存在，对这种正义原则的提出方式、论证策略和可用的辩护资源提出了很高的要求，同时也使得人们在这样的正义原则上达成共识变得更为艰难。这个正当性危机的本质，是人们在社会政治体系赖以运行的根本正义原则的内容及辩护方式上出现了深刻分歧。因应这两个问题，政治哲学家需要通过某种方式对正义原则的结构、内容及辩护方式做出调整，使依照这种正义原则有序地组织起来的政治社会能重获正当性。

公共辩护的理念，就是为了指导这项工作的展开而阐发出来的。对于该理念，罗尔斯在其著作或论文中都没有专门详述过。但根据我的理解，公共辩护的理念的确是罗尔斯政治哲学的核心思想，它是理解罗尔斯从《正义论》到《政治自由主义》的"政治性转向"（political turn）以及罗尔斯后期学术思想的关键线索。本书将以罗尔斯的政治哲学文本为基础，阐发出一种罗尔斯式的公共辩护的理念：它是一种规范以及完整的理念形态，有其自身的原则、目标、规范性基础，以及应对上述正当性危机挑战的工作策略。由于这一任务实质上构成了罗尔斯后期政治哲学写作尤其是《政治自由主义》的重心，因此，检视公共辩护的理念，实质上也就是考察罗尔斯后期政治哲学工作是否以及多大程度上是成功的。同时，它也有助于理解罗尔斯提出的"政治性的自由主义"的理论基础、价值承诺、正义原则构造等方面的特质，并探究它在什么意义上有益于（如果有的话）人类对公平、正义的公共生活的思考和追求。总的来说，我希望本书提出的"公共辩护"这个新的视角和切入点，不仅能够揭示罗尔斯的政治自由主义的理论特质，而且还能帮助我们理解罗尔斯后期政治哲学工作的主旨、实质、遇到的困难以及可能的解决方案。接下来，将本书的篇章结构安排、论证线索及主要内容简要交代一下：

本书的第1章将阐明政治自由主义所秉持的公共辩护理念究竟是一种什么样的理念。我们会发现，政治自由主义将公共辩护看作是自由平等公民间就他们在公共生活中采纳何种"相待之道"而进行的理由交换和论辩。它诉诸公民的实践理性，包括理性（rationality）与合情理性（reasonableness），是彼此间要求理由和给出理由的一种实践。因此，政治领域的根本原则——正义原则——获得公共辩护的标准，不可能存在于某些理性无法理解的、未"祛魅"的实体那里，也不能等同于理论理性领域的正确的逻辑推演或因果推导。这种检验标准只能是：在满足实践理性所有的相关要求的条件下，它是自由平等、理性而又合乎情理的人们彼此都可以接受的原则。这表明公共辩护是一个"现代性"的理念，因为它认可人的实践理性在人类实践事务上的最高权威，而不认为需要诉诸自然目的论学说或超自然神学。另外，前述终极性标准里蕴含着自由主义公共辩护事业的双重目标或双重要求：它试图为政治权威的正当性提供好的规范理由，但这些理由又是合乎情理的公民们可以普遍接受的。

第2章尝试对政治自由主义的公共辩护原则的基础做出说明。公共辩护理念要求：政治社会里的根本原则，只有获得自由平等、理性而又合乎情理的公民的接受，才是有辩护的。我们称这个根本要求为公共辩护的原则。但公共辩护原则自身蕴含着一个问题：它声称根本的政治原则只有取得合乎情理的公民的同意才可算得上是有辩护的，那么似乎这个要求也适用于对其自身的辩护，即公共辩护原则本身似乎也需要取得理性和合乎情理的公民的合理同意。这样的话，对这个原则自身的辩护便陷入了向后无穷倒退。这要求我们必须对公共辩护的原则的基础进行深入的探究。通过与完善论的自由主义的比较，我们将论证表明：公共辩护原则的基础,在于对公民的两种道德能力,以及作为这种能力运用的结果而出现的合理多元的事实的尊重。我希望我提出的这种基础说明,不仅能合理地回应完善论自由主义对政治自由主义的批评,而且它还能解释公共辩护原则所面临的、对自身的辩护的无穷倒退链条是如何终止的。

本书第 3 章主要处理公共辩护工作的开展策略问题。如第 1 章所述,政治自由主义坚持的公共辩护要实现双重目标或双重要求,但它们之间是存在矛盾和冲突的。那么采取什么样的策略步骤来展开公共辩护的工作,才能在此过程中协调两个目标间的冲突,以便使它们都能最终实现呢?我提出,罗尔斯所采取的策略,可以依照内格尔(Thomas Nagel)所提出的"两种观点"和"两次辩护"的思想来理解:在第一阶段(所谓的"特定辩护"阶段),先要求人们搁置其持有的各种各样的整全性学说,单单从一个政治性视角(仅仅从公民这种政治身份)出发考虑哪种正义观念是值得采纳的。然后在第二阶段(包括"充分辩护"阶段以及"公共辩护"也即重叠共识阶段),每一个人从各自所信奉和承诺的各种合乎情理的整全性学说出发考虑:把在上一阶段所挑选出来的正义观念,通过反思平衡的方法接纳进自己的合乎情理的整全性学说,这是否是理性的呢?正是这种分阶段的辩护策略,使得政治自由主义能够避开由所谓的"认识论的禁制"带来的"辩护真诚性"问题。并且,这也能够为后文的分析确立一个框架,后面我们将看到,许多重要争论也与这个分阶段的工作策略有关。

第 4 章将具体地分析上述辩护的第一阶段,也就是特定辩护阶段,并表明罗尔斯是如何利用政治建构主义的方法来将一种政治性的正义观念"建构"出来的。我将阐明为什么政治自由主义要采纳政治建构主义这种独特的方式来开出它的正义原则。并且,我们还会分析：在什么意义上以及为什么可以说，经由此建构程序得到的那种正义观念及其原则，对于公民而言就是有辩护的，这一点至关重要。在本章的最后，我强调指出政治建构主义，以及可看作是其"建构"结果的政治性的正义观念，都具有一种实践性的特质。但这种特质常被人误以为政治自由主义有一种保守主义、传统主义、社会或文化相对主义的倾向，我将提出理由表明为什么这是一种误解。

第5章是对第4章的补充论证。主要是处理理论家们对辩护的第一阶段所采纳的那个政治性的公共视角（要求人们搁置他们的整全性观点而从同一的公民身份考虑问题）以及对这种政治建构主义的内部和外部批评。由此普遍主义立场的理论家发起的外部批评认为：作为建构的出发点，即所谓"公共"视角，其实不恰当地将一些行动者（如处于自由社会之内，却不分享自由主义的那种政治同一性的少数派）排斥在伦理考量的范围之外，因此它并非一个真正的公共视角。政治建构主义以及可看作此建构的结果的那个正义观念，都沦为一种特殊主义或地方主义的观念。我指出这种批评其实是错置的：政治自由主义的确认为，为了实践地解决一个社会内部最重要的公共价值（如自由和平等）冲突的问题，一种正义观念的内容必须是厚实的，并是因应它所要面对的社会而独特地确定的。这是使得政治哲学成为现实的乌托邦而非贬义上的纯粹乌托邦的关键。但这并不意味着：政治自由主义要去否定或没有空间接纳一般性的、稀薄的普遍正义原则（例如体现在基本人权清单中的那些普遍价值）。相反，我认为秉承"政治性"的自由主义的精神，从政治自由主义内部出发，罗尔斯完全有理论资源能够为普遍正义原则提供一种独立的论证。我将尝试去勾勒这种论证是怎样进行的。

另一种是内部批评，它并不反对从一些自由主义的理念出发来为自由社会制定正义原则。它要批评的是：由罗尔斯鉴定出来的、作为其政治建构的公共视角的那些社会公共文化的根本性观念（如"人"观念或"社会"观念），也许并非自由社会中最核心、最重要的观念。对这种内部批评，我将论证表明：如果政治自由主义持有的"公民"观念和"社会"观念，以及它对自由、平等的理解，优于其最强劲的对手效用主义（utilitarianism）的解释，那么这个内部批评就并不像其宣称的那样有力。

第6章，关涉在前面"特定辩护阶段"获得辩护的正义观念的进一步辩护问题（包括充分辩护及公共辩护）。这个问题对应于《正义论》第三篇中所讨论的稳定性问题。我指出，罗尔斯《正义论》第三篇中所讨论的稳定性论证失败的根本原因在于：在那里，他是把"作为公平的正义"当作一种整全性的观点呈现出来；而在一个多元社会里，持有不同的整全性学说的公民不可能认可"作为公平的正义"所建基的那个康德式的整全性的基础。更为关键的是，这种多元性的出现，却又是"作为公平的正义"这种正义原则（尤其是第一原则）得到充分遵循后必然会出现的结果。给定自由社会长久存在合理多元的状况，那么政治自由主义作为一种政治性的学说，它本身就无法提供或指定一种能够跨越政治与非政治这两个领域并指导社会成员公共生活和私人生活的观点。这样一来，它就缺失要求各种合乎情理的整全性学说应该（should）认可和接受其政治性正义观念的"定言力量"。我将分析指出，罗尔斯的基本设想是：鉴于《正义论》中稳定性论证的失败教训，追求那种强意义上的"定言力量"是不可欲的。面对自由社会里的多元论的事实，政治自由主义应该向内用力，向持有各种整全性学说的公民表明正义观自身有什么优势、凭什么可能会（would）赢得合乎情理的整全性学说对其的忠诚，从而产生出一种对其自身的支撑。缓解由"定言力量"缺失所带来的严重问题的方式是:政治自由主义仍然是一种规范的理论,它对这种公共辩护以及中立立场的承诺,必然会推出对特定类型的政治安排的承诺——那种允许人们自由地选择、追求不同的好生活的政治安排,而反对那种使用国家强力推行某种整全性观点而压制另一些整全性观点的政治安排。面对合理多元的恒久事实,如果各种整全性学说是合理的,也即认为一种可以让它们所珍视的价值、学说及教义在多元的社会里共存共荣下去的政治条件是必要及可欲的,那么政治自由主义对于它们就仍然有一种弱意义上的规约力量。

我们前面讨论的是充分辩护阶段,即每一种合乎情理的整全性学说从它们自身立场出发理性地考虑是否可以接纳那个政治性的正义观念的问题。但罗尔斯认为,对正义观念的完整辩护,还必须是所有(或绝大多数)合乎情理的学说在该正义观念上达成重叠共识(所谓的"公共辩护"阶段)。这个阶段的辩护,涉及政治哲学领域两个重量级人物——哈贝马斯和罗尔斯的一场著名争论。我将努力澄清哈贝马斯在这个问题上批评罗尔斯的理论出发点及意图;并表明在什么意义上,重叠共识仍然扮演着对正义观念作进一步辩护的角色。并且我还将阐明:这个任务的完成,为什么不需要按照哈贝马斯所设想的那样,必须以每个人在相同的理由的基础上接受那个正义观的这种方式来进行。

在最后作总结的第7章,我把这种公共辩护的理念所要求的那种政治形态,概括为一种"辩护的政治"。与一般的观点不同,我认为这种辩护的政治,其意义并不必然局限于那些已然具备自由民主传统的社会;它的生命力和吸引力,很大程度上取决于它由之出发的那种实践理性的观念——作为自由平等公民的观念,以及作为一种公平合作体系的社会的观念——所表达的公共价值与政治理想。

总的来说，本书希望把对罗尔斯（尤其是后期的）政治哲学的研究推向深入。罗尔斯后期的政治哲学转向一直被很多理论家认为是不可取的，作为这种转向的结果的"政治自由主义"，也经常被批评为一种脱离了形而上学的贫乏理论，而且还抛弃了自由主义固有的普遍主义的特质。我希望本书所阐发的"公共辩护"理念，能够为人们理解包括上述问题在内的罗尔斯政治哲学问题提供一个新的视角和切入点。如本书下面要表明的那样："辩护的政治"当然仍有其自身的种种问题与困难，但如果说自由平等的人们在一个多元世界里寻求正义的相待之道，仍是当今政治哲学面临的主要实践任务的话，那么我希望表明这种"辩护的政治"的确有值得我们去捍卫的潜质与前景；其本身存在的缺陷或问题不是我们抛弃它的理由，而是思考如何完善它的新起点。毕竟，如罗尔斯所言，政治哲学的主要功能与角色，就是捍卫那些人类有理由认为是合乎情理的政治信念。我也是如此看待本书所做的理论工作的。

第 1 章

公共辩护的理念

当我们谈到"公共辩护"(public justification)时,我们可能是指为政治领域的根本政治原则作辩护的整个过程,在此意义上,许多自由主义的理论家将此过程的推进和完成看成是一项事业(enterprise);当然,这是一项理论事业。但为了理解和评估此项事业,我们就得先弄清楚这项事业的目标、特征、参与主体等。我假定这些要素都包含在我称为"公共辩护的理念"(the idea of public justification)当中。因此,第 1 章的主要任务,是以罗尔斯的政治哲学著作及论文为基础,勾勒和阐明这种公共辩护事业是由一种什么样的理念来引导的。在 1.1 节,我将阐明公共辩护的第一个重要特征,即它主要的是与人类实践理性相关的一项实践性、社会性的工作。1.2 节界定了公民、哲学家以及政府(或政治领导人)在这项事业中的地位与作用,借此阐明公共辩护的主体(谁在作辩护)、对象(辩护是向谁提出的)和主题(就什么作辩护),由此也揭示公共辩护的第二个重要特征:它从本质上说是自由平等公民间的一项事业。1.3 节意在表明公共辩护有一个独特的双重目标,它试图为政治原则或政治秩序提供一种好的辩护理由,但这种理由同时也是自由平等公民可以接受的，而且这种可接受性对好理由的良好特质（the goodness of good reasons）是构成性的。换言之，不能根据某种共同善的主张或关于人类卓越、真理或美好等这类完善论价值来独立地确定一个辩护性的理由是不是好理由。根据前面各小节提到的公共辩护的特征和目标，我在1.4节中要解释清楚公共辩护要在哪三个层次上满足公共性（publicity）的要求，以及为什么要满足这些要求？简单地说，这是罗尔斯所构想的正义观念所要扮演的社会角色，以及公民在政治上实现充分自律的理想的必然要求。1.5节辨清一个疑惑，即人们通常认为公民同意是政治权力具有合法性需满足的要求，但公共辩护为什么要求正义观念也需要得到自由平等公民（即使是假设的）同意呢？这背后其实涉及罗尔斯对政治哲学的一种实践理解。

1.1 公共辩护与实践理性

罗尔斯在《政治哲学史讲座》中提到，不同理论家对何为自由主义的中心论题有不同意见，但其中核心要素肯定包括这样一个承诺：要"通过诉诸公民的理论理性和实践理性，使得政治和社会制度对所有公民——每一个人以及所有人——而言，都是可得到辩护的（justifiable）"。[1]许多当代的自由主义理论家都认同罗尔斯的上述判断，并认为：近二十年来，通过公共辩护来为自由主义的政治原则或政治制度提供理论根据，已经成为当代自由主义政治哲学

---

[1] John Rawls, *Lectures on the History of Political Philosophy*, Samuel Freeman ed., (Cambridge: Harvard University Press, 2007), p.13.

的一个特征。❶某些理论家甚至以"辩护的自由主义（justificatory liberalism）"来标示这种理论努力，❷或称以罗尔斯为代表的这种自由主义为"公共辩护的自由主义"。

但自由主义的这种所谓"辩护"的理论努力，不是古已有之的吗？似乎从柏拉图开始，哲学家或政治哲学家们不就一直在从事为某些原则或制度提供理论辩护的工作吗？的确，如果把"辩护"理解为"捍卫某些主张、论点、原则以及为其提供理论论证"的话，那么所有从事规范哲学探讨的工作都可以称为从事"辩护"的工作。如果是这样的话，那么本书研究的就是一个大而化之而又毫无目标的课题。但是，罗尔斯强调：

> 公共辩护不仅仅是有根据的推理（valid reasoning），而也是向其他人表达（addressed to others）出来的论证：它从我们接受，并且认为他人也可以合乎情理地予以接受的前提出发，正确地推导出我们认为他人也可以合乎情理地予以接受的结论。❸

对于"辩护"的理念，罗尔斯早在其博士论文❹中就有过论述，而

---

❶ 参见 Jeremy Waldron, "Theoretical Foundations of Liberalism," *Philosophical Quarterly*, Vol. 37, No.147 (Apr. 1987), pp.127-150; Charles Larmore, "Political Liberalism," *Political Theory*, Vol.18, No.3 (1990), pp.339-360. Stephen Macedo, "The Politics of Justification," *Political Theory*, Vol.18, No.2 (1990), pp.280-304。

❷ Gerald Gaus, *Justificatory Liberalism: An Essay on Epistemology and Political Theory* (Oxford: Oxford University Press, 1996).

❸ John Rawls, "The Idea of Public Reason Revisited," *The University of Chicago Law Review*, Vol.64, No.3(1997), p.786.

❹ John Rawls, *DISSERTATION*.

且这个理念一直贯穿其学术作品的始终。❶罗尔斯强调,公共辩护主要的是一项与实践理性(practical reason)相关的社会性任务,❷因为正义原则本质上是关涉人们在政治社会里应该如何行动的原则,尽管这种原则不直接应用于人们的行为而是应用于制度上。而长久以来,这一点没有得到很好的强调和理解,结果就是对这种实践性、社会性的"辩护"观念的理解的扭曲。在其博士论文中,罗尔斯认为这种扭曲有两种情况:第一,以各种形式的"权威主义观点"(authoritarian views)为代表,它们认为伦理或政治原则最终只能诉诸宗教的、形而上的或自然的"诸种高贵实体"(exalted entities)来获得道德或政治权威。这些观点的共同点是:它们都从根本上否认伦理或政治原则是服从人类理性的反思和省察的,人类的能动性仅限于作为一个认知者去认识和把握这些源自"高贵实体"的原则。❸第二种是以各种"实证主义观点"(positivism views)❹为代表的扭曲。这些观点的实质就是以理论理性(theoretical reason)来压制实践理性,尽管在某些理论家那里表现得明显一些,在另一些那里则隐蔽一些。罗尔斯认为,休谟主义者就属于稍为隐蔽的一类:他们把伦理判断看作对某一类人的情感的论断(assertions),这样

---

❶ 从1950年的博士论文到《正义论》《政治自由主义》直到1997年的论文《公共理性观念重述》,罗尔斯对"辩护"的理解一直保持不变,并且有基本相类似的表述,尽管在博士论文时期他还没有正式使用"公共辩护"这个术语。参考 John Rawls, *DISSERTATION*, pp.230, 235, 318; *TJ*, p.508; *PL*, p.100; *CP*, p.389, n.2. 罗尔斯从《正义论》向《政治自由主义》的转变,其实与他在《正义论》中对"作为公平的正义"的说明无法满足他自己坚持的公共辩护要求有关。对这个转变过程与公共辩护要求的关联性的一个很好分析,参见 Samuel Freeman, "The Burdens of Public Justification: Constructivism, Contractualism, and Publicity," *Politics, Philosophy & Economics*, Vol.6, No.1 (Feb. 2007), pp.5-43。

❷ John Rawls, *CP*, pp.388-389, n.2.

❸ John Rawls, *DISSERTATION*, pp.1-2, 319.

❹ Ibid., p.1.

第1章 公共辩护的理念 *013*

一来，一个伦理或政治原则是否是有"辩护"的，原则上我们可以通过对人们的情感态度作社会学统计来确定。我们只需观察数据，看它是否得到了大多数人支持。而这些工作大部分却都是属于理论理性范围内的。并且，人们的情感受很多因素影响，因此要使得一个伦理或政治原则获得"辩护"，游说（persuasion）和宣传（propaganda）也是一种有效的手段。❶以理论理性来压制实践理性表现得比较明显的，就是将公共辩护看作一种逻辑推演或事实归纳的科学探究过程。罗尔斯认为，辩护不是从一个道德命题推导出另一个道德命题的逻辑演绎过程，也并非仅仅向人们提供一些事实证据。❷把辩护看作理论理性的运用，从根本上有三个问题无法回答的：1. 无法给人们在道德实践中遇到的价值或义务冲突提出合理的解决办法。理论理性能够给人们提供关于"一个社会里人们持有什么样的价值观念"的知识，却无法处理价值应该如何合理排序与相互协调的问题。而没有后者，这些知识对于指导人们的道德行动意义不大，因为一个健全的伦理或正义原则应尽量避免直觉主义的模糊性。❸ 2. 除了工具性的考虑外，人们有什么更深层次的理由非得

---

❶ John Rawls, *DISSERTATION*, p.3. 顺便指出：由此而产生的"辩护"与"说服"的混淆，是现在许多在政治哲学领域使用这个词的哲学家都要着力澄清的，如内格尔（Thomas Nagel）在一篇论述道德冲突与政治合法性的文章中就强调"'辩护'并非'说服'的意思。辩护是一个规范性的概念：有辩护的论证，如果向那些不合乎情理的人提出，也许并不能收说服之效；同样地，可以说服人的论证，可能是没有辩护的"。参见：Thomas Nagel, "Moral Conflict and Political Legitimacy," *Philosophy and Public Affairs*, XVI(1987), p.218. 另外，也可参见 John Rawls, *PL*, p.111。

❷ John Rawls, *DISSERTATION*, pp.240-242. 另参见 *TJ*, p.508。

❸ 关于政治价值或正义原则排序问题的重要性论述，参见：John Rawls, *TJ*, pp.37-40。联系到罗尔斯关于"组织有序的社会"（well-order society）的定义，我们就更能理解这类价值或原则排序问题的重要性。因为组织有序的社会要求每个人都服从，且都知道其他人也服从一个相同的正义观。不处理排序问题的"直觉主义的正义观只能算半个正义观"(John Rawls, *TJ*, p.37)。要求一个完整的共同的正义观的原因，

去关心和认可理论理性提供的那些事实，并将之作为行为准则呢？
3. 科学探究的最终目的是什么？❶罗尔斯相信，对后面这些问题的回答，一定会使人倾向认肯康德的命题，那就是实践理性优先于理论理性：沉思理性的只是有条件的，最终在理性的实践运用中得到完善。❷辩护观念一定程度上依赖理论理性提供一些相关事实的知识，但完整状态的公共辩护，则肯定要超越理论理性而诉诸人们的实践理性。

按照罗尔斯的对实践理性的理解（体现在他对实践理性的原则——理性［the rational］的与合情理性［the reasonable］的讨论中❸），人运用实践理性不仅能够工具性（instrumental）地选择达

（接上页）与人类正义计划的整体性或单一性有关，如康德提到：自然状态不必然是个不正义的状态，但它将是个正义阙如的状态，每个人根据自己的关于正义和正当的概念通过占有或契约的方式取得外物，因此人们各自的正义的主张便处于冲突之中，因为人们的权利并没有依照"一个公共的（分配）正义而确定，以及没有得到把这些权利落到实处的那样一个权威的保障"。康德的意思是人们必须走出自然状态，并不必然要设想是因人性的阴暗造成的相互侵犯的不正义状态，而是即使允许你最好地设想自然状态中每一个人都是追求正义的、都愿意依据正义的条款与其他人展开合作，但人们对价值不同的衡量、排序，自然形成不同的正义计划，除非我们能从诸多的正义计划中选出一个来作为全社会共同遵循的正义规则，否则人类正义合作依然是不可能进行下去的。参见 Immanuel Kant, *The Metaphysics of Morals*, in *Kant's Practical Philosophy*, Translated and edited by Mary Gregor (Cambridge: Cambridge University Press, 1996), 6:312。

❶ John Rawls, *DISSERTATION*, p.234.

❷ Immanuel Kant, *The Critique of Practical Reason*, in *Kant's Practical Philosophy*, Translated and edited by Mary Gregor(Cambridge: Cambridge University Press, 1996), 5.121.

❸ John Rawls, *TJ*, pp.347-396; 以及 John Rawls, *PL*, pp.48-54。罗尔斯认为 reasonable 与 rational 正对应康德的纯粹实践理性与经验实践理性的区分。在此交代一下全书对 "the reasonable"、"the rational" 这两个在罗尔斯政治哲学（特别是后期）占据非常重要地位的术语的翻译问题。首先，the 后面加形容词是个名词化的表达，常用来表达抽象的概念如 "the true" 真理，或表示一类人如 "the old" 老年人；"the reasonable"、"the rational" 也是这样，有时候用来表达 "reasonableness"、"rationality" 这两个抽象理念，有时候也表达 "reasonable" 和 "rational" 的这类人。罗尔斯用 "rational" 来修饰人时，一般指人形成、修正和追求自己的个人利益、好生活观念这个方面，

到目的的手段，深谋远虑地（prudential）设计长远、整盘的人生计划，还能够合乎情理地（reasonable）调整自己的生活计划，使之与他人同样合理的计划相适应。具体就政治领域而言，如果说正义观念正是希望"规范人们选择合理的手段达成合理的目的"，那么对正义观念和正义原则的辩护，主要地必定关乎实践理性而不是理论理性。判断一个正义原则是否获得了辩护的标准只能是：在理想条件下，它是自由平等、理性而又合乎情理的人们彼此都可以合理地接受的原则；它能够赢得人们的忠诚内化为他们的准则，从而规范其行动。❶罗尔斯强调这个判断标准是终极性的（final test）：❷正义原则关乎人们在政治世界里如何相处，人们之间的某种政治安排是否是有辩护的，除了"自由、合情理的人们在理想条件下是否可以接受"这个测试标准外，任何进一步的评价标准都是多余而不可欲的。这种终极性，既不意味着不可错性（infallible），因为既然我们要用人类实践理性去勾画实践推理活动原则，那么实践理性对其本身而言就不是透明的，"我们可能错误地描画我们的理性，正像我们可能错误地描画其他东西一

（接上页）这里的"rational"我们可以从工具论（instrumental）意义上理解，即采纳有效手段达成目的；或从深谋远虑地（prudential）的意义来理解，即从长远观点来整合自己的生活计划——对结果作有根据的估计，分清轻重缓急，有步骤、有计划地实现各种目的。因此全书一般将"the rational"、"rationality"译为"理性"，相应地"rational"译为"理性的"。而"reasonable"在罗尔斯这里是个有道德内涵的理念，用来修饰人时，指这个人有意愿提出公平合作条款以及和其他有同样意愿的人一起进行公平社会合作之意；说"reasonable"具有道德内涵，因为它是一个面向公共世界和处理主体间关系的理念，大体意思相当于我们在中文里说的某个人是"讲道理的"、"通情达理的"和"合情合理的"，因此本书一般将"the reasonable"、"reasonableness"译为"合情理性"，相应地"reasonable"译为"合乎情理的"。

❶ John Rawls, *DISSERTATION*, pp.230, 329.
❷ Ibid., pp.230, 318, 329. 另见 John Rawls, *CP*, p.307, 在那里，罗尔斯宣称"我们不能为社会世界找到比这更好的基本宪章"。

样"。❶我们能做的只是不断通过反思平衡来争取做到更加合理。另外，上述终极性的测试标准，也不意味着在理想条件下，合乎情理的人们总是能够在"何为彼此都能接受的合作条款"这个问题上达成共识。因为人类理性的充分、自由运用的结果，有可能是合理的分歧而不是一致性。这种测试标准的终极性只是意味着：公民的实践理性必然是自己权威的最后判断者，或者如康德所言，是最高的上诉法庭。有一个类比可能有助更好地理解这一点：假定法治这个目标对人类社会而言是可欲的，那么人们必然要承认法庭的判决的终极性。对有罪无罪的判断，必然以公正且知识健全的法官在公正地听取控辩双方法庭辩论、准确适用法律情况下所作的判断为准，即使某个法律判决在符合论意义上是错误的（如假定事实上的确是某人杀了他妻子，但法庭根据法律规则判其无罪）。在这个标准之上，如果再提任何其他更高标准，人们其实就是放弃法治的理想。而人类作为行动者存在于这个世界上，实践理性并非可欲或不可欲，而是我们根本无法将自己从实践理性运用的负担中摆脱出来。换言之，公共辩护的理念是一个现代发明出来的、表达了政治自律的理想——公民必须运用实践理性自主地为自己所生活的公共世界立法。❷

当然，把公共辩护这种活动性质理解为实践理性运用的过程，可能会导致一个严重的疑虑，那就是使得罗尔斯要承诺康德的观点：有辩护的道德原则或合理的政治原则，是实践理性颁布的或者

---

❶ John Rawls, *PL*, p.97.

❷ 由此我们可以看到，"辩护"的思想与罗尔斯在《正义论》时期采取契约主义的方式来为正义原则作论证的内在关联性。事实上，早在博士论文之后的1958年发表的《作为公平的正义》这篇论文中，罗尔斯就已经引入契约主义作为为正义原则作辩护的工具，可参见 John Rawls, *CP*, pp.47-72。同样，《政治自由主义》中采取的政治建构主义也是如此，参见 John Rawls, *PL*, p.93。

说是实践理性本身的产物。这会使得政治自由主义为政治原则的本质与来源设定了一个康德式的基础，而这种基础显然是一些合乎情理的公民（例如休谟主义者）无法接受的。对于这个疑虑，罗尔斯是通过把辩护的工具——建构程序中的原初状态——看作一个"代表性设施"（representative device）来解决的，这种代表性设施用于推导、展示原则的结构与内容是怎样得到的，而并非要宣称是这些原则的（唯一）来源。我留待本书第 4 章 4.2 节处理罗尔斯的政治建构主义时再作详细分析。

综上，以罗尔斯为代表的政治自由主义者所主张的"辩护"既不是指逻辑推演的有效性；亦非认识论领域里关于什么使得人们持有一个信念是有辩护的争论；与古典意义上的诉诸"高贵实体"的辩护相比，其理论要求也不同。在当代"公共辩护的自由主义"的拥护者看来，无论是柏拉图的"高贵的谎言"还是自然法理论家主张的自明的自然法命令，都不能作为为根本政治原则作辩护的理由。因为"公共辩护的自由主义"的出现，某种程度上可以看作自由主义对启蒙现代性的一个回应，公共辩护的理念也是一个现代的发明：❶在一个韦伯意义上已经"祛魅"的世界里，"神秘的面纱一旦揭开，每一个人都想要得到一个答案"，因此在每一个人的理解的法庭上，社会秩序必须在原则上有能力为自身提供辩护，而且这种辩护要为每一个人的心灵所理解，而非诉诸传统或社群意识。"社会秩序必须辩护到社会的最后一个个体……如果存在某一个无法得到合理辩护的个体，那么于他而言，社会秩序最好由其他安排所代替，因为现状没有资格要求他的忠诚。"❷相应地，一个获得

---

❶ Charles Larmore, *The Morals of Modernity* (Cambridge: Cambridge University Press, 1996).
❷ Jeremy Waldron, "Theoretical Foundations of Liberalism," pp.128, 135.

辩护❶的政治秩序,"它赖以成立和运行的基本原则是有公共辩护

---

❶ 行文至此,我要讨论下 justification 的中文翻译问题,因为只有通过本小节的论述,准确地理解当代自由主义所谓"justification"的性质与特点之后,我们才可以探讨如何准确地翻译它。我对"justification"的翻译并没有采取国内通例译为"证成":因为"证成"很容易把"justification"理解为仅仅是一种理论理性的运用过程,一种有根据的逻辑论证、哲学推理。在本小节论述中,我已经解释了这不是"justification"的全部工作,也没有把握其实践性、社会性的面向。

  本书采用了中文"辩护"这个词来翻译"justification"。中文语境提到"辩护"一词,人们一般最容易联想到法庭上被告为自己的行为所作的申辩。但从"justification"在西方中世纪法律、宗教文献中的运用来看,中文里如此理解的"辩护"其实不是对应"justification",而是对应"apologia"、"defense",西方法庭上的被告人至今被称为"defendant"。在法庭上,法官裁决(verdict)某人在法律上的正当(righteousness)这个裁决行为本身才称为"justification"(参考《牛津英语词典》"justification"词条里关于"justification"在中世纪法律文献中的应用举例,Oxford Reference Online: "justification noun" in *Oxford Dictionary of English*, http://www.oed.com/view/Entry/102224?redirectedFrom=justification#eid)。同样在基督教的经典里,人类向上帝赎罪(atonement)这个行为并不称为"justification",而是当审判来临时,上帝宣告(declare)某些人符合圣约(covenant)、获得救赎这个行为本身才称为"justification"(参见:Tom Wright, "Justification: The Biblical Basis and its Relevance for Contemporary Evangelicalism," in Gavin Reid [Ed.], *The Great Acquittal: Justification by Faith and Current Christian Thought* [London: Collins, 1980], pp.13-15)。法庭或宗教审判,总是预设着疑罪与权威、原罪与恩典,而"justification"的本义就是由(法律)权威或有(施恩)权力一方裁决、宣告某人正当或获得救赎。

  在当代西方政治哲学的英文文献中,用"有权威、权力一方宣告嫌疑或原罪一方的正当性"之意的"justification"来描述现代自由平等公民探寻他们在公共生活里的相处之道的行为,是极其贴切的。首先,"justification"预设的"疑罪、原罪"之意体现在:作为自由平等的公民,这种自由平等的道德地位本身要求我们就我们的涉他行为做出说明;某种意义上,正如斯坎伦(T. M. Scanlon)的 *What We Owe to Each Other* 此书的书名所表达的那样,这是我们彼此相互欠的,所以要做出交代的东西。其次,在政治这个场域,一个超越自由平等公民之上的权威不再存在,公民们作为一个集体必须行使最高权威以决定他们应依照何种原则来相处,这也正对应本小节正文中提到的:公民必须为他们自己的公共世界自主立法。

  因此,中文语境"为自己的行为所作的解释说明、捍卫申辩"之意的"辩护",尽管与西方古典意义上的法律或宗教的"justification"的原意对不上;但若依照当代西方政治哲学的对"justification"应用场域以及公民之间关系的理解——自由平等公民在政治领域(the domain of the political),就他们相处之道(最根本的就是正义原则)面向彼此做出解释说明、捍卫申辩,以使得此"相处之道"能被他

的,以至于不存在一个你据之可以提出合乎情理抱怨的基础"。❶

1.2 谁就什么对谁作辩护?

为了使公共辩护的图景更加清晰,我们必须问:辩护的工作,究竟是国家或政府就其法律、政策的合法性向公民作辩护,还是政治哲学家就其正义理论向作为听众的公民作辩护?

在我看来都不是。从一种根本意义上说,罗尔斯式的公共辩护事业,应该看作:自由平等的公民,就他们在一个多元的自由社会里的相待之道,向他们同样是自由而平等的公民同侪作辩护。罗尔斯在《正义论》开篇就宣称,他要复兴源自洛克、卢梭、康德的契约理论,并将其提升到更高的抽象水平,也即契约的目标并非选择建立某一特定的政府形式或进入某一特定的社会,而是选择确立一种指导社会基本结构设计的正义原则。就此而言,国家政府就其法律政策的合法性向公民作辩护这样的事情,逻辑上只会发生在公民确定了他们的相处之道之后。罗尔斯在这里的思想是:政治(the political)是自由公民间平等交往的实践,这种关系,从根本上被理解为一种横向的公民间的平等合作关系,而不是纵向政府与公民间、权力与权利间此消彼长的紧张对抗关系。政治哲学言说的对象是公民而不是政府。❷因为一

(接上页)们共同接受为基本的行为准则——只要我们在中文语境限定"辩护"的应用场域以及界定辩护主体的特征,公民们"为自己的行为作解释说明、捍卫申辩"之意的"辩护",与当代西方政治哲学的"justification"基本意思是能对应上的。

❶ Thomas Nagel, *Equality and Partiality* (New York: Oxford University Press, 1991), p.35.

❷ 参见 John Rawls, *CP*, p.123, 以及 John Rawls, "John Rawls For the Record," Interview by Sam R. Aybar, Joshua D. Harlan, and Won J. Lee, *The Harvard Review of Philosophy*, Vol.I (Spring 1991), p.41.

旦公民间确定了他们之间的相待之道，那么政府应该如何对待公民，政府的法律、政策如何向公民解释清楚这些逻辑在后的问题，原则上就可以依照那个确定的"相待之道"为价值标杆来解决。

对辩护工作的另一个可能误解是认为：它是政治哲学家就其正义理论向作为听众的公民作辩护。❶罗尔斯强调，公共辩护，不是公民被动地接受哲学专家们早已开列好的原则，而是公民们自由地运用他们的实践理性去为他们自己的政治生活确定根本的正义原则。当然，公民对这些问题的慎议和反思不能是无所依傍的，哲学家的工作就是提供一个引导人们在正义问题上思考的慎思框架（如罗尔斯假设性的原初状态），并且使得人们在此框架中就他们的相待之道进行自由讨论后达成的协议具有道德正当性。不过，这些自由讨论与辩护对话没必要是实际地发生的，而可能是如罗尔斯设想的由原初代表通过独白的方式来进行的。但即使这样，哲学家并没有代替公民，只要公民们愿意，在遵循实践理性的所有相关要求的条件下，他们随时可以进入原初状态中进行推理。公民们能够设想仿佛是他们自己达成这些关于政治正义原则的协议。❷"在作为公平的正义中，没有哲学专家。否则，天理难容！但公民们在其思想和某种推理中必定要有一些正当和正义观念。哲学家参与阐释这些观念，但他们永远只是公民中的一员。"❸

从上述澄清中我们可以看到，辩护的主体和对象，都是自由

---

❶ 哈贝马斯正是根据这个理解对罗尔斯提出了批评。Jürgen Habermas, "'Reasonable' versus 'True,' or the Morality of Worldviews," in his *The Inclusion of the Other: Studies in Political Theory* (Cambridge, MA: MIT Press, 1998), pp.94-98. 具体讨论参见本书后面 6.5.3 节。

❷ John Rawls, *TJ*, pp.17, 119. 本书在第 4.2.3.2 节讨论政治建构主义这种方法在什么意义上完成公共辩护的工作这个问题时，还会详述这点。

❸ John Rawls, *PL*, p.427.

而平等的公民们自己。而就什么作辩护的问题，大体而言，可以说是公民们就规制他们社会基本结构的根本性的正义原则，或者说就采纳哪个正义观念向彼此作辩护。在罗尔斯这里，准确地说，应该是自由而平等的公民们就采纳某一类的正义观念向彼此作辩护。罗尔斯认为，最后获得辩护的有可能是一类的正义观，它们可能共享某些根本性的特征，但又在一些方面表现出差异，比如某一类的效用主义（utilitarianism）❶的正义观，或者是罗尔斯在《政治自由主义》中提出的那一类"政治性的正义观念"（political conception of justice）❷。这类政治性的正义观念可能是一个家族，此家族可能包括多种都是合乎情理的正义观念（reasonable conceptions of justice），"作为公平的正义"❸只是这样的政治性正义观念家族中的一员（即使罗尔斯认为它是这些观念中最为合乎情理的）。❹所以，在罗尔斯这里，公民就什么彼此作辩护，其实没有必然限制到某个（组）具体正义原则的，而是公民就某种类型的正义观念彼此作辩护。当然，由于罗尔斯认为他的"作为公

---

❶ utilitarianism 在学界多译为"功利主义"，但"功利"这个词中文语境下很容易引起误解，实际上 utilitarianism 是最不"功利"的主义，相反，某种意义上讲它非常大公无私——它甚至会为了增加社会的总效用而要求个人牺牲。因此，本书把 utilitarianism 译为"效用主义"，相应地 utility 一律译为"效用"。

❷ 在这里以及本书的其他地方，英文的"a political conception of justice"相应地要译为"一种政治性的正义观念"，意思当然是指这种正义观不依赖于任何整全性的学说，而是单单从潜藏于宪政民主社会公共文化中的那些根本性的政治理念（如自由平等的公民理念、社会作为一个公平合作体系的理念等）中发展出来的。罗尔斯的中文译著中经常有人将此短语简略地译为"一种政治正义观"，这容易引致不必要的误解，因为"政治正义"通常在狭义上被认为是与经济正义、法律正义、家庭正义等并列的正义诸领域（spheres of justice）中的一个领域——关注政治权力和公民权利分配的那个领域。

❸ "作为公平的正义"是罗尔斯在《正义论》中发展出来的那种正义观的名称；为了强调这一点，本书都会以加引号的"作为公平的正义"来译 justice as fairness。

❹ John Rawls, *CP*, pp.581-582.

平正义"这种正义观（及体现这种正义观的正义两原则）是这些政治性正义观念中最为合乎情理的，因此他在《政治自由主义》的行文中，有时候说公民就一种政治性正义观念彼此作辩护，有时候说公民就"作为公平的正义"这种具体的正义观彼此作辩护。我们要注意理解这一点。

1.3 公共辩护的双重目标

当然，这种"公共辩护的自由主义"不会要求正义观念必须得到原则适用范围内的所有人的实际接受（actual accept）才是有辩护的，这会使得政治辩护的事业变得既不可能也不可欲——因为这意味着把否决权交予了那些疯狂的、偏执的和不讲道理的人，这会使得自由主义辩护事业失去了规范性从而投向一种粗俗不堪的现实主义（realism）的怀抱。自由主义所设想的辩护，一方面诉诸理想化的公民，如在罗尔斯那里，辩护只要求作为合乎情理（reasonable）的，也就是具有正义感并愿意参与公平合作的公民是可以同意的（could accepted）；另一方面，公民尽管是理想化的，但自由主义的辩护理论仍然会考虑到基本人性的事实及他们所处的时代的一般社会状况，这些考虑在决定他们能够接受什么上是有分量的，而不是无关紧要的。这反映了罗尔斯对于政治哲学的基本看法：它作为一个实践的学科，尽管要为人类政治生活提供乌托邦的目标，但它必须是一种现实的乌托邦（realistic utopia）。政治哲学提出的规范性目标及理想不受人类现实状况（status quo）的限制，却受人类实践可能性的制约。这种可能性是由一些关于人性的理论和一般性的社会理论所指示出来的，它们尽管不决定着我们应该采纳哪种道德、政

治理想,却限制着可行的道德、政治理想的范围,并拒斥那些彻头彻尾的乌托邦设计。❶托马斯·内格尔正确地指出了这一点:

> 一致同意,并非偶然拥有各种动机的个体事实上的一致同意,也不是那种理想化的一致同意——在那里只有唯一的正确答案,每个人都应该接受它,因为它是独立地正确的;而是处于这两者之间的一致同意:这种同意可以在各方面如其所是(as they are)的那些人当中取得,假定他们是合乎情理的话……❷

当然,这样一种"处于两者之间的同意"并不好把握 ❸:一方面要避免毫无规范性的现实主义;另一方面就是要保证所谓的"合乎情理的"公民这个反事实的设定"并没有变得如此反事实,以至于接受公共理由的人结果不是实际的公众,而是一个与我们有天壤之别的理想国里的假想的公民"。❹不过,这种"处于两者之间的同意"的确是当代"公共辩护的自由主义"所追求的一个目标及其理论特质:它试图为政治权威的正当性提供好的理由,但这些理由又是公民们可以普遍接受的。理论家们将此称为自由主义辩护事业的

---

❶ John Rawls, *LP*, pp.11, 12, 128.

❷ Thomas Nagel, *Equality and Partiality*, p.33.

❸ 事实上,慎议民主(Deliberative Democracy)理论家 James Bohman 最近在一篇文章中已经指出,Rawls 的合法性原则——合乎情理的公民的可以(could)合乎情理地同意,无论此"合乎情理性"如何定义,这个合乎情理的实质性标准将会取代"公民同意"起检验合法性的作用,同意将变得多余,因此实际上没有给民主留下空间。参见 James Bohman, "Liberalism, Deliberative Democracy, and 'Reasons that All Can Accept'," *Journal of Political Philosophy*, Vol.17, No.3 (2009)。

❹ Robert Westmoreland, "The Truth about Public Reason," *Law and Philosophy*, Vol.18, No.3 (1999), p.279.

双重目标或双重要求。❶我们后文中就将会讨论，罗尔斯是通过什么方式来试图实现此辩护的双重目标的。

需要指出的是，尽管罗尔斯将这种辩护的要求称为"自由主义的一个核心要素"，但并非所有自由主义者都会承诺上述我们介绍的、以罗尔斯《政治自由主义》为典型代表的特殊的公共辩护的观念。最大的一个分歧在于：按照其他一些自由主义的理论家设想，所谓"好的理由"，就是因为它体现、推进或保护了某种德性、善好或利益，而确定这些理由有一个独立的标准，它并不需要设想取得公民的同意。自由主义历史上的效用主义者密尔，当代完善论自由主义者约瑟夫·拉兹（Joseph Raz），以及新近提倡从认识论的路径切入研究"辩护的自由主义"的杰拉德·高斯（Gerald Gaus）都属于这一进路的理论家。如在拉兹那里，他认为公民同意并不总是能给政治权威授予正当性，除非它满足一些特定的条件，而这些条件又是以独立于公民同意的方式界定出来的。罗尔斯式的公共辩护所要求的同意当然也认为仅仅是同意不足以自动授予正当性，这种同意需要满足一些条件，以保证一个理由为规范的好理由。但在罗尔斯这里，"好理由的良好特质完全变成了它们取得自由平等、理性而又合乎情理的公民广泛同意的能力的一个函数（function）"，而不是一种独立的客观意义上的"好"。❷更具体地说，假定罗尔斯鉴定出来的合理多元的事实（the fact of reasonable pluralism）为真，那么罗尔斯就会认为拉兹这些完善论者所主张的基于保护和促进自

---

❶ 关于双重目标或双重要求的提法，可参考 Stephen Macedo, "The Politics of Justification," p.281，以及 Fred D'Agostino, *Free Public Reason: Making it Up as We Go* (Oxford: Oxford University Press,1996), pp.56-58。

❷ 参见 Thomas Nagel, "Moral Conflict and Political Legitimacy," p.221，以及 Stephen Macedo, "The Politics of Justification," p.282。

主性（autonomy）的理由，❶并不能称为一种可以为政治正当性提供辩护的公共理由。因为所谓"自主的生活理想"无法取得所有自由而平等、理性而又合乎情理的公民的认肯。同样在杰拉德·高斯那里，基于其持守的融贯论以及弱的外在主义的认识论立场，他认为一旦我们有理由表明一个特定的原则 P 与一个人的其余的、有辩护的信念（体系）是融贯的，我们就可以说 P 对那个人来说就是得到辩护的。在此，那个人是否会接受或实际上接不接受 P 是不相关的。因此，他明确认为"公共辩护……不能等同于所有合乎情理的人们都会同意的东西，即使是经过反思也不行"，而主张政治哲学应建立在最好的认识论上。❷这种立场也是罗尔斯式的公共辩护理念无法接受的。这些自由主义的内部争论对罗尔斯式的辩护观念提出了挑战和批评，❸也促使我们在后文中去思考罗尔斯式的公共辩护理念的基础在哪里，以及它是否有一些局限与不足。

1.4 辩护的公共性要求

如前所述，政治自由主义所强调的"公共辩护"，乃是要求为政治原则或制度寻找、提供和构造所有公民都可以接受的理由；当然，这里的"公民"并不是哲学家出于自己理论需要而任意设定的公民，而是如罗尔斯所说的在宪政民主社会里自由而平等、理

---

❶ 当然，自主性这个概念很复杂，罗尔斯的《政治自由主义》其实也诉诸某种意义上的自主性，但与完善论者所提倡的自主性还是有区别的。我在本书后面 2.2.3 节会分析这个问题。

❷ Gerald Gaus, *Justificatory Liberalism*, pp.136-141.

❸ 拉兹和高斯都发表过一系列论文去抨击罗尔斯的公共辩护理念。

性而又合乎情理的公民。因此，政治自由主义的公共辩护要求为政治制度作辩护的理由必须具有公共性、公开性，是这样的公民们可以进入去评估的（accessible）以及是向所有其他合乎情理的人们讲得明白的（intelligible），罗尔斯用"公共性条件"（the conditions of publicity）来表达这些意思。

公共性有几个层次，❶这些层次随着公民们在根本性的正义问题上的反思水平的上升而提高。首先，处于一个社会合作体系中的人们自然会问：此体系据以分配合作收益与负担的原则本身是否是正义的，以及如果我遵守此规则的话，其他人会不会同样地去遵守？如果此原则本身对合作收益和负担的分配存在极大的不正义；或者尽管原则本身是正义的，但社会结构没有满足此原则；又或者此社会的正义合作存在大量搭便车的行为。作为一个理性的人，自然会对上述情况有合理的疑虑和抱怨。因此，公共性的第一层次，是要求正义原则本身的公共性，即"正义不仅要实现，而且还要以看得见的方式来实现"：❷人们不仅可以接受此正义原则，且要知道社会基本结构满足他所接受正义的原则，而且还知道其他人也会接受和遵守此原则。这样，社会才可以说是具有一个公共的正义原则，社会成员之间在正义合作中对彼此才会拥有稳定的期望。第二，我们可能会反思，为什么那个正义观念，是值得我以及他人都接受的，它的根据和理由是什么？我们在正义问题上的反思，仅停留在知道自己以及其他人都接受共同的正义原则这个事实是不够的，因为接受这个事实可能是被欺骗和意识形态控制的结果，是没有理性根基的。因此，当我们的道德反思从现实的接受性上升到可接受

---

❶ John Rawls, *PL*, pp.66-67.
❷ John Rawls, *CP*, p.443.

性（acceptability）这个层面时，如果该正义原则要取得全体自由平等的公民的接受，那么它的辩护根据也就必须达到一种公共性的要求：原则辩护要依赖的那些关于人类和社会制度的理念、信念，也必须是组织有序社会里的公民们大体上都会同意，是为人们的常识所熟悉的，是得到那些为人们共享的探究方法和推理方式的支持的。最后，在整合各种一般性的辩护根据去得出实质具体的正义原则（如"作为公平的正义"）时，我们可能采取这样那样的理论设施和道德反思框架，如罗尔斯采纳的就是契约论或者说政治建构主义。那么人们要问：为什么要从契约理论而不是从自然法理论、神命论或效用主义开始呢？❶因此，在第三层次上要求对该正义观念的整个哲学论证（或罗尔斯所谓的"完整辩护"）也应该是可以被公共地了解和理解。当然，这可能是一个非常高的要求，因为公民未必有能力理解复杂的哲学论证或不愿去作哲学反思。政治自由主义当然不强求他们必须去作这种反思，而只是强调：一旦他们希望去作这种哲学反思，那种完整辩护就是这样的公民可公共地进入去作考察的。

为什么要使得为一种正义观念所作的辩护要具有这种公共性特征？为什么公共性是重要的？这主要由政治哲学的两个"角色"来决定的：第一，涉及政治哲学所扮演的社会角色（social role）。政治哲学在自由民主社会中的实践任务，是试图提供一个更加清晰的基础来确定如何处理对自由和平等不同理解之间的冲突，以及确定它们的主张要求应如何相互平衡。如果对一种正义观所作的辩护不具有这种公共性特征，它就无法成为公民就他们的重大政治问题

---

❶ 本书将在第 4.1 节详细解释：在存在合理多元事实的自由民主社会里，为什么政治建构主义是唯一适合用来作公共辩护的方法。

进行讨论时可以诉诸的一个共同的基础。第二，具有这样的公共特征的那些正义观念及其原则，能够扮演强大的教育角色（educative role）：它使得公民清楚地知道，按照这些原则而运行的社会结构，正在将他们塑造成一种什么样的人。他们能了解塑造他们自己的观念、他们的品格和善观念及其生活前景的社会背景结构，究竟是由什么样的理念来引导的。我们看到，满足公共辩护的要求，使得规导社会的根本原则及理念不再神秘，"没有任何事情被隐瞒，也不需要隐瞒……如果意识形态（在马克思的意义上）被理解为某些形式的虚假意识或欺骗性的公共信念体系的话，那么一个组织有序社会（well-ordered society）❶并不需要一种意识形态来达到稳定的目的"。❷换言之，社会秩序是一种透明的秩序，它的运行不依赖无理性根据的错觉或意识形态创造出来的幻象。相反，公民依照彼此都可以接受的理念、原则来规制自己的社会，这正是公民在政治上的充分自律理想的实现。

1.5 正义、合法性与公共辩护的要求

人们一般认为，取得公民的同意是一个政体具有合法性的要求；但在前面概述中，我们说一种正义观念的确立也需要满足这样的要求。这是不是混淆了正义（justice）与合法性（legitimacy）？

---

❶ "a well-ordered society"中的"well-ordered"的中文译法现在有很多，根据我的理解，"a well-ordered society"其实指的是一个按照某种正义观（某些正义原则）有序地组织起来的社会。罗尔斯也经常用"a society well-ordered by a conception（principles）of justice"来表达此意。因此，本书将"a well-ordered society"译为"一个组织有序的社会"。

❷ John Rawls, *CP*, p.326, n.4.

因为一般而论,两者是不同的。罗尔斯也观察到:

> 我们可能认为"合法的"与"正义的"是一码事。但只要我们略加反思,就会发现两者并不相同……合法性是一个比正义更弱的理念,它给可行的行为所施加的约束也更弱一些……民主决策和民主法律之所以合法,并不是因为它们是正义的,而是因为它们是按照一种为人们所接受的合法的民主程序而合法地制定出来的。❶

但令人困惑的地方在于:在罗尔斯对一个原则是否是正义的检验标准,以及对政治权力的运用是否是合法的检验标准的界定中,人们似乎又看不到两者有什么差别。一个原则是否是正义的检验标准,就是要满足上述公共辩护的要求,即能够取得自由而又平等、理性而又合乎情理的公民的接受;不过,罗尔斯检验政治权力的运用是否是合法的标准,似乎是以相同的方式界定的:

> 只有当我们对政治权力的运用符合宪法——该宪法的根本要素,是我们可以合乎情理地期望自由而平等的公民按照为他们的共同人类理性可以接受的那些原则和理想来认可——时,它才是充分恰当的。这就是自由主义的合法性原则。❷

这两种判断标准似乎都是根据"自由平等的公民的合理接受"来设定的;这样一来,人们应该如何理解罗尔斯说的"合法性是一个比

---

❶ John Rawls, *PL*, p.428.
❷ Ibid., p.217.

正义更弱的理念"?

在我看来，的确，为了避免对权力的合法性的检验沦为一种经验性的检验（只考虑人们是否事实上接受某个政治体这种心理事实），所以罗尔斯在表述其自由主义的合法性原则时，的确加注了许多规范性的要素，如自由平等公民的接受、合情理性等等。❶但即使是这样，罗尔斯所设定的这两种标准还是有区别的，这体现在：第一，原则的正义性的判断标准主要关注原则的道德性，而合法性主要关注强制性政治权力运用的恰当性。一个在理想条件下可为理性而又合乎情理、自由而又平等的公民所接受的原则，可称为正义的原则；但这不等于政府可以直接地运用政治权力强制推行此原则。这种以强制权力为后盾的推行，必须按照此正义原则规定的宪法程序来进行才是合法的。第二，与第一点相关，正义原则要求在某个被认为是道德正当的论证框架之中获得合理地设定的理想公民的假设同意；但合法性则不然，它要求一个政治体内现实的（多数）公民通过正义原则的规定的某种程序（如民主投票）实实在在地表达他们对政治权力的行使的同意。第三，合法性只要求"宪政的基本要素"（the essentials of a constitution）取得自由平等公民的同意，这些基本要素只限于规制政府结构与政治过程、规定该公民各种基本自由权和权利的条款。而正义所涵盖的是一个远比"宪法的基本要素"更为综合、广泛的领域，特别是它还包括如罗尔斯的正义第二原则所处理的分配正义问题。❷因此，即使社会的"宪法的基本要素"能获得自由平等公民的同意，也不能推导出此社会运行所依赖的原则是完全正义的或接近于正义的。所以说，在对社会制

---

❶ David Reidy, "Reciprocity and Reasonable Disagreement: From Liberal to Democratic Legitimacy," *Philosophical Studies*, Vol.132 (2007), p.249.

❷ John Rawls, *PL*, pp.227-228.

度评价方面,正义的确是一个比合法性更强、更具综合性的理念。

但问题仍然在于:为什么正义原则也像合法性检验一样,需要得到合乎情理的公民的同意(尽管这种同意是假设性的)?的确,人们会有疑惑:一个正义原则如果的确是正义的,它宣称要应用的对象的同意或不同意又有何干?

要讲清楚这一点,我们就要把握罗尔斯对政治哲学以及正义观念的理解。罗尔斯自从20世纪80年代出现所谓的"政治性转向"后,他在写文章及著作时有好几次岔开话题来谈论什么是政治哲学及如何做政治哲学的问题。他所谓的政治哲学,并不是为了寻求对所有可能世界来说都是真确(true)的、最完美的政治原则;相反,罗尔斯认为,政治哲学的目的是实践的,并且取决于它所要面对的社会。对于一个宪政民主社会而言,政治哲学实践的目的就是为了提出一个正义原则,它可以成为为政治与社会制度作辩护的共享的公共基础。❶这与其他一些理论家对于政治哲学的理解大异其趣,如G. A. 柯亨在此问题上与罗尔斯针锋相对:"对于政治哲学来说,问题并非我们应该怎么做,而是我们应该如何想,即使我们应该如何想并没有带来任何实践上的改变。"❷罗尔斯与柯亨对政治哲学的不同理解,也自然地影响到他们对正义原则的理解:柯亨认为正义原则是政治世界的根本原则,它应该是不敏于事实的(fact-insensitive),任何敏于特定事实的原则只是次级的应用性规则,它需要以对此事实不敏感的更高阶原则为依据。而罗尔斯则认为:"架构一种正义的观念是为了满足社会生活的实践要求和产生一个公共基础,根据此基础,公民们可以面向其公民同侪为他们共同的制度作辩护。"❸罗

---

❶ John Rawls, *CP*, p.421.

❷ G. A. Cohen, "Facts and Principles," *Philosophy & Public Affairs*, Vol.31, No.3 (2003), p.243.

❸ John Rawls, *CP*, p.347.

尔斯对政治哲学的实践性的强调，实际上是响应亚里士多德对柏拉图政治哲学的不满：亚里士多德认为，价值哲学如伦理学和政治哲学，其所追求实现的必须是"属于人的善"（human good），这种善是我、我的家庭成员、我的朋友和城邦公民同侪能够享有的善；而不是去极力设想一个理想国里的善，而这种理想国，是我以及我的家庭成员、朋友和城邦公民同侪要被改造得面目全非才能进入的（想想柏拉图在《理想国》里的关于人们的孩子从出生时起就应交给城邦集中供养的主张）。❶从实践意义上说，这种理想国的善就不是属人的善，只有神或可被任意改造的奴隶和野兽才能享用到。❷

由于对政治哲学这种实践性的理解，罗尔斯在《正义论》中曾讨论了正义的作用或角色（role）问题：正义就是"提供一种在社会的基本制度中分配权利和义务的办法，确定了社会合作的利益和负担的恰当分配"。❸而在代表"政治转向"的一系列论文及《政治自由主义》当中，罗尔斯讨论正义的角色时措辞有一点变化，他强调的是社会角色（social role）与实践任务（practical task）："一个正义观念的社会角色就是：界定那些被公共地确认为充分的理由，凭借这些理由，社会所有成员相互之间可以表明他们共享的制度和基本安排是他们可接受的。"❹简单地说，正义的"社会角色"就是引

---

❶ "对于好人而言，存在本身就是一种善，并且每个人都欲求那些对他而言是善好的事物。不过，没有人会为了享有所有的善而变成其他东西，例如，变成现在就拥有了所有善的神。毋宁说，人们总是在这样的条件下去选择各种善好的：他希望在能享受这些善好的同时，仍然能保持他自身。"Aristotle, *Nicomachean Ethics*, 1166a: 20-25。

❷ 关于这一点的更详尽阐发，参见 Martha Nussbaum, "Aristotle on Human Nature and the Foundations of Ethics," In *World, Mind, and Ethics: Essays on the Ethical Philosophy of Bernard Williams*, ed. J. E. J. Altham and Ross Harrison (Cambridge: Cambridge University Press, 1995), pp.90-95.

❸ John Rawls, *TJ*, p.4.

❹ John Rawls, *CP*, pp.305, 330, 347, 426-427; *PL*, pp.38, 100.

导公民们在基本正义问题上的实践推理,以及为他们提供一个辩护的公共基础(public basics of justification)。因此,除非作为社会成员的自由平等的公民都可以合乎情理地接受此正义观念,否则,该正义观就无法扮演这种社会角色和完成其实践任务。它把社会蓝图设计得再好再精密,也只是空中楼阁,是毫无意义的。"作为公平的正义并非先在地就是合乎情理的,除非它能在其自身框架内,通过诉诸公民的理性,用一种恰当的方式赢得对其自身的支持……"❶这里所谓恰当的方式,当然是指要诉诸公民的实践理性,而不是编一个"高贵的谎言"去欺骗他们接受。并且那个正义观也不能向公民提出过分的要求(over-demanding),它必须考虑人的本性、局限性以及社会政治生活的一般事实(对罗尔斯而言,重要的是合理多元事实的存在),也不能过分地压抑公民们对于他们私人合理的人生目标和承诺的追求。当然,说政治哲学或正义的角色是实践的并要求得到合理公民的接受,并不等于如哈贝马斯所批评的那样仅仅是出于实用的考虑。❷这涉及罗尔斯的尊重公民的理念、对于合理多元事实的解释以及重叠共识在辩护中的作用等问题,留待第6章再讨论,在此暂不展开论述。

对政治哲学以及正义角色的实践性理解,是罗尔斯坚持公共辩护的要求——正义原则需要得到合乎情理的公民的合理同意,才算是有辩护的——的原因之一。但其实罗尔斯所主张的这种公共辩护理念,还有其更深层次的规范性基础,这是我们在第2章需要探究的内容。

---

❶ John Rawls, *PL*, p.143.

❷ Jürgen Habermas, "Reconciliation Through the Public Use of Reason: Remarks on John Rawls' Political Liberalism," *The Journal of Philosophy*, XCII (1995), p.121.

第 2 章
公共辩护原则的基础

在第 1 章，我们了解到政治自由主义的公共辩护理念要求：规导政治社会的根本原则，只有可获得自由平等、理性而又合乎情理的公民的合理接受，才是有辩护的。我们称这个根本要求为公共辩护的原则（the principle of public justification）。在 2.1 节，我将指出对于此公共辩护原则，存在一个"基础追问"问题。我将概述此种追问及争论的缘由，并表明这种争论的焦点在于：尊重公民到底要求什么，或者说这种尊重的具体对象是什么。在 2.2 节的第一小节，我区分了反完善论的政治自由主义和完善论的整全性的自由主义这两种类型的自由主义，为本节下面要进行的论证做好准备。接下来的 2.2.2 小节，通过回应斯蒂芬·加德鲍姆（Stephen Gardbaum）对政治自由主义持有的尊重观的批评，我将澄清：政治自由主义的尊重观念要求尊重的是自由平等公民的两种道德能力，以及作为这种能力运用的结果而出现的合理多元的事实。在界定了这两种类型的自由主义的具体尊重对象后，我们接下来将比较这两者中哪一个更适合作为自由社会的辩护原则的基础。但为了作这种比较，我们先得清楚两者的核心区别在哪里，这是第 2.2.3 小节试图去阐明的东西：这一小节着重表明了政治自由主义的理性自主性与完善论自由主义的个人自主性的区别，并指出在界定完善论的个人自主性条件中，有某些关键条件是政治自由主义的"理性自主性"不需要的；政治自由主义所预设的"理性自主性"只要求个体具备最低度的能动性以及善观念能力。清楚了两者的区别后，在接下来的 2.2.4 小节，我将通过评析斯蒂芬·加德鲍姆和约瑟夫·拉兹（Joseph Raz）的自主性学说，来阐明政治自由主义所持有的尊重观念的优势所在，并表明它是一个更加合理的尊重观念。最后，我将指出政治自由主义的尊重观念，并非如拉摩尔或德沃金所指出的那样是外在于公民的政治意志的，这涉及对政治自由主义作为一种以"观念为基础"的理论的理解。而且，正是因为这个特征，对公共辩护原则的基础的辩护向后无穷倒退的链条也得以终止。

2.1 基础问题的产生及争论焦点

2.1.1 对公共辩护原则之基础的追问

我们之所以要追问公共辩护原则其自身的基础问题，是基于如下两方面的考虑。

第一，如弗雷德·达戈斯蒂诺（Fred D'Agostino）所言，辩护的概念本身是本质上有争议的，诸种辩护观念之间甚至有互不相容的对抗，即使在自由主义内部，也有不同的意见。[1]尽管罗尔斯将这种辩护要求称为"自由主义的一个核心要素"，但并非所有自由

---

[1] Fred D'Agostino, *Free Public Reason: Making it Up as We Go* (Oxford: Oxford University Press, 1996), pp.19-21.

主义者都会同意上述我们介绍的、以罗尔斯《政治自由主义》为典型代表的特殊的"公共辩护"观念。例如，最典型的反对和挑战来自完善论自由主义（perfectionist liberalism）。当一个原则的核心要求遭遇挑战，我们就应该去追问其基础之所在，并考察这个基础是否合理，尤其要追问此基础是否比那些与其竞争的原则所依赖的基础更加合理。

第二，公共辩护原则自身蕴含着一个问题：这个原则声称根本的政治原则只有取得合乎情理的公民的同意才可算得上有辩护的，但诚如大卫·伊斯特兰德（David Estlund）指出的那样：这个要求也适用于对其自身的辩护。[1]如此一来，这个原则似乎陷入以下这个两难的境地：一方面，公共辩护原则承诺的"要取得理性和合乎情理的公民的接受"这个要求，似乎也适用于这个原则自身，即这个原则本身也需要取得理性和合乎情理的公民的合理同意。这样的话，对这个原则自身的辩护便陷入了向后无穷倒退。另一方面，公共辩护原则的拥护者为了中止那样一个无穷倒退的链条，他们可以宣称此原则是真确（true）的，公共辩护的那个"合理同意"的要求不需应用到其自身。[2]但这对宣称"在其自身内部不使用真确概念"[3]的罗尔斯而言是不可接受的。那么罗尔斯能不能给这个公共辩护的原则提供一个令人信服的基础？

接下来我将会表明，公共辩护的要求体现了一种对公民予以平等尊重的理想。当然，这在自由主义内部分歧不大，有争论的正是

---

[1] David Estlund, "The Insularity of the Reasonable: Why Political Liberalism Must Admit the Truth," *Ethics*, CVIII(1998), p.253.

[2] Steven Wall, "Is Public Justification Self-Defeating?" *American Philosophical Quarterly*, Vol.39, No.4 (2002), p.388.

[3] John Rawls, *PL*, p.94.

这里的"公民"应怎么设想、这种尊重要求什么,以及它的尊重对象究竟是什么?各派对这个问题的回答的不同,显示其原则所依赖的基础的差异。当然,有一个可能令人困惑的问题需要澄清:"平等尊重"已经是一个很基本的道德观念,究竟是在什么意义上再追问比这更深层次的"基础"?在这个问题上,我深受罗尔斯关于"平等的基础"的讨论的启发。罗尔斯认为,当我们问什么样的生物才有资格得到平等正义的保护时,平等的基础问题就产生了。探寻平等的基础就是去探寻"人类的一些特征,凭借这些特征他们可得到(平等的)正义的对待"。例如当我们说有理性的人才配享平等正义的保护时,人就凭借其理性相互间成为平等的,我们就在此意义上说平等的基础在于理性,而没有理性的动物(严格意义上,也包括没有理性的人)就被排除在外了。关于这个基础究竟是一些道德观念还是一些自然事实(如人的自然能力)的问题,我将表明它同时包含有这两者。❶

2.1.2 争论聚焦:尊重公民要求什么?

查尔斯·拉摩尔(Charles Larmore)在一篇文章中分享理论家们对政治自由主义公共辩护原则的基础的追问:"我们追问一下,为什么我们会相信(如果我们真的相信的话),政治生活的基本条款应该是合理同意的对象?"他认为,包括罗尔斯和哈贝马斯在内的所有

---

❶ 参见 John Rawls, *TJ*, pp.441-442。关于平等基础的讨论还可参考: Bernard Williams, "The Idea of Equality," in *Philosophy, Politics and Society*, series II, ed. P. Laslett and W. G. Runciman (Oxford: Blackwell, 1962), pp.110-131; Louis Pojman, "On Equal Human Worth: A Critique of Contemporary Egalitarianism," in *Equality: Selected Readings*, ed. L. P. Pojman and R. Westmoreland (Oxford: Oxford University Press, 1997), pp.282-299; Richard J. Arneson, "What, If Anything, Renders All Humans Morally Equal?" in *Singer and His Critics,* ed. D. Jamieson (Oxford: Blackwell, 1999), pp.103-128。

倡导把合理主体间的接受或同意作为检验政治正当性的根本原则的理论家，其理论承诺的基础必定会追溯到一种康德式的尊重人这个根本道德观念上来。基本的政治原则的根基，不可能仍然存在于公民的政治意志中，它必须有一个道德基础。拉摩尔认为罗尔斯并不否认这一点，但罗尔斯并没有在他的《政治自由主义》中清楚地阐明这个道德基础。❶布莱恩·纽菲尔德（Blain Neufeld）认为罗尔斯的《政治自由主义》要坚持"自立（free-standing）"的立场，并避免政治自由主义所使用的尊重人的理念成为一个整全性的道德或哲学理念（例如被认为是康德的人性公式所要求的），罗尔斯应该进一步将拉摩尔提出来的尊重人的理念限定在政治领域，也就是把公共辩护原则的基础奠定在一种"尊重公民"（civic respect）❷的理念上。

尊重人或尊重公民这个理念，几乎是所有自由主义理论家都可以同意的，关键问题在于：对尊重人或尊重公民究竟要求什么，不同的自由主义流派却有不同的看法。许多自由主义者认为，尊重公民这个一般性理念并没有必然指定（mandate）罗尔斯式的特定公共辩护观念。在这一点上，完善论的自由主义是政治自由主义的最坚定反对者。原因也很好理解，因为正是罗尔斯式的公共辩护的要求，再加上合理多元的事实，便导向了所谓的"中立的"自由主义，这恰恰是完善论自由主义所要反对的。因此，完善论者需要攻击中立性要求得以成立的前提之一，也即罗尔斯式的公共辩护观。他们试图表明潜在于罗尔斯式的公共辩护观❸背后的那个尊重公民

---

❶ Charles Larmore, *The Autonomy of Morality* (New York: Cambridge University Press, 1998), pp.148-153.

❷ Blain Neufeld, "Civic Respect, Political Liberalism, and Non-Liberal Societies," *Politics, Philosophy & Economics*, Vol.4, No.3 (2005), p.286.

❸ 这种辩护观要求合乎情理的公民的合理接受，这里的"合乎情理"主要是指一种公平合作的态度，并没有更多的认识论或形而上的宽深意涵。参见第15页注3的解释。

的承诺,实质上是要求"尊重为公民个体认可的所有的合乎情理的善观念,而无论这些善观念是否是真确的或是如何被认可的"。❶而在完善论的自由主义理论家看来,必须被尊重的乃是每个人对善观念的自主选择能力以及基于这种能力的选择的结果。某些完善论者认为,他们所主张的尊重观念,比罗尔斯所主张的尊重,更能解释自由民主社会的实践,也给我们选择它提供了更好的理由。潜在于完善论者这个批评背后的思想是:我们尊重一个人,不能等同于要尊重他持有的所有观念。❷

从上面的分析中我们看到,反对者们批评政治自由主义的尊重观念要求尊重所有合乎情理的善观念,而"无论这些善观念是否是真确的(truth)或如何被认可的"。这其实包含着对政治自由主义的尊重观念的两个方向的批评:第一个是原因或起点的批评,也就是指责政治自由主义不关心这些善观念是如何形成的;第二个是结果的批评,也就是批评政治自由主义所要求尊重的观念,从认识论上看有可能是不真确的。在本章接下来的部分,我将主要处理在第一个方向上提出的批评,这个批评主要是由主张个人自主性(personal autonomy)的完善论的自由主义者提出来的。通过回应这方面的批评,我希望对政治自由主义的公共辩护原则的基础做出说明与捍卫。我将留待本书下一章再探讨政治自由主义以什么方式回应来自第二个方向的批评,这个方向的批评主要是理论家们从认识论的角度提出来的。

---

❶ Stephen Gardbaum, "Liberalism, Autonomy, and Moral Conflict," *Stanford Law Review*, Vol.48, No.2 (1996), p.413.

❷ 参见 Joseph Raz, "Disagreement in Politics," *American Journal of Jurisprudence*, 43(1998), pp.27-28;以及 William Galston, *Liberal Purposes* (Cambridge: Cambridge University Press,1991), p.109。

2.2 公民的两种道德能力与公共辩护原则的基础

2.2.1 两种类型的自由主义

为了准确地理解自由主义内部在关于"尊重公民究竟要求什么"这个问题上的争论，我们首先需要了解对自由主义内部不同阵营的一种划分方式。首要的一个区分维度，是根据理论家们提出的自由主义基本原则所依赖的规范观念的性质，这种规范观念可以是各种形而上学理念、道德理论、宗教学说或关于什么构成和促进了人类繁盛（human flourishing）的价值理论。若它所依赖的道德观念，如罗尔斯所言是涵盖了各种价值、美德与理想，不仅意图指导人们的公共政治生活，而且也指导人们个人行为等生活的各方面的观念，那么我们就可以称之为整全性的自由主义（comprehensive liberalism）；如果一种自由主义其政治原则只依赖一些在公共政治生活实践中为公民共享的政治性理念（political ideas），且这些理念的指导作用严格地限制在政治领域，我们就可称之为政治性的自由主义（political liberalism）。另一种区分维度是自由主义理论家对如下问题的态度：自由主义国家是否可以基于某种价值、理想或学说而推行或鼓励某种生活方式？如果答案是肯定的，那么我们就可以称之为完善论的自由主义（perfectionist liberalism）；如果答案是否定的，那么他们就归属于反完善论的自由主义（anti-perfectionist liberalism）。

把这两个维度、两个取向两两结合起来（请注意到，对于第一个维度的两端的任一取向，并不必然推出第二个维度的任一特定取向），我们就得到四种自由主义。❶如玛莎·纳斯鲍姆（Martha Nussbaum）所言，大多数的整全性的自由主义都是完善论者。❷如当代最著名的完善论的自由主义理论家拉兹，他认为在西方社会里，自主性乃是人们取得成功、增进福祉的必要条件以及核心价值，成为自己的生活的（部分）作者是一个值得追求的理想，国家有义务以非强制、非操纵性的手段积极地帮助人们过上一种自主生活。❸但也有些整全性的自由主义者是主张国家中立的反完善论者，罗纳德·德沃金（Ronald Dworkin）就是最典型的例子。德沃金在建构他的自由平等理论时，也有一个关于人类好生活的价值的来源与性质的判断，也就是他所谓的"挑战模式"（the challenge model）的生活观。但这并不妨碍他要求国家在一阶的诸种善观念间保持中立，因为这恰恰是建基于"挑战模式"这种二阶的好生活观念之上的自由主义的自由平等理论的要求。❹而另一方面，大多数的政治自由主义者也都是反完善论者，如罗尔斯、拉摩尔等。但也有某些理论家，一方面反对把政治的根本规则建立在任何特殊的善观念之上，但同时认为政府可以合法的方式推进某些善，宣称要走第三条道路的乔治·谢尔（George Sher）就是这种自由主义的代表。❺

---

❶ 在提出这个区分框架时，我极大地得益于 Jonathan Quong 提出的一个类似的区分。但我改造了他提出的区分整全性自由主义与政治自由主义的标准，使其更加简单明晰并适合这里的讨论。参见 Jonathan Quong, *Liberalism without Perfection* (New York: Oxford University Press, 2011), pp.15-21。

❷ Martha C. Nussbaum, "Perfectionist Liberalism and Political Liberalism," *Philosophy & Public Affairs*, Vol.39, No.1 (2011), p.5.

❸ Joseph Raz, *the Morality of Freedom* (Oxford: Oxford University Press, 1986), pp.417-418.

❹ Ronald Dworkin, "Foundations of Liberal Equality," in *Tanner Lectures on Human Values*, XI (Salt Lake City: University of Utah Press, 1990), pp.55-58, 112-115.

❺ George Sher, *Beyond Neutrality: Perfectionism and Politics* (Cambridge: Cambridge University Press, 1997), p.1.

在下文中，我提到的两种类型的自由主义：政治自由主义，一般就是指以罗尔斯在《政治自由主义》中提出的反完善论的政治自由主义；而我提到的完善论自由主义，就是指整全性的完善论自由主义，尤其是以拉兹、斯蒂芬·加德鲍姆这些理论家基于个体自主性这个核心价值而发展出来的完善论自由主义。

2.2.2 尊重对象之争

诚如德沃金所言："现代政治有一个广泛的承诺：政府应该以平等关注和尊重（equal concern and respect）的方式对待其所有的公民……很少公民以及甚少的政治科学家会持有与'平等关注和尊重'这个抽象原则相冲突的政治信念……但这个抽象原则在特殊场合下究竟要求什么，不同的人们持有不同的观念。"❶完善论的自由主义者斯蒂芬·加德鲍姆在一篇有影响力的文章中试图表明：他们的尊重观念所要求尊重的东西，相比罗尔斯的政治自由主义的尊重观，更能解释自由民主社会的实践，也给我们选择它提供了更好的理由。❷加德鲍姆认为：根据政治自由主义的要求，必须被平等地尊重的是所有合乎情理的善观念，无论它们真确（truth）与否或它们是以何种方式被人们认同的。而根据那些建基于自主性之上的整全性的自由主义的观点，必须被平等地尊重的是每个个体的选择能力以及作为这种选择的结果的诸种东西。❸

根据上述概括，加德鲍姆指出：由于政治自由主义错误地把

---

❶ Ronald Dworkin, "Liberalism," in Michael Sandel ed., *Liberalism and Its Critics* (New York: New York University Press, 1984), p.63.

❷ Stephen Gardbaum, "Liberalism, Autonomy, and Moral Conflict," *Stanford Law Review*, Vol.48, No.2 (1996), pp.385-417.

❸ Ibid., pp.412-416.

道德重要性赋予合理多元的事实（the fact of reasonable pluralism），所以它不从源头上去追问这个多元事实是如何造成的，自然也无法审察这些多元善观念的真确性，而仅仅要求最低度的合情理性（reasonableness）。因此，政治自由主义式的尊重观念会带来一些强烈地反自由主义的推论：例如，它并不关心人们的选择是基于自主考量的结果，还是权威操纵、习俗禁锢甚至意识形态洗脑的产物。如此一来，政治自由主义既无法解释长久以来的自由主义实践，也无法给自由主义的未来描绘一个有吸引力的蓝图。而完善论的自由主义把道德重要性落实在每一个个体的自主选择能力上，它抓住了自由主义自由、平等和个人主义等精神实质的同时，又保持了自由主义应有的宽容。因为强调人们自主选择而不是基于传统、习俗或权威而作选择的道德重要性，并不意味着完善论的自由主义必须对一些传统的生活方式持敌视和否定态度，它只是强调道德上重要的是基于自主的选择，而自主选择结果，无论它们是什么（因此当然可以涵括各种传统生活方式），只要它们和其他公民的权利相容，就是可允许的。❶

接下来，我将会论证表明：第一，由加德鲍姆鉴定出来的政治自由主义所要求的尊重对象其实是不恰当的，政治自由主义真正要求尊重的是公民的两种道德能力；第二，根据我提议的"尊重公民两种道德能力"的理解，不仅可以使政治自由主义避免上述种种指责；第三，与加德鲍姆的观点相反，在讨论政治正义问题这个场域；这种尊重观念比完善论自由主义所主张的尊重观念更加合理。

我们可以观察到，加德鲍姆在鉴定这两种类型自由主义的尊重

---

❶ Stephon Gardbaum, "Liberalism, Autonomy, and Moral Conflict," pp.412-416.

对象时，存在一种不对称性。在完善论的自由主义方面，他界定的是"人们的自主选择能力及这种选择的结果"是值得尊重的，而政治自由主义方面，他关注的却仅仅是一个结果——合理多元的事实。仅仅将尊重对象和道德重要性置于合理多元的事实上，的确会带来一些反自由主义的直觉推论，但如果我们也仅仅关注完善论的自由主义的选择结果，情况也差不多。我们看到，加德鲍姆为完善论自由主义的辩护资源，主要只来自选择的根据——也就是自主性。因此我们同样可以追问，政治自由主义，如果它的确要求尊重合理多元的事实的话，那么这种要求的根据是什么？罗尔斯认为，合理多元的事实并非人类生活的一种不幸状况，而是人们在自由制度下自由地运用理性的结果。❶但为什么自由地运用理性形成的各种各样的合乎情理的整全性学说就值得尊重呢？很显然，并非因为这些学说教义本身能够自动带来被尊重的地位，而是因为"这些学说为合乎情理的公民所持有，政治自由主义就必须直面它们。"❷罗尔斯似乎认为：不允许利用政治权力去提倡某种学说而压制其他一些合理的学说，否则会损害一些公民作为自由而平等的公民这样一种道德地位（moral status）。但其实上述判断要成立，除非我们能知道这里"自由与平等的公民"具体是如何界定的，这一点很关键。因为完善论的自由主义当然也可以同意"自由平等的公民"这个一般性的自由主义理念，且它们还可以同意政府不应该利用权力压制或强迫公民对某种生活方式的信奉，但是它们并不认为自由平等的公民这个道德观念，会禁止政府提倡某种真正对促进人类繁盛具有核心重要性的生活方式（例如自主的生活）。

---

❶ John Rawls, *PL*, pp.36-37.

❷ Ibid., p.36.

在罗尔斯的《政治自由主义》中,我们发现政治自由主义对公民的自由与平等的界定,是依照公民的两种道德能力来进行的。所谓的两种道德能力,就是指公民的正义感的能力和善观念的能力:正义感的能力即是理解、运用和践行那种体现社会公平合作条款之特征的公共正义观念的能力。善观念的能力,是指形成、修正和合理追求人的合理利益或善观念的能力。当公民能够形成、修正和合理追求自己的善观念时,我们就称之为理性的(rational);而当公民拥有,并在社会合作中践行正义感能力,我们就评价他的行为是合乎情理的(reasonable)。❶罗尔斯认为,公民在三个方面将自己设想成是自由的,其中两个方面就是依据两种道德能力来界定的:首先,公民被设想是自由的,因为他们拥有善观念能力,能够自由地形成、修正和追求自己的善好生活,而不是无可避免地与某种特定学说或观念捆绑在一起的。❷其次,公民他们能够对他们的各种

---

❶ John Rawls, *PL*, pp.19, 48-54.

❷ 这会令人想起诸如桑德尔这样的社群主义者对自由主义的著名批评:自由主义的主体观是一个先于并独立于任何善观念的、不负载、未被植入任何东西的主体(disembodied and unencumbered subject),这种对人与其目的、价值及承诺之间的理解是强烈地反直觉与误导性的。参见 Michael Sandel, *Liberalism and the Limits of Justice* [2nd edition] (Cambridge: Cambridge University Press, 1998),pp.15-24。罗尔斯在《政治自由主义》中发展出了一个环环相扣的回应。首先,通过区分公民的政治认同与非政治认同(political identity/non-political identity)来回应这个挑战:罗尔斯倾向赞同社群主义的所谓情景化主体(situated subject)的思想,认为人们"常常有这样一些情感、奉献和忠诚,他们相信他们自己将不会,实际上也不能和不应该与之相分离及客观地评估"[John Rawls, *PL*, pp.30-31]。但政治自由主义坚持这只是指公民非政治认同;公民的政治认同可以看作能够独立于各种各样的整全性学说与特殊的善观念的,而不必将公民看作与它们中的某种学说是无可避免地终生捆绑在一起的。只要他们经过反思并决定改变这些信仰和承诺,自由主义要求政治制度对这种改变提供保障。桑德尔会反驳说:即使局限于讨论政治认同,自由主义的设想也是误导性的。因为它预设了一个可以先于人所处的社群关系以及社群提供的生活目的而独立地存在的反思性的自我,这是对自我所处社群目的、价值、关系的重要性的漠视。其实,自由主义其实并不需要否认这些目的、关系和承诺的价值,而恰恰是因为这些东西是如此之重要,

目的负责,能按照他们合乎理性的期待来调整他们的目的和志向抱负,在正义问题上把他们的目的限制在正义原则所允许的范围。前者对应着善观念能力,可以说是一种个人自由;而后者对应一种正义感能力,近似于卢梭意义上的道德自由。而罗尔斯对何为平等的公民的定义更为直接:因为我们设想公民都拥有两种道德能力,使他们在所要求的最低程度上成为充分参与合作的社会成员,单单凭借这一点就使得每一个公民都是平等的。❶

至此,我们就能明白,为什么政治自由主义对公民的尊重,会要求尊重他们各种各样的合理善观念。因为公民们有形成和追求自己善观念的能力,而且他们能够调整和修正这种追求,使之成为合乎情理的并使其与正义的要求相一致;这些善观念,只要是合乎情理的,无论它们是不是自主地形成的,对它们的压制,都会导致对

(接上页)所以不应把人的目的、要过的生活方式看作由特定社群、文化从一而终地给定的。自由主义也不会荒谬地认为一个人可以先于所处的社群关系以及社群提供的生活目的而无任何担负地存在于这个世界;只不过它极力想要保障的是:一个人凭借常识、知识、良心以及推理想象,重新审视、思考、估价他当前所处的社群关系以及由社群提供的生活目的之自由。

  当然,社群主义者会抗议说,上述这种回应方式只不过转移了问题,因为所谓"公共认同/非公共认同"的划分同样反映了自由主义根深蒂固的误解(Sandel, *Liberalism and the Limits of Justice*, p.193)。但罗尔斯进一步认为,政治自由主义所秉持的这种"双重论"(dualism)是恰当的,"在不同的情况下我们可以无矛盾地设定关于人的不同的观点,只要当情景要求时,能够确保这些观点相互融洽在一起就行了"[John Rawls, *CP*, p.332; *PL*, p.xxiii]。这种确保相互融洽的任务,其实就是在对正义原则的充分辩护即重叠共识部分,罗尔斯将去表明公民持有的各种合乎情理的学说所表达的包括社群价值在内的非政治领域的各种价值,都能够与正义原则所表达的政治价值"契合、支持它或不与之相冲突"[John Rawls, *PL*, p.140]。在这里,罗尔斯的一个思想无疑是十分合理且是社群主义者无法反驳的:(特别是在自由民主国家里)总会有这样一些情况:人们的非公共认同(包括社群主义者所珍视的社群价值)可能由于各种原因会经历激烈变化,我们会说他再也不是那个人了,但这并不影响他自由平等公民这个政治身份。政治自由主义的自由观能够很好地解释这一点。

❶ 关于这一点,最充分的论述参见 John Rawls, *TJ*, sec.77, pp.441-449;另见 John Rawls, *PL*, pp.19, 30-34。

作为拥有两种道德能力的自由与平等公民的道德地位的否定。所以，根据以上分析，我们有理由把政治自由主义的尊重对象重新表述为——尊重公民的两种道德能力，以及作为这种能力运用的结果而出现的合理多元的事实。因此，加德鲍姆认为政治自由主义的尊重对象是合理多元的事实本身或合理的善观念本身，这是一个误解。罗尔斯自己也很好地澄清了这一点：

> 我们不应该谈论公平地对待善观念，而是应该谈论公平地对待那些具有采纳这些善观念的能力、关心这些善观念在什么条件下形成的道德人……这是因为，首要问题是待人公平，而不是对善观念本身公平。只有那些在满足公平待人的条件下能够存续和兴盛的善观念，才有资格对社会提出主张，并且只能以这些人或联合体的名义提出这些主张；因为善观念提出的主张体现的终究是这些人或联合体的主张。❶

在进一步分析政治自由主义的这种尊重观念与完善论的尊重观孰优孰劣的问题前，对于我鉴定出来的政治自由主义的尊重观念，有两个可能的疑虑要处理。❷

第一，两种道德能力是为了使得社会成员能够正常地参与社会合作而预设（assume）和归于（ascribe to）每一个公民的。这种能力似乎是人们加入一个社会合作契约时相互之间提出的最低要求与成员资格的认可标准，如纳斯鲍姆所言，如果契约论不预设成员均有参加正常社会合作的能力，那么人们参与这种协约的动机就难以

---

❶ John Rawls, *CP*, pp.284-285.
❷ 感谢中山大学政务学院谭安奎教授使我意识到这些问题。

理解，或会对人们参与的动机提出很高的要求。❶这样一来，这种非常低度的、门槛性要求的能力成为一种尊重对象，这似乎是很难理解的？罗尔斯的确承认两种能力是人们终身参与社会合作能力的一个最低要求，但要注意罗尔斯在这里谈的社会合作并不是一般意义的社会协作劳动这样的描述性概念，而是一个道德概念。❷它包含着相互性的理念（the idea of reciprocity），因而是一种公平的合作事业；这个世代相继的公平合作如果得以实现，考虑到人类历史经验与现实状况，它就是一种重要甚至伟大的政治善。❸而使得这样一种公平合作事业成为可能的能力预设，也就不仅仅是（尽管也包括）一种智力、体力等自然能力，而是一种罗尔斯所说的道德能力（包括善观念能力和正义感能力）。正是这种道德能力的实践，使得实现一个公平合作的社会这种政治善成为可能；也就是在此意义上，它配得上一种道德意义上的尊重。在此，尊重公民和尊重两种道德能力是同一的，因为在罗尔斯看来，两种道德能力对自由平等的公民是构成性的，"公民的本质属性之一部分，就在于他们拥有的两种道德能力，这种道德能力根植于参与公平社会合作的能力之中"。❹

第二，第一点的分析引致进一步的疑惑：既然两种道德力值得尊重，是因为它们有助于一种自由平等公民间公平合作项目的实现，而人的能力大小及这种能力对于目标实现的贡献是因人而异的，这似乎不是要求对所有人平等地尊重，而恰恰是要求根据

---

❶ Martha C. Nussbaum, *Frontiers of Justice: Disability, Nationality, Species Membership* (Cambridge, MA: Harvard University, 2006), pp.59-69, 123.
❷ John Rawls, *PL*, pp.16, 108-109；以及 *TJ*, p.30。
❸ John Rawls, *PL*, pp.202-203.
❹ Ibid., p.203. 在本节最后我会指出，正是这一点使得公共辩护原则中那个辩护向后无穷倒退的问题得以终结。

能力区别对待？对这个疑虑的回答，首先，借用斯蒂芬·达沃尔（Stephen Darwall）的区分，我们可以把尊重区分为认可性尊重（recognition respect）与评价性尊重（appraisal respect）：前者是根据某人拥有的某些特征，我们在思考如何行动时应该给予其恰当的考虑；而后者是当某人展示出某些我们认为有价值或值得赞赏的特质或美德时，我们给予他的积极评价。认可性尊重的给予，仅仅取决于那些特征本身以及由这些特征所界定的某种地位，如道德地位，它并不是一个量多少或程度高低的概念。但评价性尊重取决于那种评价、评判的积极态度与情感，它允许尊重的程度与展现出来的相关特征的多少、高低相挂钩。❶比如一个在生活越多方面展现各种道德美德的人，我们给予其的评价尊重就越高。但我们对这个有德之人与一个普通人的认可性尊重并无差别，这是因为我们尊重他们这些人之为人的基本权利。在这里，对公民的尊重很显然属于一种认可性尊重，罗尔斯强调：作为平等基础的道德能力并不是一个高低大小的数量程度概念，我们最好将之看作一种范围性属性（range property）：正如一个圆内的点尽管坐标不同，但它们作为某个范围内的平面点这个属性是相同的。道德能力也一样，"只要能达到某种最低程度，一个人就有权享有与其他任何人同等的平等自由。较大的正义感能力……一个人由于运用它而获得的特殊好处，应当受到差别原则调节"。❷不过，能力进路（capability approach）的理论家如阿马蒂亚·森（Amartya Sen）和纳斯鲍姆也许会继续追问：处于那种最低要求之下及能力缺失的人，又该如何看待？罗尔斯认为规定着道德人格的最低要求，指的是一种能力潜在性而不是指它的

---

❶ Stephen Darwall, "Two Kinds of Respect," in *Dignity, Character, and Self-Respect*, edited by R.S. Dillon (New York: Routledge, 1995), pp.181-184.

❷ John Rawls, *TJ*, pp.443-445.

实现，❶因此婴儿和儿童的例子不构成困难。而对于那些因自然或社会因素而暂时失去能力的人，罗尔斯认为我们要坚持一个思想：那就是不要让道德任意（moral arbitrary）的因素影响人们的正义资格与正义分配，帮助这些人恢复能力是正义要求的一部分。对于永久失去这种最低要求的能力的人，罗尔斯认为这的确是一个棘手的问题，但是由于他强调最低要求能力是享有自由平等权利的充分条件而非严格的必要条件，所以我们并不能说这些人因此就被剥夺了平等自由的公民资格而可以被不公正地对待。❷

至此，如果我们上面重新界定的政治自由主义的尊重对象是合理的，那么现在我们就可以回过头来重新审视完善论自由主义所谓"政治自由主义的尊重观念带来反自由主义推论"的指责，如加德鲍姆指出的那样：

> 政治自由主义本身根本就不关心个人采纳某种生活方式多大程度上是自己真正选择的结果，还是权威、传统、文化隔离或洗脑的结果。只要人们所认肯的生活方式是合乎情理的，它们怎样或为什么被认肯，这是不相关的。然而，作为一个诠释的问题，这种冷漠看起来与我们对这些事情直觉上的强烈关心相冲突。若如政治自由主义暗示的那样，这些二阶的问题真的与我们平等的尊重无关，那么我们整个社会为什么会对由那些狂热的极端群体表现出来的、可能的洗脑行为感到疑虑呢？❸

前面我已经表明，政治自由主义并不只是"简单地把人们认

---

❶ John Rawls, *TJ.*, pp.445-446.
❷ Ibid., pp.442-446.
❸ Stephen Gardbaum, "Liberalism, Autonomy, and Moral Conflict," p.415.

肯竞争和冲突的善观念这个事实"作为其理论的支点与起点。政治自由主义尊重那些多元竞争的、合乎情理的善观念，实际上是它尊重公民两种道德能力的必然要求。如前所述，这种能力本身是一个道德的观念，因此它具备充分的规范性资源来抵制反自由主义的倾向。

首先，政治自由主义要求所有有资格得到自由主义政治宽容的各种学说与善观念，必须是合乎情理的。按照罗尔斯的说法，各种学说与善观念要成为合乎情理的，就是它们必须能够为合乎情理的公民所认肯。❶尽管依照罗尔斯这个"故意地宽松"❷的定义，我们并无法得出合乎情理的学说具体包括哪些，但我们能知道它明显地排斥一些学说：诸如提倡使用政治权力对其他学说进行压迫的，明显地鼓动戕害基本人权与反人类的。根据政治自由主义的尊重观念，这些学说不被（也不应该被）宽容，是因为若它们被强制推行，公民的基本人权和自由权利会被侵犯，其自由平等的道德地位也会遭到否定。

第二，尊重公民善观念与正义感的能力，其实预设了一个道义论的立场，那就是正当优先于善。因为罗尔斯认为，两种道德能力其实与公民的实践理性的两个方面即理性（rationality）与合情理性（reasonableness）是分别对应着的，即理性对应着善观念能力，合情理性对应着正义感能力；❸而尽管合情理性预设着理性，但理性是从属于合情理性的，实践理性正是通过这种方式取得统一的（the

---

❶ John Rawls, *PL*, pp.36, 59.
❷ Ibid., p.59. 宽松地定义的目的是"尽量将许多为人们所熟悉的和系统的学说——宗教的、哲学的和道德的学说——看作合乎理性的"，因此尽可能地缩小政治自由主义与整全性学说冲突的范围。
❸ Ibid., p.52.

unity of practical reason)。❶无论根据政治自由主义的尊重观念得出来的、规定社会公平合作事业的具体正义原则是什么（例如罗尔斯的"作为公平的正义"就是一个例子），政治自由主义都要求把正义所规定的公民基本权利置于优先地位。更具体地说：政治自由主义的确不要求把应用于社会基本结构的正义原则直接应用到社会基本结构之内的社会团体与联合体上，它甚至允许这些团体以一种不民主的方式进行管理，以及实施维持该团体所必需的思想宣传（如教会就是一个典型例子）。❷但正义原则不直接适用于团体与联合体，并不等于正义原则对它们的外部是没有约束的。无论公民们信奉或决定停止信奉任何整全性学说、加入或决定退出任何社会团体，其基本的公民权，包括人身、思想和言论自由必须得到保障，任何社会团体不得侵害。❸一旦有了这些对自由平等公民地位的保障，政治自由主义毫无疑问能够辨别且禁止那些反自由主义的行为，如洗脑。就像汉娜·阿伦特（Hanna Arendt）观察到的那样：孤立公民（对公民的意识形态控制、神化领袖、信息屏蔽等等）是极权主义重要特征和维持极权的全面控制的操作手法。❹政治自由主义要求保障公民的结社自由（对于我们目前的讨论比较重要的是其包含着自由退出某个团体的自由）、出版、言论和信息流动自由，任何团体持久或大规模地孤立公民的行为都不可能得逞。

---

❶ John Rawls, *CP*, p.317.
❷ 关于政治自由主义宽容其内部的非自由主义团体，以及这种做法对自由主义宽容原则造成的挑战，参见 Kok-Chor Tan, "Liberal Toleration in Rawls' Law of Peoples," *Ethics*, Vol.108, No.2 (January 1998), pp.289-292。
❸ John Rawls, *PL*, pp.221-222；以及 John Rawls, "The Idea of Public Reason Revisited," *The University of Chicago Law Review*, Vol.64, No.3 (1997), p.790。
❹ Hannah Arendt, *The Origins of Totalitarianism* (New York: Harcourt Brace Jovanovich, Inc., 1975 ed.), p.475.

2.2.3 两类自由主义所持有的自主性观念的区别

本章的论证目标,是要表明政治自由主义的公共辩护原则的基础,在于表达对自由平等公民的道德地位的尊重。前面我们已经澄清了这种尊重的具体对象乃是公民的两种道德能力,也表明了这种尊重观念并没有带来如完善论自由主义者所指出的反自由主义的结论。现在,我要继续论证表明:在关涉政治正义的问题上,政治自由主义的这种尊重观念比它的(自由主义内部)最大挑战者的尊重观念更为优越。我希望借此进一步夯实政治自由主义公共辩护原则的基础。为了表明这一点,我们首先要了解,我重新鉴定出来的政治自由主义的尊重观,与完善论的尊重观念的核心区别在哪里?这是本小节要阐明的东西。

全面地比较政治自由主义与完善论的自由主义超出了我们在此的目的与范围,如前面提到的那样,我们在此主要关注完善论的当代代表——也就是以拉兹、加德鲍姆这些理论家基于自主性这个核心价值而发展出来的完善论的自由主义。如前所述,这些理论家一般把自主性视作一种品格理想(character ideal),这种理想捍卫自我创造、自我决定的自主生活方式与人类兴盛之间的本质联系,并且要求政府通过各种非强制措施积极推进这种理想的实现。但"自主性"并不是区分政治自由主义与完善论自由主义的一个好标签,因为罗尔斯也用自主性来指代公民的两种道德能力,或者更准确地说两种道德能力的运用也体现了某种自主性的理想:

> 理性的自主性(rational autonomy)……表现在人们践行他们形成、修正和追求一种善观念以及按照这一善观念来思考的能力之中。它还表现在他与他人达成一致协议(当他人也服从

合理约束时）的能力之中。❶

充分的自主性（full autonomy）……意味着，不仅公民的行为符合正义原则，而且他们也是按照这些正义原则来行动的。……正是由于他们有效正义感的指导，公民才获得充分的自主性。❷

我们可以看到，"理性自主性"基本上对应着公民两种道德能力之一的善观念能力，也就是对应着公民实践理性的理性方面；而"充分的自主性"对应着两种道德能力中的正义感能力，也即对应着公民实践理性的合情理性方面。现在的问题是：政治自由主义主张的自主性与完善论自由主义的自主性之间究竟有什么区别？

"自主性"这个术语在道德哲学、政治哲学以及社会理论中被广泛运用，但含义显著不同，正如杰拉德·德沃金（Gerald Dworkin）所言："想要在对这个术语的各种不同运用中鉴定出一种核心含义几乎不可能。"他借助哈特、罗尔斯对"概念（concept）"与"观念（conception）"的区分，认为对于自主性，我们能鉴定出的只是一种抽象形式上的自主性概念与多种自主性的观念：不同的理论家对自主性的运用，其实都是表达一种作为自我决定（self-determining）的人的理念，但对怎样算作自我决定有各种各样的看法。❸在对自主性的不同理解的诸种观念中，有两种占据显著地位：个人自主性（personal autonomy）的观念以及道德自主性（moral autonomy）的观念。所谓个人自主性，指的是个体作为具有能动

---

❶ John Rawls, *PL*, p.72.
❷ Ibid., p.77.
❸ Gerald Dworkin, *The Theory and Practice of Autonomy* (New York: Cambridge University Press, 1988), pp.6-9.

性的主体,自我决定和规划其生活的理想。但对这种自我决定究竟如何体现,不同理论家有不同的设想。如拉兹强调的自我理性选择、构想价值并依此组织生活的能力;❶或者如哈里·法兰克福(Harry Frankfurt)、杰拉德·德沃金所强调的个体对自我的一阶欲望进行二阶反思能力。❷而与个人自主性不同,道德自主性指的是,如果一个人遵从并按照他自己而非外在的、异化的、强加的道德原则行动,他在道德上就是自主的。同样,对于什么可算作一个人自己的道德原则,也有不同的理解:例如设想自我是道德原则的来源,或那种道德原则是自愿选择的,或依照对人本质的某种理解来接受的,等等。毫无疑问,道德自主性的观念受康德的影响巨大,在一种康德式的理解里,道德自主性指的是意志依照普遍化的形式而不是自然本性或倾向决定自己的能力。❸个人自主性是对一种个人利益或福祉的描述——选择自己生活的自由,它本身是一个道德中立的观念。而道德自主性考虑的是一种人际间问题:一个人有没有能力把其他人也设想成和自己一样、是有着自我利益的主体,以

---

❶ Joseph Raz, *The Morality of Freedom* (Oxford: Oxford University Press, 1986), pp.154-155, 以及 pp.369-378。

❷ Harry Frankfurt, "Freedom of the Will and the Concept of the Person," *the Journal of Philosophy*, Vol.68 (1971), pp.5-20; 以及 Gerald Dworkin, *The Theory and Practice of Autonomy*, p.15。

❸ Immanuel Kant, Groundwork of the Metaphysics of Morals, in Kant's *Practical Philosophy*, Translated and edited by Mary Gregor (Cambridge: Cambridge University Press, 1996), p.83。罗尔斯在《正义论》里对道德自主性的说明受康德的影响十分明确:在对公平正义的康德式的解释中,他明确继承了康德的道德自主性的观念,人是一种自由、平等的理性存在者,当人们根据这一本性而不是他的社会地位、自然倾向或碰巧具有的欲望来选择道德原则时,他就是自主的。而"作为公平的正义"的原则是在无知之幕屏蔽了道德上任意的因素后,代表们理性选择出来的原则,正体现了作为自由平等的道德人的本质,类似康德的绝对命令。因此在一个组织有序的社会里,一个具有正义感和按照它所要求的正义原则行动的人,就是道德上自主的。参见 John Rawls, *TJ*, p.222。

及随之而来的如何处理自己利益与他人利益之间的关系。在此意义上，它对应我们所说的正义感，本身是一个道德观念。个人自主性与道德自主性之间似乎没有必然的逻辑联系：很难说一个自我决定其生活的人必定是道德上自主的人。同样，道德自主性似乎也不必然要求一个人具备自我决定、自主选择能力，设想一个人从其所在社会习得了一种正义感，他依此去规范他的行为但从没对此进行过反思，而这并不妨碍他成为一个道德上自主的人。❶

有了对自主性这个概念的一些区分，我们就可以借助它来帮助我们理解两种类型的自由主义所主张的自主性有什么区别。

首先，罗尔斯的充分的自主性显然是属于上述区分中的道德的自主性，但罗尔斯强调它是"政治的而非伦理的"，意思就是它表达的只是一种政治理想，局限于政治领域。至于公民在生活其他方面是否承诺一种自主性理想来指导其行为或生活方式，政治自由主义不作任何评判，留待公民所认肯的整全性学说来决定。因此，罗尔斯的充分自主性与完善论的自主性的区别，其实大概就相当于上面所述的道德自主性与个人自主性的区别。

但令人困惑的是，罗尔斯的理性自主性与完善论的个人自主性区别究竟在哪儿？当然，我们务必谨记，只有在政治领域，两者才具有可比性。因为对于私人生活领域，政治自由主义既不主张也不批判个人自主性的理想。但完善论的个人自主性的理想，当然包括指导（但不限于）政治领域公民的行为。对于拉兹而言，自主性不仅可以指涉一种理想，例如"自主的生活"表达的就是此意；它还可以指代一种能力，例如当我们说"自主选择我们的生活"时，用

---

❶ 相关讨论可参考 David Johnston, *The Idea of a Liberal Theory : A Critique and Reconstruction* (Princeton, NJ: Princeton University Press, 1994), p.77。

的就是能力概念。❶但我们如何进一步描述"自主选择"这种能力呢？这似乎是个难题。拉兹想了一个办法，就是通过描述运用这种能力需要什么构成性条件来大致界定这种能力：

> 如果一个人要成为他自己生活的作者，那么他必须具备形成一个足够复杂的生活计划，以及谋划将其实施的心智能力。这包括最低度的理性，理解掌握达成其目标所要求的手段的能力，谋划行动所必需的心智机能，等等。一个人要享有一种自主的生活，他必须实际地运用这些机能去选择过什么样的生活。换言之，必须有足够多的选项提供给他作选择。最后，他必须是独立的，他的选择必须摆脱其他人的强制与操纵。

对于拉兹总结出的 a. 心智能力、b. 足够多的选项，以及 c. 独立性，这三个自主性的构成性条件，政治自由主义所谓的"理性自主性"是否有同样的要求？我们知道理性自主性是指公民能够形成、修正以及追求其善观念的能力，罗尔斯在《政治自由主义》中并没有深入探讨运用这种能力所必需的条件。但我们首先可以肯定条件 a 是需要的，条件 a 表达的是一个能动性（agency）的概念，拥有形成计划、构想价值的能力是人类区别于其他有感觉生物的标志，无论哪种自主性的观念都必须预设它。❷其次，条件 c 独立性是需要的，处于强制与操纵之下的人很难说是一个自由平等的公民，更谈不上有意义地运用其能力。关键是 b 表达的"必须具备足够多的选项使得人们可以运用心智能力自己去选择"这个条件是否

---

❶ Joseph Raz, *the Morality of Freedom*, p.372.
❷ Johnston, *The Idea of a Liberal Theory*, pp.71-72.

是罗尔斯的理性自主性要求的？罗尔斯的理性自主性必须要求公民们自主地选择其善观念吗？"公民形成、修正以及追求其善观念"和"公民自主地选择追求其善观念"是一个意思吗？

在回答这个问题以及作比较之前，我们需要进一步弄清楚对于完善论的自由主义而言，究竟什么可算作"自主选择"？在我看来，这至少包括两个核心要素：第一，就是上面提到的存在足够多且有意义的不同选项可供选择；第二，就是要求选择的主体不但具备最低度的能动性，而且必须对选项有一个批判反思过程（critical reflection）。完善论的理论家一般会同意第一点，但对于自主性是否要求第二点有分歧。❶加德鲍姆认为：合理的自主性的概念只要求足够多样的有价值选项而不要求一个人理性地、批判性地自我审察的严格过程。加德鲍姆认为如下例子可算是自主的："一个人面临有意义的选项，但基于一些极为寻常而非反思性的理由，成了比如说一个医生而不是一个艺术家，尽管他从未真正审察过这个选择。"❷对此，我们可以反问：第一，如果一个人面对有意义的选项，基于一些加德鲍姆所谓的"极为寻常而非反思性的"理由，如每次都是通过抛硬币的方式来作选择，那么我们在何种意义上能说这

---

❶ 例如对自主性要求批判性反思持怀疑态度的，可参见 Robert Noggle, "the Public Conception of Autonomy and Critical Self-reflection," *The Southern Journal of Philosophy*, Vol.35 (1997), pp.495-515。Steven Wall 也认为"说某人是欠缺反思的同时又积极地塑造他自己的生活，这并不矛盾"。参见 Steven Wall, *Liberalism, Perfectionism and Restraint* (Cambridge: Cambridge University Press, 1998), p.129。然而，Susan Wolf 在一篇文章中有力表明由于缺少反思，某人根据他珍视的目标积极地塑造其生活，但仍然不能算是自主的生活。参见 Wolf, "Sanity and the Metaphysics of Responsibility", in F. Schoeman (ed.), *Responsibility, Character and the Emotions* (Cambridge: Cambridge University Press, 1987), pp.46-62。Gerald Dworkin 和 David Johnston 肯定自主地生活要求一定程度的批判性反思能力。参见 David Johnston, *The Idea of a Liberal Theory*, p.75, 以及 Gerald Dworkin, *The Theory and Practice of Autonomy*, p.15。

❷ Stephen Gardbaum, "Liberalism, Autonomy, and Moral Conflict," p.395.

个人是在自主地塑造其生活？加德鲍姆也许会回应说，就是在他选择了通过抛硬币的方式来决定他的选择这个意义上，他在塑造自己的生活。但我的问题正是：你在什么意义上说他的确自己做了那个"抛硬币以决定"的选择？除了"根据诸如自我的同一性，自我的主导性目标或承诺进行评价反思后，他做出了那个属于他的决定"这个回答外，我看不到其他充分有力的回答。第二，如果没有对各种选项进行一个比较审察评估的过程，那么我们就很难理解在什么意义上说，那些选项对某个人来说是有意义的选项。假设存在于美国的阿米什人（Amish）从来不去反思自己传统的生活方式与现代文明的生活方式的区别，即使现代文明生活方式就事实地存在其身边；那么我们就不清楚，在什么意义上现代的生活方式构成了对他们而言的一个有意义的选项。我认为，相对而言，拉兹在这个问题上的立场就合理得多，他对"自主选择"采纳一种"规划论"的理解：尽管他也认为自主选择并不要求高度严格的反思过程，承诺这一点显然会使自主的生活要求过分（over-demanding）。但他坚持自主的人必须知晓他的选项并知道他的行动其实是一个规划过程，即如果他不这样选择，他的生活完全可能是另一个样子。换言之，自主的人必须能够有意识地鉴别出他的选择，随机任意的以及任何类型的自我欺骗的选择都不是自主的选择。❶因此，我认为，对"自主选择"能力的一种合理理解，需要包括足够多有意义的选项以及对这些选择进行批判反思后做出规划、选择的过程。

　　合理地界定了作为能力概念的完善论的自主性的核心要素之后，我们就可以来比较政治自由主义所主张的理性自主性与完善论的个人自主性的区别。首先，理性的自主性与个人自主性一样，都要求个人

---

❶ Joseph Raz, *The Morality of Freedom*, pp.381-382.

具有能够成为一个能动主体的能力，也就是能够形成和追求某些目标价值。但政治自由主义的理性自主性并不进一步要求善观念必定要是自主地形成的。那么罗尔斯要求公民具有形成善观念能力中的"形成（form）"该如何理解？罗尔斯没有详谈。但其实，理性自主性所需要的只是：这些人作为具有能动性的主体，他们能够构想价值、形成计划并对这些有一种自我意识（self-awareness）。例如当我们比较客观地向他描述他的生活时，他并不会吃惊大呼"天哪，原来我的生活是这样的"。但理性自主性不要求价值计划必须通过上述意义的自主选择而形成。加德鲍姆准确地观察到这一点，他指出政治自由主义不仅在一阶的各种各样的合乎情理的生活方式间保持中立，它还在公民们如何认肯这些生活方式这个二阶意义上保持中立。当然，我在前面指出了，这种处理方式并不会导致明显的反自由主义的结论。下面我还将表明，罗尔斯为什么要坚守一个最低度的能动性的概念。第二，罗尔斯的理性自主性与完善论的个人自主性都要求人们要有一种自我反思能力，但反思的目的是不一样的。理性自主性要求公民能够反思修正其善观念，这种反思修正的根据与目的就是：假如承认其他人和自己一样，是有着自我利益、价值、目标与追求的能动主体，那么我应该如何处理自己利益与他人利益之间关系的问题。❶ 而个人自主性所要求反思的，如前所述，对自主选择这种能力而言是构成性的；并且完善论要求这种反思的目的必定与我如何才能作为一个自主的我、我如何更好地推进自主生活这种品格理想的实现有关。第三，与前两点相关，政治自由主义的理性自主性，并不是要在政治领域追求和帮助实

---

❶ 相似的观点可参见 Jeremy Waldron, "Moral Autonomy and Personal Autonomy," in John Christman and Joel Anderson (eds.), *Autonomy and the Challenges to Liberalism* (Cambridge: Cambridge University Press, 2005), p.320；以及 David Johnston, *The Idea of a Liberal Theory*, pp.72-73。

现个人自主性这种品格理想。而且作为能力的理性自主性的运用,也并不要求必须具备足够多的选项以供选择(只要不存在强制❶)。设想一个家庭妇女,出于经济或风俗原因,从来没有机会甚至从来没想过离开家庭主妇此种生活方式而过另一种生活,这并不妨碍她拥有罗尔斯意义上的理性自主性:她知道自己的角色是生儿育女、处理家务;她也晓得这些工作本身不应对邻居的生活造成干扰,如果有也能改正;她并没有思考过要过另一种生活,而是觉得把儿女抚养大、把家庭照料好就是非常有意义的事情。对于这样的公民,罗尔斯会肯定她是具有形成、修正和自求自己善观念能力,也即是具有理性自主能力的人。

小结一下,罗尔斯所提倡的、对应着公民两种道德能力的理性自主性与充分自主性,要求且仅要求每个正常地参与社会合作的公民具有构想和形成自己生活计划的能动性,并且他们也能认识到其他公民和他一样也是具有这样能动性的人;因此在行使自己的这种能力时,能根据公共的正义原则修正自己的好生活的观念以便与他人合乎情理地追求他们的生活方式相容。与完善论的自主性相比,它并不要求一个人的好生活观念必定是经过比较反思后自主选择形成的,因为政治自由主义并不认为未经反思的生活必定是无价值的。而且政治自由主义更不要求国家要积极主动设计各种政策安

---

❶ 当然,这里面一个复杂的问题是:不存在强制有时候恰恰就是要求有足够多的有意义的选项,比如"自由到一无所有"的乞丐,消极意义上没有人强制他,但他只有一个选项——就是等着被饿死。这样极端的例子是存在的,但政治自由主义有办法消解这样的顾虑,即要求保障社会最低生活水准(social minimum),所有能称为合乎情理的政治性自由主义的正义观,必须保障公民具有充分足够的通用手段去运用其各种自由和权利(John Rawls, *CP*, pp.581-582)。满足了这一点后,政治自由主义并不要求动用国家的强制力去为公民提供更多的选项;当然,它也不反对社会生活中充满更多的选择,只要这些选择符合自由主义的正义原则。实际上,政治自由主义相信,只要保障了公民的两种道德能力,他们自然会创造多元及多样的生活方式。

排、创造多种多样的选项，以便尽可能地推进个人自主性这种生活理想。这并不是说政治自由主义偏爱单一而非多元的生活方式，而是因为政治自由主义坚定地相信：只要允许公民两种道德能力的自由运用，那么他们在这个社会里必定会创造出多元生活方式供他们及他们的后代选择。

2.2.4 何种尊重观念适合作为自由主义辩护原则的基础

根据以上对政治自由主义的理性自主性、充分自主性与完善论的个人自主性的比较，现在我们来确定哪一种尊重观念更适合作为自由主义基本辩护要求或辩护原则❶的基础。为了比较两个观念的孰优孰劣，加德鲍姆借用了罗纳德·德沃金的一个诠释标准，也就是看哪种观念更能解释自由社会的实践，以及为自由社会的未来描绘一个更好的蓝图。❷在本章 2.2.2 节，我已经表明，根据政治自由主义尊重两种道德能力的尊重观，政治自由主义在这两个方面做得至少不比完善论的自由主义差。现在我要表明，依据完善论者自己提出的这两个标准，在政治正义这个场域，政治自由主义所主张的尊重观念更加合理。

我们可以观察到，上述完善论的尊重观念，其内部始终存在一种张力使其变得不自洽。这种内部紧张在于：一方面完善论的自由主义要求公民必须具备一种能够体认价值、构想目标和形成计

---

❶ 注意，这里讨论的并不是指两种自由主义主张的实质性正义原则的基础（尽管某种意义上它也许也适合充当实质性原则的基础），而指的是先于这些实质性正义原则、并规定这些原则怎样就可称为"合理的正义原则"的辩护要求或辩护原则的基础。在政治自由主义这里，实质性的原则就是作为公平的正义，辩护性的要求或原则就是我们讨论的公共辩护的要求或称为公共辩护的原则。完善论自由主义那里也有类似的对应物，不管我们具体将它们称作什么。我们在本小节谈到的基本原则都指根本的辩护原则。

❷ Stephen Gardbaum, "Liberalism, Autonomy, and Moral Conflict," p.414.

划的能动性（agency）；但另一方面又要求目标与计划必须是自主形成的。如前所述，作为一个具有能动性的行动者，并不必然是一个自主选择其生活的行动者（反之则不然）。那么必然有一个问题等待完善论者解释：具有能动性的行动者为什么必须成为那个自主行动者呢？也就是自主性作为一种品格理想，是如何成为一种所有具有能动性的行动者都必须或应该珍视、追求的生活方式？尽管完善论者并不需要承诺只有自主选择的活动（activities）才是有价值的，但他们需要承诺只有自主选择的生活（lives）才是有价值的。❶ 无论完善论者将这种价值作为一种工具价值（认为自主性乃是好生活的前提条件或促进器），还是将之作为一种对好生活具有构成性（constitutive）意义的内在价值来捍卫，自主性价值（即使是在二阶意义上）与其他竞争性的价值比较的难题总会出现；而为解决这个难题提供的各种解释，总是很难在多元的自由社会里超越争议。❷

作为可能的反驳，完善论的自由主义者必须承认自由社会中存在着多元性吗？我认为，无论是考虑自由社会的现存实践还是着眼完善论理论的自身，自由主义的完善论者的答案都应该是肯定的，而且它们不能只是认可罗尔斯意义上的合理多元的事实，而是要进一步承诺一种关于价值来源和本质的形而上的观点——价值多元论（value pluralism）。❸很难理解一个自由主义者会否认宽容、多元是自由主义社会的一个核心特征。而从完善论理论本身来看，如前所述，具备足够多样的选项以供人们做选择是自主能力行使的一个必要条件，而有意义的多样的选项要成为可能，则必须承诺价值多元

---

❶ Stephen Gardbaum, "Liberalism, Autonomy, and Moral Conflict," p.396.
❷ 关于这一点的详细分析可参见 David McCabe, *Modus Vivendi Liberalism: Theory and Practice* (Cambridge, MA: Cambridge University Press, 2010), pp.29-53。
❸ 两者存在着意义重大的区别，可参考本书后面第 4.1.2 节的分析。

论。❶加德鲍姆争辩说，即使完善论承诺了价值或公民生活方式多元性，多元性也不会给二阶的自主性的独特地位带来难题。恰恰相反，因为正是自主性理想的实践带来了价值多元的自由主义社会，所以珍视多元性应该导致对自主性的承诺而不是对其构成挑战。政治自由主义正是犯了倒果为因的错误，才把所有道德重要性赋予自由社会多元分歧的事实，然后再从这个前提出发否定自主性的至高价值。❷但是，关于什么因素导致了当代自由主义社会的多元实践，这也是一个存在竞争性诠释的问题。罗尔斯在《政治自由主义》当中诉诸判断的负担（the burdens of judgment），也能够解释：为什么人们认肯不同的合理学说、选择不同的但同样是合理的生活方式和人生理想，这种合理多元的事实必然地且将会长久地存在于自由社会中。❸这意味着政治自由主义也可支持自由社会中多元论的事实，却不必依赖加德鲍姆提供的那个诉诸个人自主性的解释。这样，加德鲍姆就无法把"自主性"视作导致多元状况出现的唯一、最终原因；进而，完善论者也不能再论证说：要珍视多元性，就必须承诺一种自主的生活理想。

拉兹为了避免上述多元价值比较以及论证自主性的最高价值地位的难题，他采取了一个情景化论证（contextual argument），他没有声称自主性是一个普世的、最高的价值，他只是提出如下事实：西方自由社会的结构、特征与文化，形成了一种支撑自主的环境，它使得人们除非自主地生活，否则没有其他成功的途径。❹既然人类的福祉就在于连续不断地达成自己的各种相互嵌套的整全性目标，又

---

❶ Joseph Raz, *the Morality of Freedom*, p.399.
❷ Stephen Gardbaum, "Liberalism, Autonomy, and Moral Conflict," pp.391-394.
❸ John Rawls, *PL*, pp.54-58.
❹ Joseph Raz, *the Morality of Freedom*, pp.391, 394.

因为政府存在的唯一目标和最终根据必定是保护和促进人们的福祉，所以政府有义务帮助促进人们的自主生活理想的实现。不这样做的话，会剥夺人们增进其福祉的唯一途径，至少在西方自由社会里是如此。换言之，拉兹不必否认非自主的生活方式也是有价值或者有相当价值的，也乐于承认人们自主选择的对象可能是不同甚至相互冲突的价值、不可化约的生活方式（因而自主与价值多元论并不矛盾）。他只是说在自由社会里，所有希望取得成功、增进福祉的人，都需要通过一种自主的努力才能获得。这不是一个价值比较后得出的结果，而是一个社会事实。因此，对于我在上面提出的"具有能动性的行动者为什么必须成为那个自主行动者"这样的问题，拉兹会认为这是一个似是而非的问题：因为提出这种问题的人，其错误在于把"自主生活"看作该社会中存在的众多选项中的一个，因此自然而然就会出现"自主的人，能不能选择过不自主的生活"的问题。但关键在于，在一个支撑和满足上述自主性的条件 a，b，c 的社会里，自主性的条件就是该社会总体价值体系的一个核心方面，因此也界定了该社会的性质和特征，并定义着一种社会形式。❶又因为社会目标是由社会形式来提供和决定的，所以，这种支撑自主的社会环境提供的社会目标，必然是需要人们自主地追求才能实现的。既然人们的福祉系于追求这些目标以及实现这些目标，那么人们在这种社会里要成功幸福，就必须过一种自主生活。

　　和所有提倡自主性理想的理论家一样，拉兹强调人们的选择的重要性。不过他们也都会遭遇"一个东西是因为人们选择它，它才有价值，还是说它本身就有价值，无论人们会否选择它"这个古老而又麻烦的问题。就道德价值而言，拉兹认为，一个东西有没有道德价值，

---

❶ Joseph Raz, *the Morality of Freedom*, p.394.

本质上并不取决于人们是否选择了它，而在于人类是否能运用我们的概念、信息和推理规则通过道德论证表明它有价值。❶但在拉兹的个人自主性的学说中，选择仍然至关重要：因为若依据上述方式表明一个东西是内在地有价值的，那么唯有人们因此之故选择了它，它才会有助于促进此人的福祉，这是所谓的"价值透明性"论题❷的要求。换言之，一个东西是有价值的这个事实本身不会自动促进一个人的福祉，遑论强制性地将其施加给人们了。人们的选择就扮演了沟通事物或目标的价值与人们福祉之间的桥梁。由于拉兹捍卫这样一种存在于价值、选择和福祉之间的内在联系，那么个人自主性的理想就使他要对价值的本质做一种多元的理解，也就是承诺价值多元主义（value pluralism），理由如下：理性行动者的选择总是基于理由的选择，而行动的理由是由价值来提供的。而如果价值是一元的——价值在其终极来源上是单一的，各种具体价值可能表现不同甚至冲突，但这些不同和冲突只是对价值终极根源的追求手段或具体表达方面的差异，它们都可以根据那个最高的价值标准安排进一个融贯的体系中——那么行动的理由从根本上说就是无差别的。这样一来，一般意义上的选择尽管存在，却是在同一类的选项中选择，这在拉兹看来根本不构成真正意义上的选择。因此，他要强调上述自主性的条件 b，即存在足够多的不同类型的选项以供选择。❸

但问题是，依政治自由主义看来：价值的本质和来源究竟是"一"还是"多"，这本身就是公民间合理分歧的对象，价值多元主义本身就是一个有争议的价值立场，要捍卫它必定又要牵涉更加有

---

❶ Joseph Raz, *The Practice of Value*, in *Tanner Lectures on Human Values*, edited and introduced by R. Jay Wallace (Oxford: Clarendon Press, 2003), pp.25, 44.
❷ Joseph Raz, *the Morality of Freedom*, p.269.
❸ Ibid., pp.373, 375, 398.

争议的形而上学立场。承诺价值多元主义,有助于拉兹在其自主学说中为宽容、自由及一种温和的家长主义和至善论做辩护。自由、宽容、不干涉个人的具体选择等都是一个自由社会的核心特征,政治自由主义在结论上也会同意这些特征,但它的对这些东西的辩护理由与拉兹的完善论是不同的。政治自由主义会认为,尽管拉兹的完善论支持了自由社会的那些核心特征,但这种宽容没有应用到辩护根据上,因为它仍依赖一些有争议的形而上学学说来为这些特征做辩护。政治自由主义比它优越的地方在于:它可以在既不需申认也无须否定价值多元论或价值一元论的情况下,诉诸无争议的合乎情理的多元论的事实来为这些特征做辩护,从而把"宽容应用到了哲学本身"。❶这一点我们在下一章 4.1 节中还会详细分析。

　　总的来讲,我们可以看到:上述那些完善论理论自身带来的困境,在政治自由主义这里得到了比较合理的解决。因为政治自由主义尊重具有能动性的个体的形成和追求善观念的能力,不把任何一种无论是一阶或二阶生活方式或品格理想指派给他们,由此在一个多元的自由社会里保持了最大的宽容。但人们也许要问:尊重个体的形成和追求善观念的能力,以及对各种生活方式的最大的宽容为什么是必要的?这与我们讨论问题的场域有关。我们要强调,我们谈论的尊重观念,是在政治这个场域为基本政治原则提供基础的观念。这种根本性观念会关系到政治辩护方式、正义原则的设计、政府权限、政治宽容的范围与依据等等。考虑到政治权力总是无可避免地带有强制性的特点,这些问题对于每一个人的重要性不言而喻。因此,我们并不是在向公民推荐一种品格理想或增进福祉的成功之道,而是谈论关乎公民道德地位与公民资格的重要问题。这就

---

❶ John Rawls, *CP*, pp.388, 395.

是为什么在这个领域为根本政治原则做辩护时,要避免有争议多元善观念比较判断、避免主张一种特定的形而上学主张的重要性,因为那样做会否定那些对此持异议的公民的道德地位。因此,在这个政治场域,提倡完善论的自主性理想,除了不能避免合理的争议,它显然还是一个过高的理想。

与之形成对比的是:政治自由主义的尊重观念,只要求行动者具有最低度的能动性和善观念能力,同时又预设了公平社会合作所必需的反思能力与合作意愿。理性能动性对应的善观念能力,它着眼于社会合作,是在使人区别于有感觉生物的这个最低层次上界定的,这是人一旦介入实践理性就必须预设的能力,[1]没有公平合作的意愿以及对自己善观念进行修正的正义感能力,一个人很难适应一种公平合作事业。罗尔斯说他的这种"人观念"(conception of person)并不是他因应现代社会的境况而创造出来的:"自古典社会以降,个人的概念在哲学和法学中,一直被理解为某个能够参与社会生活或能够在社会生活中发挥作用,因之能践行和尊重社会的各种权利与义务的人的概念。"[2]在回答哈贝马斯关于他的个人的概念预设了理性(rationality)从而超出了政治的界限而变得整全和偏倚时,罗尔斯说:"如果这个论证预设了柏拉图或康德关于理性的观点的话,那么连最基本的逻辑与数学也一样。"[3]我们可以说,政治自由主义尊重观念所界定的尊重对象最大程度上摆脱了(如果不能说完全没有争议的话[4])那些关于价值本

---

[1] John Rawls, *PL*, p.108.
[2] Ibid., p.18.
[3] Ibid., pp.380-381.
[4] 我在前面已经交代了能力进路的理论家对罗尔斯这个基本能力预设的批评以及罗尔斯的回应。

质来源的争议和生活方式孰优孰劣的分歧，把焦点集中在任何生活方式都需要预设的一类能力上，并将自由平等的公民道德地位奠定于其上，以最宽容的方式回应了现代自由主义社会的多元状况的挑战，并为持有不同的、竞争性的甚至冲突的善观念的公民进行公平社会合作提供了政治条件。

2.3　总结性评论

在结束本章讨论之前，很重要的是要澄清一点：将公共辩护的基础奠定在对公民两种道德能力的尊重之上，并不会导致如拉摩尔所言的——政治自由主义的道德基础是尊重人，但尊重人这个康德式的律令是先于和外在于公民的政治意志的，并因此使得政治自由主义"自立"（free-standing）的努力归于失败。❶另外，将公共辩护的基础奠定在对公民两种道德能力的尊重之上，这也并非如罗纳德·德沃金所言的：政治自由主义是一种以（自然）权利为基础的理论，根本前提和出发点是"公民应得到平等考虑和尊重"的权利（right to equal concern and respect），而这种权利又是一种先于契约和公民同意的自然权利。❷

理由在于：罗尔斯认为他的正义理论是一种以观念为基础的理论（conception-based theory），也就是说其出发点是这种政治哲学所要面对的社会的公共文化中的基本政治观念和理念——包括拥有两种道德能力的自由平等的公民理念、作为公平合作体系的社会理

---

❶ Charles Larmore, *The Autonomy of Morality*, pp.140-150.

❷ Ronald Dworkin, "The Original Position," *University of Chicago Law Review*, Vol.40, No.3 (Spring 1973), p.532.

念以及公共正义观念的社会角色理念等等。如果如拉摩尔和德沃金所言，尊重人的律令和自然权利都是先于和外在于公民的政治意志的，那么，自由平等的公民理念以及对公民两种道德能力的尊重却不是先于和外在于公民的政治意志的；毋宁说，正是它们界定了公民的政治意志和理想。

具体解释一下。拉摩尔和德沃金对罗尔斯的主要疑惑是：若不是政治自由主义诉诸"尊重自由平等人的道德律令"或承认"尊重公民有获得平等尊重和关注的自然权利"，那"规制社会的正义原则需要得到自由平等、理性而又合乎情理的公民的合理接受认可"这个公共辩护的要求是怎么得到的？而根据罗尔斯的看法，无论是在《正义论》还是《政治自由主义》里，公共辩护的要求都不是如此得来的，我们需要注意理解罗尔斯几点稍微有点复杂的设想。

a. 以《政治自由主义》中的讨论为例，当政治自由主义以这种公民观念和社会观念为规范性基础或起点时，这已然意味着政治自由主义认为：成为理性而又合乎情理、自由而又平等的公民，以及建设一个公平合作的社会，对自由社会的公民而言是一个历经反思平衡后、值得欲求的政治理想，从政治上讲"我们是说他们自身想成为这种公民，想要别人承认他们实现了这种公民理想"。❶罗尔斯把这种"成为理性而又合乎情理、自由而又平等的公民，并追求在一个公平的社会里进行合作"的欲望，称为一种观念依赖型欲望（conception-dependent desire）。❷

b. 接下来，认可并追求实现这样的公民观念和社会观的人们，想要知道：他们的社会基本结构根据什么原则有序地组织起来（社

---

❶ John Rawls, *PL*, p.84.
❷ Ibid., pp.77-78, 82-84.

会因此变成一个组织有序社会)、他们的政治行为根据什么样的原则来规导(公民因此变成一个政治上自律的人),才能够实现成为理性而又合乎情理的、自由而又平等的公民及建设由如此设想的公民间进行公平合作的社会?当然,社会的结构据以组织、公民的行为循以规导的原则的性质及来源有很多,但罗尔斯认为只有某一类原则,才能表达公民作为自由而又平等、理性而又合乎情理的,并且实现政治自律的公民这种政治本性:

> 我相信康德认为:作为一种自由、平等的理性存在者的人,当他的行当原则是作为对他的这一本性的可能是最准确的体现而被他选择时,他就是在自律地行动的。他所遵循的原则之所以被选择,不是因为他的社会地位或自然禀赋,也不能用他生活在其中的特殊社会以及他恰好需要的特定事物来解释。按照那样的原则行动也就是在他律地行动。❶

这种原则不但不能是任何外来和先在的原则,而且对这种原则的遵循,还必须符合"终极性条件":

> 表达我们作为自由平等的理性存在物的本性这一欲望,只能通过按照具有优先性的正当和正义原则去行动才能满足。这是终极性条件的一个结果:由于这些原则是规制性的,按照它们去行动的欲望,仅在它对其他欲望同样是规制性的这种意义上才得到满足。按照这种次序上的优先性做出的行为,表达着我们的区别于偶然性和巧合事件的自由。因此,为实现我们的

---

❶ John Rawls, *TJ*, p.222.

> 本性，我们除准备保持我们的正义感使之调节我们的其他目标之外，别无选择。这种正义感如果由于其他目的被妥协与平衡，成为与其他欲望并列的一个欲望，它就不可能得到实现。❶

当然，这两段话是在《正义论》时期，谈论一种康德式的自由平等的道德人的自律理想的实现需要服从什么样的原则。但其实，在《政治自由主义》中，这种构想的本质没有改变，只不过政治自由主义追求的是公民的政治上的自律。独立的、作为自己主张自生之源的，以及相互之间是平等关系的公民，不需要也不能接受外在和先在的原则作为其社会基本结构及政治行动的指导原则。而且这种类型的公民遵循着特殊的实践理性原则，即其实践推理是以"合情理性预设着理性，理性从属于合情理性"取得统一的；因此，体现着合情理性的正义原则相对于理性的善好，必须居于优先规制地位。

　　c. 而再进一步，罗尔斯认为：考虑到 b 所述公民理想的特点，再加上合理多元的事实的存在，那么，除了采纳一种建构主义的观点，构造一个其各方面设置都充分地体现那种公民理想和社会理想的原初状态，并从中得出为公民代表能够同意和接受的原则外，并无其他先定和外在的原则能够符合这种自由平等以及政治上充分自律的公民观念的要求。

> 唯有通过认肯一种建构主义的观念——一种政治的而非形上学的建构主义的观念，公民们才有望找到大家都可以接受的原则……他们无法以任何别的方式来实现他们如下观念依赖型的欲望：根据可为自由而平等的他人所接受的条款，建立一种

---

❶ John Rawls, *TJ*, p.86.

共同的政治生活的欲望。❶

我们知道,道德建构主义或罗尔斯所谓的政治建构主义区别于实在论,在于它否认道德或政治原则是独立于人们意识的自然或超自然事实,而是认为这些原则是从道德人或政治人的某种实践的观点(practical point of view)或罗尔斯所谓的社会性观点(social point of view)出发,通过实践理性的正确推理建构出来的。❷这个过程实质,是以某种方式设想的道德或政治人,从他们的某种观点出发通过合理的推理来寻找他们可以合理地接受的原则是什么。而原初状态作为一个代表设施,其设置方方面面都要体现上述那种人的观念,并且正确地模拟他们的实践推理的模式;在这种虚拟状态中,原初代表能够一致同意的原则,其实就是他们代表的那种公民能够合理地接受的原则。❸

至此,我们就能理解,"规制社会的正义原则需要得到自由平等、理性而又合乎情理的公民的合理接受认可"这个公共辩护的规范要求,不需像拉摩尔或德沃金设想的那样,必须先于或外在于公民意志的整全性观念或自然权利;毋宁说,它内在于理性而又合乎情理、自由而又平等的、政治上充分自律的公民理想本身,以及这种理想独特的实现方式;这一点充分地反映在前面从 a 到 c 的推导论证中。以这种公民观念为规范性基础的政治自由主义,不需要再在政治领域之外寻找如"应当尊重公民"这样的自然权利的东西

---

❶ John Rawls, *TJ*, p.503.

❷ John Rawls, *CP*, p.307.

❸ 因此,罗尔斯指出德沃金误解了他的原初状态的作用:它作为一个代表设置,所塑造的并非"平等关注和尊重"这样的自然权利的力量,而是那些公民观念与社会观念的力量。"作为这样的一种设置,它的任务是聚集那些用以挑选一种最适合民主社会的正义观念的所有理由的力量,并聚焦于这些理由的合力。"参见 John Rawls, *CP*, p.400, n.19。

来使得这种公民理想具有规范性，因为这种观念的内容及其实现方式本身内含着这种规范性。这一点不仅解释了对公民的两种道德能力的尊重，既不是如德沃金所言的一种对先在自然权利的尊重，也无须如拉摩尔所提议的那样，要在公民的政治意志之外寻求这种基础，而且这也回答了本章一开始提出的对公共辩护原则的基础追问的无穷倒退的问题：我们在 2.1.1 节提到，政治自由主义的公共辩护原则面临一个对自身的辩护的无穷倒退的问题，这使得我们要考察该原则的基础。我们在 2.2.2 节将这种基础界定为对自由平等公民的两种道德能力的尊重。由于两种道德能力是所有公民运用实践理性、参与公平社会合作均需预设的能力，同时两种道德能力对于自由平等公民的道德地位而言是构成性的，正是在这个意义上，我们说这种尊重观念可以终止那个"合理接受或同意"的无穷倒退，因为再追问自由平等的公民是否会合理地接受它是没有意义的，这等于在问自由平等的公民会同意接受自由平等的公民吗？

总结一下本章的论证，第 2.1 节从追问政治自由主义公共辩护原则的基础开始，阐明了这种追问的必要性一方面来自自由主义内部特别是完善论自由主义的挑战，另一方面也是因为公共辩护原则对自身辩护的无穷倒退的问题。在 2.2 节，我指出：在现代，基本政治原则的辩护都追溯到对公民的平等尊重这个概念上来。而政治自由主义尊重观念要求的尊重对象是公民的两种道德能力以及这两种道德能力运用带来的合理多元的事实。通过分析，我阐明了罗尔斯在《政治自由主义》中以公民两种道德能力为对象的尊重观，不仅没有带来完善论自由主义者所指责的反自由主义的结论；而且在政治领域，它比完善论的尊重观念更加宽容、更少争议，同时又保有了作为一个道德概念的规范内涵。这样，我对政治自由主义公共辩护原则的基础做出了说明与捍卫。

第3章

公共辩护的策略及其依据

如本书前面所述，当我们一般而论地提到"公共辩护"时，既可以指第1章中阐述的一种公共辩护的理念，也可以指为正义观念做辩护的那个过程或工作。并且我们从第1章第3节中了解到，公共辩护的理念有一个独特的双重目标需要达成。我们在本章正是要讨论：罗尔斯是通过什么样的策略、步骤来展开他的辩护工作的。在本章的前两节，我指出公共辩护的任务会遭遇的两个困难：3.1节指出公共辩护的两个目标或要求之间可能是存在矛盾或冲突的，这使得我们要思考辩护工作该如何展开，才能在此过程中协调两个目标间的冲突。3.2节所涉及的问题，源自罗尔斯对"合情理性"的非认知界定。某些理论家担心，这种"认识论的禁制"会带来"辩护的真诚性"问题，即使能找到一种辩护策略将辩护的工作顺利完成了，它也只是一种没有规范性的劝说和妥协。在3.3节，我将重点地分析论证：前面两节提到的两个问题，都可以通过一种分阶段的论证策略来进行应对和解决。在最后的3.4节，我援引内格尔的《平等与偏倚》中提到的"两种观点"的理论，阐明了罗尔斯的"两阶段的辩护策略"的理据。

3.1 平等尊重、辩护理由与双重辩护的要求

"政治"这个概念也许是本质上有争议的,❶但一般认为政治(the political)具有如下属性:它总是直接或间接地使用强制性权力要求公民做什么或不要做什么,但强制性的权力要获得一种道德正当性,就必须诉诸公民的实践理性并向公民提供充分的理由表明他们应该这么做或不应该那样做。一般而言,这种类型的理由就是通过规范政治生活的根本政治原则表达出来,我们也可称那些理由是根本政治原则的理据(rationale)。如前所述,公共辩护就是在审察根本政治问题时,公民之间相互要求理由与给出理由(reason demanding and reason giving)的过程。政府有义务就其采纳的原则、政策向公民提出辩护,从根本上说也衍生自公民之间这种关系。公共辩护的要求,直观地体现了平等尊重这个道德要求:因为如果我们说要求某人去做什么,但又没有给出理由表明他为什么要响应我们的要求去做时,我们就并不是在提出一个道德要求(moral demand),而是把他人仅仅当作工具并试图利用他。而当这种没理由的要求是拥有强制权力的政府提出的,情况就更糟糕,因为伴随而来的是政治权力的恫吓和强制。

人们对上述公共辩护的要求与平等尊重的理念一般分歧不大,但问题是当我们试图为根本的政治原则做辩护时,究竟向另一个公民提供什么样的理由,才算是真正尊重他?罗尔斯说:

---

❶ Walter Bryce Gallie, "Essentially Contested Concepts," *Proceedings of the Aristotelian Society*, 56 (1956), p.169.

公共辩护不仅仅是有根据的推理，而且也是向其他人表达出来的论证：它从我们接受，并且认为他人也可以合乎情理地予以接受的前提出发，正确地推导出我们认为他人也可以合乎情理地予以接受的结论。❶

罗尔斯似乎在暗示：在公共辩护中，当我们在向其他人提供理由时，这个理由是他当前的信念或理由体系可以接受的。这种理解有一定的直觉吸引力，因为它响应了对人的利益❷的所谓"透明"理解（transparent interest）❸的要求：当我们向他人提出要求，这种理由必须是与对方欲望或承诺相契合的，从而成为一个激发其行动的内在理由（internal reason）。但威廉·盖斯顿（William Galston）批评道：如果提供理由就是提供给对方当前信念或理由体系可以接受的理由，那看来是"任意和不可行的"。❹ 盖斯顿认为这是"任意"（arbitrary）的，因为这会使得我们提出的要求太过迁就对方碰巧具有的信念系统，从而失去道德规范性、屈服于现实主义。而说这是"不可行"的，是因为这样做有可能会使整个公共辩护事业被某些不合理信念劫持。他主张："作为替代，当我们向别人提供一个解释，当我们认为这个解释是做某事的真确的和最好的理由时，

---

❶ John Rawls, "The Idea of Pablit Reason Revisited," p.786.
❷ 此处的利益不可狭义地理解为利己主义意义上的私利，这里的广义的利益甚至可以包括道德考虑的道德利益。
❸ Ronald Dworkin, "Comment on Narveson: In Defense of Equality," *Social Philosophy and Policy*, Vol.1, No.1 (1983), p.38. 以及参考 Joseph Raz, *The Morality of Freedom*, p.269 提到的"价值透明性"论题。
❹ William Galston, *Liberal Purposes* (Cambridge: Cambridge University Press, 1991), p.109. 在他看来，政治自由主义者拉摩尔持有此立场。

我们就表达了对另一个人的尊重。"❶

我认为盖斯顿对上述"透明利益"理解的批评是合理的，但他自己的主张的立场似乎又走到了另一个极端。根据盖斯顿建议，我们向他人提供理由就是提供我们认为真确的或最好的理由，但问题是：首先，有什么理由认为在别人看来这种理由也是真确的或最好的？考察一下当前知识论领域的理论家们关于何为一个有辩护的真信念的争论就能知道，我们没有一个统一的认识论标准来确定何为"真确的"。更不用说，合理多元的事实导致人们在什么是"最好的"理由上出现的纷争。第二，在公共辩护所涉及的政治这个场域，即使某些信念在认识论意义上可被认为是有辩护甚至有最充分辩护的，但它始终不能解释这样一个问题：某些主体（假定是政府）持有一个认识论意义上为真的理由，为什么这个事实本身就会使得你有要求我如何行动的权威？内格尔正确地认识到，尽管人们相信某些东西就是相信它为真（believing is believing true），但"当我们从外面看我们的某些确信时，无论从内部看它们是多么地有辩护，主张说它们是真确的其实也就仅仅是诉诸我们的信念而已"，❷因此为"一个人自己信念"做辩护所需要的东西，与为"要求政治权力在全社会强制推行我的信念"作辩护所需要的东西是不同的。后者需要一种高阶的无偏倚的框架，如果它不存在，要求国家权力施行任一种观点，"最终都会沦为不相容个人观点之间赤裸裸的对抗"❸。

实际上，罗尔斯希望避免上述两种极端立场的任何一种。为

---

❶ William Galston, *Liberal Purposes* (Cambridge: Cambridge University Press, 1991)，着重号为本书作者所加。

❷ Thomas Nagel, "Moral Conflict and Political Legitimacy," *Philosophy and Public Affairs*, Vol.16, No.3. (Summer 1987), pp.229-230.

❸ Ibid., p.232.

此,他引入"合乎情理的(reasonable)"这个规范性的要求:公共辩护要求辩护的理由必须是合乎情理的公民可以合乎情理地认可的。这种引入了合情理性规范的公共辩护,试图同时达成以下两个目标:一、以合情理性来设定同意的条件,以为公共辩护提供好的理由;二、这些理由并非外在地、独立地是好的,而是可被公民们视为好的,因而是普遍地被接受的。我们在第 1 章提到过,这是政治自由主义的公共辩护的双重要求(dual desiderata)或双重目标。第 1 个目标是必要的,因为罗尔斯没打算屈服于一种粗俗不堪的现实主义,他希望公共辩护过程中给出的理由承载着规范性要素和道德内涵,使得我们提出的要求可称为道德的要求;而第二个目标同样是必要的,放弃了公民同意这个目标,罗尔斯的公共辩护要求就会坍塌为一种独断主义的进路,只要求一种单方面主张的"真确、最好"这种所谓的绝对化辩护(justification *simpliciter*)。

但人们有理由担心,把双重辩护的要求糅合到一个原则,这个原则本身是否是融贯(coherent)和稳定(stable)的?因为双重辩护的两个要求——一方面试图为政治权威的正当性提供好的规范性的理由,另一方面这些理由又是公民们可以普遍接受的——这两个要求有可能是不相容的,从而会把原则导向相反的方向。❶实际上,慎议民主(deliberative democracy)理论家詹姆斯·博曼(James Bohman)最近在一篇文章中就批评指出,罗尔斯公共辩护要求的在辩护中提供的理由是"合乎情理的公民可以(could)合乎情理地接受的",无论此处的"合情理性"如何定义,这个合乎情理的实质性标准将会取代"公民同意"起检验合法性的作用,公民的同

---

❶ 许多理论家注意到了这点,参见 Thomas Nagel, *Equality and Partiality* (New York: Oxford University Press, 1991), p.21; 以及 Stephen Macedo, *Liberal Virtues: Citizenship, Virtue and Community in Liberal Constitutionalism* (Oxford: Clarendon Press,1991), p.45。

意将变得多余。❶他要质疑的是：这种包含着双重要求的原则是不融贯和不稳定的，而且想调和这个矛盾的努力是自我挫败的。❷

关于罗尔斯采取什么方式把这个辩护的双重要求落实的问题，我们暂且放下。我们在接下来的第 3.2 节，先讨论理论家们对罗尔斯的"合情理性"这个实践理性理念带有的所谓"认识论禁制"特征的批评。这个"认识论禁制"的批评涉及本小节提到的公共辩护的双重要求——合乎情理的公民的合乎情理的接受——中的核心限制条件即"合情理性"（reasonableness）的界定问题。批评者认为由于罗尔斯对合情理性的界定缺乏认识论的规范，使得政治自由主义所谓的公共辩护根本算不上规范意义上的"辩护"，遑论达成公共辩护的双重辩护的目标了。在后面的 3.3 节，我将分析表明，上述两个问题——辩护的双重要求如何落实问题，以及合情理性的界定缺乏认识论规范的问题——是可以通过同一种策略予以解决的。

3.2 认识论的禁制与辩护的真诚性

尽管罗尔斯强调公民公共辩护中交换的理由必须是公民们可以接受的，但公共辩护诉诸的并非人们碰巧拥有的、不管内容是什么的信念，而是他们合乎情理的观点。但罗尔斯所谓的"合乎情理"，主要是指一种参与公平合作和服从正义规则的意愿，并没有更宽深

---

❶ James Bohman, "Liberalism, Deliberative Democracy, and 'Reasons that All Can Accept'," *Journal of Political Philosophy*, Vol.17, No.3 (Jan., 2009), pp.253-274.

❷ 类似的批评参见，Joseph Raz, "Facing Diversity: The Case of Epistemic Abstinence," *Philosophy & Public Affairs*, Vol.19, No.1 (1990), p.46；我在一篇文章中尝试回答了博曼对罗尔斯的这个挑战，参见拙文："合理性与政治合法性——罗尔斯的自由主义政治合法性原则探究"，《政治思想史》，2011 年第 3 期，第 168-200 页。

的认识论意涵:

> 请观察到:在这里,成为合乎情理的并不是一个认识论的理念(尽管它具有认知的因素)。相反,它是一种包含着公共理性的民主公民的政治理想。这一理想的内容包含着:对于他们各自合乎情理的整全性观点,作为合乎情理的自由而平等的公民之间可以相互要求的东西。❶

其实不仅在这里,罗尔斯甚至宣称"在整个政治自由主义自身内部,都可以在不使用真确的概念的情况下对付过去(do [es] without the concept of truth)"。❷这里并不是说政治自由主义克制着不去做"真确"的判断;或做了这个判断,但出于某些考虑将之悬搁起来不应用它去攻击某些学说。而是说,政治自由主义在其理论内部根本就没有和不使用"真确"的概念,拉兹将之称为"认识论的禁制"(epistemic abstinence)。❸

但不使用"真确的概念"这个说法可能有点难以理解。如德沃金就断言:"任何政治理论都必须主张自身的真确性,并因而要宣布任何与之相抵触的理论的错误性。它自身必须占据其理论内容所要求的全部逻辑空间。"❹德沃金的这个说法肯定是对的,任何规范

---

❶ John Rawls, *PL*, p.62.

❷ Ibid., p.94.

❸ Joseph Raz, "Facing Diversity: The Case of Epistemic Abstinence," *Philosophy & Public Affairs*, Vol.19, No.1 (1990), pp.3-46. 这个提法最早由内格尔引入,参见 Thomas Nagel, "Moral Conflict and Political Legitimacy," *Philosophy & Public Affairs*, Vol.16, No.3 (1987), p.227。

❹ Ronald Dworkin, *A Matter of Principle* (Cambridge, Mass.: Harvard University Press, 1985), p.361.

的政治理论都必须提出自己的主张并加以捍卫，否则那个政治理论就是自相矛盾、自我挫败的。但如此一来，又如何理解罗尔斯的说法？其实我们要区分清楚，罗尔斯在这里说不使用的真确性的概念，主要指有争议的形而上学或认识论意义的真确性概念（这包含着是什么使得一个命题为真的认识论上的各种观点争论，或者关于真确的性质的实在论、表达主义等各种形而上学、元伦理学理论的交锋等），而非日常意义上的真确性（通俗地说，日常意义的"真"其实就是指一个命题是有效合理的、推理正确的意思）。❶例如，当罗尔斯在《政治自由主义》主张"公民是自由和平等的"、"'作为公平的正义'的两原则是最为合理的政治性正义原则"时，他当然要捍卫他的主张，肯定上述命题是正确、合理的，而否定任何否认以上说法的命题。但他在肯定、捍卫上述命题的论证过程中，并不依赖任何一种特定的认识论、形而上学以及元伦理学意义上的真确学说，这就是政治自由主义不使用"真确"的概念的意思。所以，如果德沃金所说的"真确性"在上述日常意义上理解，那么他的说法和罗尔斯宣称他的政治自由主义不使用真确的概念的说法，就可以同时成立。其实，罗尔斯谈到他的辩护的思想时，也曾两次谈到了"辩护要从我们和他人都认为是真确的前提出发"，❷他在这里所说的"真确"，也是从上述日常意义而言的。

如上所述，由于罗尔斯的公共辩护只要求合乎情理的公民的同意，但"合乎情理"在这里主要不是一个认识论的概念，而是一个

---

❶ David Estlund 将之称为最低意义的真，指的是：对于任何命题 P，P 是真确的，当且仅当 P。例如，若我们说"公民是自由平等的"为真，当且仅当公民是自由平等的。参见 David Estlund, "The Insularity of the Reasonable: Why Political Liberalism Must Admit the Truth," *Ethics*, Vol.108, No.2 (Jan. 1998), p.270。

❷ John Rawls, *CP*, pp.394, 426. 着重号为本书作者所加。

标示公平感和合作意愿的道德要求。如此一来，以下情况似乎是可能的：一个合乎情理的人也可能持有不合理的或虚假的各种信念或学说。由于罗尔斯的辩护要求所有合乎情理公民的同意，因此公民 Alf 就根本的政治原则 P 向 Betty 作辩护时，似乎不得不诉诸 Betty 所持有的、（在 Alf 看来是）虚假或错误的信念；这对认为这些信念是虚假或错误的 Alf 来说，这个关于 P 辩护是不真诚的。❶ 杰拉德·高斯（Gerald F. Gaus）举例子说明了此"辩护的真诚性"（sincerity）问题：

> Alf 当前持有的信念可能是经不起批判性审察和新信息挑战的，而 Betty 知道这一点。还有，如果 Alf 拒斥了这些没辩护的信念，他的认识论规范将会使得他当前的信念体系发生显著改变。鉴于这些信念是 Alf 当前理由和信念体系中的重要组成部分，Betty 在向 Alf 为某些东西作辩护时要诉诸 Alf 的这些信念，那么结果就是 Betty 在诉诸她而言非常糟糕的理由来作辩护的。由于 Betty 在她的辩护中诉诸一些她认为有缺陷的信念，这看起来不过是接受现实、委曲求全（cynical）……这可能会达成实用的目的，但这不可能算作一个辩护（justification）。这是劝说，而不是一个真诚的辩护尝试。当援引一些自己看来是不充分的理由（这些理由的不充分性即使我们从辩护要面向的那个人的角度看来也是如此）向其他人为某个信念作"辩护"时，辩护就让位于花言巧语（以及可能是犬儒主义的）了。❷

---

❶ Gerald F. Gaus, "The Rational, the Reasonable and Justification," *The Journal of Political Philosophy*, 3 (1995), pp.248-249.

❷ Gerald F. Gaus, *Justificatory Liberalism. An Essay on Epistemology and Political Theory* (Oxford: Oxford University Press, 1996), pp.138-139.

高斯这里指出的由于认识论的禁制带来的辩护的真诚性问题并不难理解,正如另一位批评者拉兹所言:"如果我都不相信某种观点能成为我依照其行动的理由,为什么我会认为它对其他人来说是一个理由?"[1]高斯在此的批评要点是:认知的理性(epistemic rationality)[2]比合情理性(reasonableness)在公共辩护中处于一个更加基础的地位。合乎情理的信念,只有首先符合认知的理性标准,才能宣称具有辩护的功能。公共辩护不可能像罗尔斯意义上的政治自由主义者设想的那样,能够避开认知的理性标准而单单依赖那个贫乏的合情理性标准。[3]否则,从过程上看,政治自由主义奉行认识论禁制的策略,诉诸没有多少认识论内涵的合情理性理念,使得公共辩护出现辩护的真诚性问题;而从结果上看,政治自由主义宣称政治根本原则必须是要获得公共辩护的,但公共辩护只要求所有合乎情理的公民都接受的,不管他们持有的信念是认识论上不合理的或错误的。这样一来,就会使得公共辩护可能被虚假、错误的信念所劫持。以此种方式获得辩护那个根本的政治原则,很可能是建立在虚假的信念之上或者是一个与之妥协的结果,它并不能宣称有任何道德上或认知上的权威要我们服从它。[4]拉兹和高斯的出发点是相同的,也就是认为:我们尊重一个人,并不要求我们尊重他持有的认识论上不理性的观点,"如果如政治自由主义者所坚持的那样,对公共辩护的承诺是基于尊重人的承诺,那么很难理解诉诸非理性的信念的承诺为什么是值得尊重的。那看起来更像犬儒主义而

---

[1] Joseph Raz, "Disagreement in Politics," *American Journal of Jurisprudence*, 43(1998), p.28.
[2] Gerald F. Gaus, "The Rational, the Reasonable and Justification," p.244.
[3] Ibid., pp.256-258.
[4] 这种从结果上提出的批评,参考 Joseph Raz, "Disagreement in Politics," pp.40-43。把"合乎情理的但认识论上错误的信念的接受"作为正当性的必要条件,是拉兹对政治自由主义公共辩护观的主要不满。

不是尊重"。❶

现在的问题是:罗尔斯应该如何回应所谓"认识论禁制"带来的辩护的真诚性问题,以及对根本政治原则的辩护有可能被认识论意义上非理性的观点所挟持的问题?由于"认识论禁制"的批评矛头直指上一小节提到的公共辩护的双重要求——合乎情理的公民的合乎情理的接受,那么罗尔斯也必须提供理由表明这种双重要求是否具有一种伦理上的重要性以至于我们要坚持它,以及政治自由主义是通过什么方式落实这种双重要求的?这是我们接下来要解决的问题。

3.3 分阶段的辩护策略

首先,我要对罗尔斯在《政治自由主义》中采取的辩护方法作一简要概述。

罗尔斯在《政治自由主义》中的辩护工作可分为原则辩护和政治辩护两个部分。在"原则辩护"部分,罗尔斯主要工作是要确立一个(组)合理的正义原则。罗尔斯将这部分工作分为三个辩护阶段:首先是 I 特定阶段的辩护(*pro tanto* justification),在此阶段的辩护中,人们暂且将各自多元的善观念搁置,而只以一个同一的政治身份(自由平等的公民)、只根据公共的理由来考虑基本正义问题。说它是特定阶段的辩护,是因为它只考虑政治价值应如何平衡及组合(结果以一个或一类政治性的正义观念表达出来)才能恰当

---

❶ Gerald F. Gaus, "The Rational, the Reasonable and Justification," p.249. 另见 Joseph Raz, "Disagreement in Politics," p.43。

地应对社会的基本正义问题，而不讨论政治价值与非政治价值（特别是公民实际持有的各种不同的整全性学说）之间的关系。第二阶段称为 II 充分的辩护（full justification），此时辩护的主体不再是抽象出来的同一的公民，而是生活在自由社会里的、持有各种不同的整全性学说的"你与我"❶这样的现实社会成员，根据他们的合乎情理的整全性学说提供的理由来考虑他们是否会接受前一阶段得出的那个政治性正义观，也就是人们能否把该正义观作为真实的或理性的观念而融入其整全性学说之中。而当前两个阶段的辩护工作完成了，即（a）政治性正义观在社会每个（或绝大多数）合乎情理的个体成员持有的合乎情理的整全性学说那里都得到了一种充分辩护；（b）所有合乎情理的整全性学说认可在第一阶段得出的政治性正义观，并且形成了重叠共识。那么，当（a）与（b）都成为社会的公共知识时，整个原则辩护部分的工作就达致其完成的状态，称为 III 公共辩护（public justification）。❷

而至于"政治辩护"部分，对应着罗尔斯在《政治自由主义》中提出的公共理性理念。此阶段主要工作是要表明，在实际的政治实践当中，当宪政根本要素以及基本正义问题发生危机时，参与论

---

❶ John Rawls, *PL*, p.28；以及 *CP*, p.321。

❷ Ibid., pp.386-389. 需要特别指出的是，有的理论家对罗尔斯的"公共辩护"这个术语作一种狭义的了解，认为"公共辩护"仅仅指社会所有成员达成重叠共识这一过程、阶段。但本书使用的"公共辩护"这个术语，是在"对这个原则所有辩护阶段已经走完，辩护工作达致完成状态"的意义上来使用的，也就是当我说一种政治性的正义观念是获得了公共辩护的，我的意思是指它成功地通过了特定辩护阶段、充分辩护阶段所谓检验，且所有合乎情理的整全性学说都在此原则上达成了重叠共识。当本书要讨论上述狭义的"公共辩护"阶段时，一般用"重叠共识"阶段作明确指代，以避免混淆。另外，读者可能注意到，在这段表述中，我有时候说"社会个体成员"对正义观念的接受，有时候说"合乎情理的整全性学说"的接受；但这并无混乱之处，因为这是罗尔斯他自己的看法，他认为如果一个合乎情理的整全性学说接受了该正义观，那些持有此学说的个体成员们也会接受此正义观。

辩的公民应该以什么性质和类型的理由来为自己支持或反对某些政策方案作辩护的问题。"政治辩护"部分主要目的是确立在"原则辩护"阶段中得出的正义原则在政治实践运用时的应用规则问题。❶因为即使公民们在一个或一组正义原则上达成共识，在具体政治问题的讨论当中，他们可能也会根据各自不同的整全性学说来解释那个一般正义原则的具体应用，而这将会使得他们在"正义原则在具体一个政策问题上要求什么"这个问题上产生不可化约的冲突。所以罗尔斯试图确立在正义原则如何应用到宪政根本要素以及基本正义问题上的公共探究和推理规则，也就是他提出来的公共理性理念。罗尔斯认为，公民们在关于基本政治问题上提出来的理由，只有接受公共理性的限制，才可算得上公共理由，也只有这样才算是为其主张或反对的政策选项提供了政治的辩护。由于本书的主要关注点在于"原则辩护"部分，对于与"政治辩护"相关的公共理性问题，我将不作详细讨论。我们接下来对罗尔斯采纳的辩护方法作剖析。

　　罗尔斯对正义原则的辩护，其实采用了一个两阶段的辩护策略。❷ 德沃金将之称为"非连续（discontinuity）策略"❸：也就是先人为地为政治领域建立一个公共的或政治的视角（political perspective），它独立于公民在他们个人生活中承诺的种种整全性的学说，政治的根本原则是诉诸这样一个独立而又公共的视角来获得辩护的，这对应于上述的第Ⅰ阶段即特定辩护阶段。在这完成之后，再讨论如此得来的原则可否得到现实公民们所持有的、各种不同但仍然是合乎情理的整全性的学说的支持，这包含上述第Ⅱ和Ⅲ

---

❶ John Rawls, *PL*, pp.212-254.
❷ 罗尔斯明确提到了两个阶段。参考 Ibid., p.133。
❸ Ronald Dworkin, "Foundations of Liberal Equality," pp.12-35.

阶段，即充分辩护阶段和最后的重叠共识阶段（狭义的公共辩护阶段）。说这个策略是"非连续"的，就是因为它要求公民在政治领域暂时悬搁他们承诺的种种整全性学说，从一个人为的、统一的、政治性的公共视角来讨论的问题。德沃金强调：这种"不连续"不要理解为一种动机的不连续：因为这种从政治视角来获得辩护的原则，它并非想要挫伤（frustrating）公民的个人特殊承诺从而损害人们支持政治原则的动机；相反，这个"非连续"策略本身意图恰恰是要调和（reconciliate）公民单从政治视角出发所采纳的政治原则与从个人视角出发所承诺的那些价值、学说等等。❶因为那个从人为的、统一的政治性公共视角来看是有辩护的原则，必须能够得到公民的各种合乎情理的整全性学说的接受，辩护才算最终完成。这其实正是罗尔斯在原则辩护部分所运用的策略，首先是特定辩护阶段（以下称为第一阶段），依赖为自由民主社会共享的政治理念（包括自由平等的公民理念和社会作一个平等合作体系的理念），通过政治建构主义的方式把政治正义原则建构出来；在随后的充分辩护阶段和形成重叠共识（狭义的公共辩护）阶段（以下合称为第二阶段），所有合乎情理的公民都考虑：是否能够把得出来的正义原则通过反思平衡的方法接纳进自己的合乎情理的整全性学说中。

虽然这个策略是分阶段的，但不要把这两个阶段理解为没有联系的，也不要认为第一阶段只负责保有道德规范性，留待第二阶段专门负责处理公民的动机问题。罗尔斯恰恰认为，必先通过第一阶段的辩护，把正义原则通过一种不诉诸任何有争议的整全性学说的自立（self-standing）方式建构出来，它才有可能在一个多元

---

❶ Ronald Dworkin, "Foundations of Liberal Equality," p.17.

的社会里获得尽可能多的公民的认同；也只有这样才能在保证根本正义原则的规范性的同时，又使得公民有足够的动机来支持这个正义原则。说第一阶段保有了规范性，因为政治原则所依赖的那些为自由民主社会公民共享的理念，包括公平合作的社会理念、自由平等的公民理念等，其实也是一些道德理念。我们说政治自由主义的正义原则不依赖任何有争议的整全性的哲学道德和宗教学说，并不是说它不依赖任何道德理念，这对人类公共生活进行规范研究的任何一个政治哲学流派来说都是不可能的。政治自由主义只是认为它依赖的政治（道德）理念，并不牵涉任何有争议的和整全性的形而上学、道德和宗教学说，它是局限于政治领域并为公民广泛共享的理念。❶而正是因为这个特点，罗尔斯认为经过第一阶段获得辩护的自立的正义原则，有能力更好地处理公民支持或接受正义原则的动机问题。它不预设也不排斥任何合乎情理的整全性学说，所以与这些学说的冲突的可能性大大地减少了，它作为一个独立模块（module）在第二阶段更容易被公民持有的各种整全性的学说所接受，从而实现一种基于正当理由的稳定性（stability for right reasons）。我们看到，这也正是公共辩护的双重要求要达到的目标。这样，回过头来看上面 3.1 节博曼对公共辩护双重要求如何落实的疑问，我们现在至少能够清楚地看到：罗尔斯在为根本的政治正义原则的辩护过程中，为了把公共辩护的双重要求落到实处，采取的是这种分阶段的辩护策略。至于这种策略成不成功、优点与缺陷的问题，在此暂时搁置，这将是本书后面章节要着重分析的。

至于本节提到的第二个问题，也就是拉兹和高斯等提出的"认识论禁制"带来的辩护的真诚性问题，以及由此使得根本正义原则

---

❶ John Rawls, *PL*, pp.175-176, 147, 168-169.

有可能建立在错误的观念之上的指责；现在有了上文对罗尔斯的分阶段辩护策略的分析，我们就利用这个策略来回应他们提出的挑战。如前面3.2节所述，这个"认识论禁制"的批评可以简单概括如下：

a. 罗尔斯的公共辩护原则要求：根本的政治原则必须获得合乎情理的公民的合理的接受才算是有辩护的。

b. 罗尔斯的合情理性主要地不是一个认识论的理念，合乎情理的人持有认识论上不理性的信念是可能的。

c. 假设公民Alf就是一个合乎情理的但持有认识论上不理性的信念的人。当公民Betty就根本的政治原则P向Alf作辩护时，不得不诉诸Alf持有的认识论意义上不合理的信念，Betty所作出的这个辩护是不真诚的。

d. 进一步，在这个不真诚的辩护中，原则P为了满足a而要取得Alf的接受，因此可能要因应Alf持有的认识论上不理性的观念进行修改或与之妥协，这样便失去规范性和道德权威。

在这个认识论禁制的批评中，前提a是引述罗尔斯的观点，并没问题；而b是一个合理的理解与推论，同样没有问题，罗尔斯可以承认这一点。❶关键是推论c。下面我将分析表明：在《政治自由主义》原则辩护部分，推论c所描述的辩护过程并不能还原到罗尔斯分阶段策略中的任一阶段，它在罗尔斯设想整个原则辩护阶段是不可能发生的。又由于结论d的成立依赖于推论c所描述的辩护过

---

❶ John Rawls, *PL*, p.62.

程的存在，因此，只需表明 c 的不成立，即可驳斥这个"认识论禁制"的批评。

我们先看第一阶段，也就是罗尔斯所谓的特定辩护阶段。在《政治自由主义》中，这一阶段主要工作是采取政治建构主义的方式把"作为公平的正义"的原则建构出来。在建构过程中，《正义论》中采用的原初状态的设置依然被保留，只不过罗尔斯在《政治自由主义》中为了避免社群主义关于原初状态的设置预设一种特殊形上学的人概念的指责，将原初状态的设置重新解释为一种代表设置。❶正如许多理论家早在《正义论》中就观察到，在原初状态中，由于无知之幕屏蔽了各方有关其特殊身份地位的信息，原初状态的各方代表其实可以看作一样的，他们被置于一个对称的位置上，每一个人的选择其实就可以看作所有人的选择。❷罗尔斯将这个特点看作他的原初状态设置的优点之一，因为它使得契约过程摆脱了无尽的讨价还价（bargaining）问题，从而使得"对一种特定正义观的一致选择成为可能"。❸在此，我们并不是因为原初状态中不存在代表各方讨价还价的对话，便说上述 c 的情况是不可能发生的，因为 c 描述的情况可能是一个虚拟的对话，而在虚拟的契约中人们是可以设想这种对话的发生。这里的关键在于：在政治建构主义中，人们被要求只以一种单一的视角来决定他们应该采纳何种正义原则来规制他们的政治生活，这个视角便是上述的政治性的公共视角。每一个人都可以随时按照原初状态的要求将自己设想成原初

---

❶ John Rawls, *PL*, pp.24-26.

❷ Jean Hampton, "Contracts and Choices: Does Rawls Have a Social Contract Theory?" *The Journal of Philosophy*, Vol.77, No.6 (Jun. 1980), p.334；以及 Jurgen Habermas, "Reconciliation Through the Public Use of Reason: Remarks on Rawls' Political Liberalism," *The Journal of Philosophy*, Vol.92, No.3 (Mar. 1995), pp.116-119。

❸ John Rawls, *TJ*, p.121.

状态下的代表去挑选正义原则。公民们面临的全部问题只有一个：作为一个合乎情理而又是理性的、自由而又平等的公民（而非持有各种整全性学说的个体），你应该选择何种正义原则来规范自由社会的平等合作事业。❶在这个阶段，即使你可以设想公民代表间进行上述 c 中那样的辩护对话，但无论公民们持有什么特殊的善观念或认识论意义上合理或不合理的信念，关于正义原则的特定辩护阶段都与这些观念或信念无涉，这个辩护过程并不要求参考、评估或援引这些信念或观念。代表们只需以一种政治性的身份（political identity）来考虑如何平衡各种政治价值以及使之融贯地结合在一个（组）正义原则上。当然，在政治建构主义中，为了得出实质性的正义原则，罗尔斯必须使用一些有实质内容的观念，这包括关于人的观念（conception of person）以及社会的观念（conception of society），以及实践理性的原则（the principle of practical reason），也就是理性（rationality）原则以及合情理性（reasonableness）的原则。❷同时，原初状态中的代表也知道关于"人类社会的一般事实，他们理解政治事务和经济理论原则，知道社会组织的基础和人的心理学法则"，并且能从正确的事实和道德前提出发进行正确

---

❶ 注意，不要把要求公民"采纳一个政治的视角"理解为要求公民们都把自己设想得大公无私，他们的唯一利益就是推进公共善；这个要求过高的动机设定并不符合罗尔斯政治建构主义的关于公民同时是 reasonable 和 rational 的设定，参考 John Rawls, *PL*, p.54. 罗尔斯在建构主义中采纳的公民的概念，他们一直是被设想为合乎情理而同时又是有理性的，他们理性地关心和追求自己的善观念，只不过由于无知之幕的屏蔽，他们不知道他们具体的善观念是什么罢了。既然他们不知道自己的特定善观念，也就是说他们连自己想要什么都不知道，在原初状态中又是通过什么设定使得我们可以说"代表们是在理性地追求自己的善观念"？罗尔斯通过设定基本益品（primary goods）来解决这个问题，基本益品是作为自由和平等的公民、作为社会正常和充分合作的成员的所有人都需要的东西。我感谢谭安奎教授在与我讨论时要求我澄清这一点。

❷ John Rawls, *PL*, p.107.

的推理。❶但这些观念、原则与事实都不预设以及不需要预设任何有争议的哲学或认识论立场。所以,在《政治自由主义》原则辩护部分的第一阶段,即使如上述 c 的情况那样,一个公民代表持有某种意义上认识论不合理的信念,这也不会导致辩护真诚性问题的发生;因为公民只需参考另一个公民的自由平等的道德地位、合情理性、理性等这些政治属性与政治信念。同时,认识论不合理的信念也不会影响正义原则的内容,因为对正义原则的辩护与这些合理或不合理的信念无涉。

在辩护的第二阶段中充分的辩护这一步骤,人们不再被要求都从一个抽象出来的、同一的公共视角看问题。在无知之幕被掀起后,人们知道了其(合乎情理的)善观念的特殊内容、了解了他们所承诺的特定的合乎情理的整全性学说,然后我们问公民们是否可以接受第一阶段得到的正义观念,是否能以某种方式把这一正义观念融入其整全性学说之中。所以罗尔斯强调这个阶段是向"作为组织有序社会之成员的个人"提出的,❷前一阶段得出了的政治原则必须接受"你与我"这样有血有肉的现实公民的视角的检验。❸而检验的方法,是普遍而广泛的反思平衡(general and wide reflective equilibrium)。反思平衡也是《正义论》中提出的一种辩护方法,也就是通过双向地来回修正,希望在得出的正义原则与个人的深思熟虑的判断之间取得一种均衡。❹按罗尔斯的看法,它是苏格拉底式的,但要注意这种苏格拉底式的反思,并不是发生在公民个人之间的对话;相反,它是自省式(self-

---

❶ John Rawls, *TJ*, pp.119, 133, 317.

❷ John Rawls, *PL*, p.386.

❸ Ibid., p.28;以及 John Rawls, *CP*, p.321。

❹ Rawls, *TJ*, p.107. 关于狭窄(narrow)与广泛(wide)的反思均衡的区别,参考 John Rawls, *CP*, p.289。

reflection）的。尽管在此过程中，我们无可避免地要对别的公民的平等地位以及他们持有与我们不同的整全性学说这一事实加以考虑，但正如斯坎伦（T. M. Scanlon）正确地评论道"这个反思平衡的过程，是我们每个人必须自己去完成的"。❶更具体地说，罗尔斯认为充分辩护阶段有一个特征：某个正义原则对某个公民而言要具有充分辩护的，只需要此公民的整全性学说以某种方式接受它即可，别人接不接受并无影响。❷所以 c 描述的辩护的那样的理由交换和说服情形，亦不会发生在罗尔斯的充分辩护阶段。

那么，在最后的公共辩护阶段也就是重叠共识阶段，情况又如何呢？重叠共识阶段要求不同的合乎情理的整全性学说都要在同一个政治正义原则上达成共识。罗尔斯认为：每个人都接受并知道其他人也接受相同的正义原则，这种公共认识是一个组织有序社会能够统一（unified）与稳定（stable）的必要条件，❸也是铸造政治社会合作互信基础和公共文化的道德品质的前提。❹那么，此狭义的公共辩护阶段总该是公民相互之间考察彼此的整全性学说，以便了解其他人是否会接受经过特定辩护和充分辩护的那个正义原则了吧？这个推论似乎是显而易见的，因为如果我们不去考察或者说服其他人接受这个正义原则，我们关于正义原则已经被社会广泛接纳的公共确信从何而来？而一旦这个过程是被要求发生的，那么 c 中认识论禁制带来的种种问题就可能在此阶段发生。

---

❶ T. M. Scanlon, "Rawls on Justification." in Samuel Freeman ed., *The Cambridge Companion to Rawls* (Cambridge, MA: Cambridge University Press, 2002), p.149.

❷ Rawls, *PL*, p.386-387.

❸ Rawls, *PL*, p.134. 值得特别注意的是，罗尔斯并不认为重叠共识能被公共地认识到是一个社会可成为"组织有序"社会的必要条件，而是组织有序社会能够"统一和稳定"的必要条件。关于要成为组织有序的社会需要满足的条件，参见 *PL*, pp.35, 66-67。

❹ Rawls, *PL*, p.387.

然而，罗尔斯强调，即使是重叠共识阶段，"公民并不能看透别人学说的内容……相反，他们唯一要考虑并给予相应重视的，只是合乎情理的重叠共识这一事实或事实存在的本身"。❶换言之，罗尔斯认为在此要求公民评估和参透别人的整全性学说，既不可能也不可欲：说它不可能，首先不存在那样一个评估别人学说是否接受那个正义原则的公共标准；其次，这样做会使得公共辩护没完没了（inconclusive）。❷说它不可欲，因为正如拉兹批评的，这样做的话公共辩护被某些学说挟持的情况就可能会发生。所以，罗尔斯坚持认为"如果说正义观念的公共辩护依赖于各种合乎情理的整全性学说，那么这一辩护也只是以一种间接的方式依赖于后者。即是说，这些学说的特殊内容在公共辩护中没有任何规范性作用"。❸正是基于此，哈贝马斯批评，罗尔斯用"公共"的辩护来指代重叠共识的达成情况是误导性的，因为一个理想条件下主体间平等商谈的情况在罗尔斯的辩护过程中是缺失的，"重叠共识产生自每个人同时地决定，却是每个人独自地为自己决定（each individually for herself）那个被提议的〔正义〕观念是否能融进他自己的整全性学说中去"。❹所以，在此重叠共识阶段，辩护的真诚性问题以及辩护被某些不合理学说挟持的问题依然不会发生。

不过，又该如何解决上一段开头处提到的问题呢：既然每个人都接受并知道其他人也在相同的正义原则达成重叠共识是重要的，但罗尔斯并不要求公民去考察别人的整全性学说以便确定其他人是

---

❶ Rawls, *PL* p.387.
❷ Larry Krasnoff 观察到了这一点。参见 Larry Krasnoff, "Consensus, Stability, and Normativity in Rawls' Political Liberalism," *The Journal of Philosophy*, Vol.95, No.6 (Jun. 1998), p.282。
❸ Rawls, *PL*, p.387.
❹ Jürgen Habermas, *the Inclusion of the Other: Studies in Political Theory* (Cambridge MA: MIT Press，1998), p.91.

否接受了那个正义原则，那么这种对重叠共识已经达成的公共认识（public knowledge）从何而来？在我看来，罗尔斯更多地将这个问题的解决看作经验事实层面的问题，而不是希望通过概念设定或提出一个规范主张来解决的问题。具体地说，罗尔斯认为既然他的正义原则是一种自立的方式建构出来的，而且公民都知道其他人的整全性学说是合乎情理的（因为公共辩护不要求不合情理的学说的接受），那么这些学说就很有可能都将会（would）接受这个正义原则。罗尔斯对这个猜想的信心，来自政治性正义观念本身的优势，比如它是中立的，它保障了公民的各种基本自由和权利等。至于这个过程是怎样发生的，罗尔斯认为公民这种相互确信可能是从长期政治合作中得出来的。❶我们说不能将这个问题看作一个概念问题或通过一个规范主张将之解决，因为如果我们提出一个规范性主张说所有称得上"合乎情理的"整全性学说就应该（should）拥抱相同的正义原则，或说合乎情理的整全性学说拥抱相同的正义原则，这是"合情理性"这个概念本身所指示的；因为在这两种情况下，将会使得罗尔斯对重叠共识的讨论变得多余。本书后面第6章6.3节还将重点讨论这个问题。

综上所述，在原则辩护部分，罗尔斯是通过分阶段的策略把公共辩护两个似是矛盾的要求予以落实的。由于在第一阶段，正义原则的建构并不依赖于整全性学说的内容；且在辩护的第二阶段，辩护的过程并不要求公民去做一种评估和参透别人的信念与学说的工作；因此，"认识论禁制"带来的所谓辩护真诚性问题以及辩护被某些不合理学说挟持的问题以这种策略被绕开了。罗尔斯所设想的辩护，与"辩护真诚性"指责提出者设想的那种辩护情形不同，并

---

❶ 参见 John Rawls, *PL*, p.168。

不是人们就一种正义观念诉诸他人合乎情理的信念来进行说服的过程。当然，这种绕开策略可能会带来其他方面重要的问题：如哈贝马斯会质疑，既然第二阶段的辩护中，公民间的对话和理由交换没有发生，进而人们也不可能是在一个经过商谈达至的相同的理由基础上认肯那个正义观念，所以罗尔斯的辩护根本配不上叫"公共"辩护。这个批评是否合理，我们留待后面第6章6.5节再作讨论。但在本章结束之前，我们还应追问一个问题，即使这些策略能够成功地绕开上述指责，但这个策略的理据在哪里？为什么这个策略是可欲的？这是我们接下来一节要讨论的问题。

3.4 辩护策略的依据：人同时作为"两种立场占据者"的理论

我希望借助内格尔在《平等与偏倚》❶里提出的"立场"（standpoint）的理论，来对公共辩护的双重要求及罗尔斯采取的策略的根据提供一种说明。

伦理学上所讲的立场、视角（perspective）或观点（point of view），如德沃金所言其实就是在某些场合或面对某些人所采取的一种结构化的理念和态度。❷内格尔观察到：我们每一个人都会同时占据两种立场，一种是个人的立场（personal standpoint），我们关心我们的个人利益、特定的价值承诺与特殊人际关系等，这些东西对我们的人格同一性而言是构成性的。另一方面，人类也有能力从这些特殊利益和承诺中抽象出这样一个认识：其他人和我一样，也

---

❶ Thomas Nagel, *Equality and Partiality* (New York: Oxford University Press, 1991).

❷ Ronald Dworkin, "Foundations of Liberal Equality," p.12.

有他们的特殊利益和承诺，这些东西对他们的重要性和对我们一样，在这方面没有任何人比谁更重要或更不重要。而此时，人们占据的是一个非个人化的立场（impersonal standpoint）。❶但内格尔指出，不要把两种立场理解为个人与社会关系，或认为其中个人的立场是我自己采取的，非个人立场是社会强加给我的。其实两种立场都包含有如何处理与他人的关系，而且两种立场是一个人同时占据的，都是一个人自己的立场，它"本质和根源上是每个人自己与自己的关系问题"。❷有什么理由表明内格尔的这个观察是对的？个人的立场很好理解，一般人不会对此有异议；但为什么说非个人化立场也是每个人都会采取和占据的？内格尔认为，这是不容置疑的，因为人如果没有把自己从自我特殊利益和承诺抽象出来非个人化立场的能力，那么人类道德就无从谈起，道德最多就只是"个人立场的冲突，妥协和偶然的契合"。❸在此意义上，否定我们具有占据非个人化立场的能力，就是否定人性和道德。

内格尔认为，有重要的政治社会意义的，不仅是人们同时占据两种立场，而且这两种立场常常是冲突的。原因不难理解，因为非个人化的立场要求普遍的不偏不倚与平等，它不可能把某个特殊的人的利益或承诺从其他人中分离出来并予以特别照顾与对待。但个人立场很多时候要求人们偏倚地对待一些对自己而言有重大意义的承诺或亲近关系。❹作为处理人们社会政治关系的政治安排，以及研究如何处理这种关系的政治哲学，都必须直面人们同时占据两种立场而这两种立场又是冲突的人性事实。这种冲突的严峻性在于，不

---

❶ Thomas Nagel, *Equality and Partiality*, pp.10, 14.
❷ Ibid., p.3.
❸ Ibid., pp.4, 20.
❹ Ibid., pp.4, 11.

存在一个更高阶评价体系可以协调两者。❶人类政治实践中，乌托邦的政治设计与现实主义的妥协政治，都是在压抑其中的一种立场而顺从另一种立场，而这两者都是不可欲的。❷由于一个处理人类政治关系与公共价值的政治哲学必定是实践的，它要面对的并非是万能和理想的旁观者，而是人类自身。因此，它在提出任何政治设计和建议时就必须考虑人们同时占据两种立场，而这两种立场又是冲突的现实。也只有能够有力地协调这种两种立场的政治原则与设计，才有资格取得道德权威和正当性。因此，内格尔提出了"两次辩护"的观点："政治理论中的辩护必须就其自身向人们作两次论证：首先（把人们视作）作为不偏不倚立场的占据者；❸其次是作为那个不偏不倚的可接受的体系里的一个特殊角色的占据者。"❹

罗尔斯在《政治自由主义》中使用的辩护策略很明确地体现上述"两种立场"理论和"两次辩护"的思想。罗尔斯明确提到了辩

---

❶ Thomas Nagel, *Equality and Partiality*, p.16. 这种不可调和冲突的基本思想，最早由西季维克以"实践理性的二元论（dualism of practical reason）的困境"表达出来。西季维克说，我同时拥有两个基本道德信念：(a) 如果我通过牺牲自己的幸福可以增进其他人的幸福，而且增加量比我的损失量要大，那么我就应牺牲自己的幸福；而另一个同样基本的信念 (b) 是：牺牲我自己的幸福总是非理性的，除非这种牺牲可在某些时候以某种方式以相同的量获得补偿。"我发现，在我的思想中，这两个基本命题都具备反思过程能够给我的最大的清晰性和确定性"。但我又观察到，(a) "这一命题似乎是自明的，尽管它与另一个同样自明的命题是显见冲突的，即不能把我自己的善看得比其他人的善更为重要"。参见 H. Sidgwick, "Some Fundamental Ethical Controversies," *Mind*, Vol.14, No.56 (Oct., 1889), pp.483-484。

❷ Thomas Nagel, *Equality and Partiality*, pp.21-40.

❸ 当然，罗尔斯和内格尔在何为"客观的或不偏不倚的观点"这一点上是有分歧的。在下一章讨论到罗尔斯的政治建构主义时我们可以看到，罗尔斯不认为存在着自在的、独立的不偏不倚的观点，体现客观性的观点是一种建构出来的社会性观点，这也使得罗尔斯同样反对西季维克所谓的"宇宙的观点"（the point of view of the universe）。参见 John Rawls, *PL*, p.116, 以及 *CP*, p.356。

❹ Thomas Nagel, *Equality and Partiality*, p.30.

护的两个阶段，❶辩护的第一阶段使用的是一种可称为政治性的非个人化的公共视角，它要求公民把自己和他人都设想成为自由与平等、理性而又是合乎情理的政治人来选择正义原则。辩护第二阶段的出发点是一种个人的视角，个人根据自己承诺和服膺的宗教、哲学和道德学说来决定是否接纳前一阶段建构出来的正义原则。罗尔斯要求有辩护的正义原则，不能由哲学家独断地开列好然后指派给公民，而是强调要得到公民的接受。罗尔斯在第二阶段强调达成重叠共识和基于正当理由的稳定性，这经常被认为仅仅出于现实考虑。但其实，罗尔斯和内格尔均认为，情况并非如此：辩护必须有一阶段是向占据着个人立场的人作论证，这并非只是现实的考虑，而更重要的是一个道德的要求。按照非个人化价值设计的政治安排，如果总是要求牺牲个人承诺与幸福，这不仅不现实，也是不道德的。❷一种合理的政治安排必须恰当地处理人们的动机问题，因为"无论一种正义观念在其他方面多么吸引人，如果道德心理学原则使它不能在人们身上产出必要的按照它去行动的欲望，它就是有严重缺陷的"。❸当然，要求恰当处理人们的动机不意味着我们不可以对这些动机进行一个伦理评估。一个合理的政治理想，是使得一个政治制度一方面能够体现人们非个人的观点而满足各种不偏不倚的要求，同时又不给公民施加那些依个人观点看来是过分的要求。而政治哲学，正是寻求这样的"现实的乌托邦"。

总结一下本章的分析：由于罗尔斯认为，人类在自由制度下自由地运用理性带来的结果是人们在道德、哲学和宗教学说上出现合乎情理的多元分歧，而正义原则的社会角色就是为这样的社会提供

---

❶ John Rawls, *PL*, pp.133-134.

❷ Thomas Nagel, *Equality and Partiality*, p.15.

❸ John Rawls, *TJ*, p.398；以及 Thomas Nagel, *Equality and Partiality*, p.21。

一个政治论辩的基础。要达到这个目的，正义原则自身对这些整全性学说的争论只能采取一种"回避的方法"而"停歇在表层"。❶在原则辩护部分，这种避免的方法是通过分阶段的辩护策略来落实的。在辩护的第一阶段，正义原则的建构不需要预设或涉及任何有争议的认识论或形而上的真确的概念；而在辩护的第二阶段，承诺各种独特的整全性学说的社会成员，不会被要求去参透和评估社会其他成员持有的整全性学说，无须经过相互了解、评价和说服后再在共同的规范性基础上接受那个正义原则。❷相反，他们被允许以各自的理由各自地去接受。因此，社会成员之间相互辩护、说服带来的辩护真诚性问题根本不会发生。❸最后，有一点需要避免误解的是：政治自由主义采用"回避的方法"来绕开关于认识论或形而上学意义上的真确的争论，并不意味着政治自由主义对这些整全性学说是冷漠或怀疑的，而是政治自由主义认为：这些学说和争论对人们而言太过重要，以至于我们在政治上无法找到一种合理解决这些纷争的方式。从本章的分析中我们看到，从辩护的两个阶段切入去分析政治自由主义的公共辩护整个过程，是合理且有启发性的：它不仅可以揭示罗尔斯辩护工作的策略特质，而且后面我们看到，许多重要争论也与这个策略有关。本书接下来的第4、5、6章就是分别处理这两个阶段的辩护工作中出现的问题。因此，本章的分析也为后文确立了一个分析框架。

---

❶ John Rawls, *CP*, p.395.

❷ 这恰恰是《正义论》里发生的情况，公民们被期望在康德的一系列道德和形而上学观念的基础上接受"作为公平的正义"。期望公民基于同一个整全性学说的理由来支持正义原则，这被罗尔斯自称为《正义论》的"严重问题"。参见 John Rawls, *PL*, p.xviii。

❸ 这个结论目前只限于原则辩护部分，至于政治辩护部分，也就是在正义原则确定下来以后，公民就根本的正义问题进行政治辩论时是否会产生辩护的真诚性问题，在此暂不考察，这涉及罗尔斯的公共理性理念。

第 4 章

公共视角的确立与正义原则的建构

从前面第 3 章中我们已经了解到：罗尔斯采取了分两阶段的策略去完成公共辩护的任务。辩护第一阶段的任务，就是确立一个公共的政治视角，然后从此公共视角出发把正义原则开出来。我们在这一章主要揭示这个过程是如何进行的，而其中的核心问题是如何理解罗尔斯的政治建构主义，以及政治建构主义在什么意义上可看作公共辩护的一个工具或设施，它在什么意义上完成了为正义原则作辩护的任务。在 4.1 节，我们首先要确立的是采纳政治建构主义把正义原则开出来的必要性问题。这种必要性是响应政治自由主义所谓"政治中立性"的诉求的：自由主义社会里合理多元事实的存在，使得政治自由主义需要一个政治中立的正义原则而不是任一整全性学说来作为公民间政治讨论的基础。罗尔斯援引"判断的负担"来解释这种事实。但这种解释要能成功地导向政治中立的要求，它本身就不能预设价值多元论以及怀疑论等有争议的立场，亦不能对自由社会里大多数合乎情理的宗教学说要求过分、排斥性太强；而且还应解释清楚为什么"判断负担"导致的多元论不会给人们在正义观念上达成一致造成困难。另外，合理多元既然是一种事实，罗尔斯就要提出理由表明它如何能跨越"事实—价值"间的鸿沟而可以导出政治中立及政治宽容等规范要求。

在论证了为什么需要采纳政治建构主义的方法后，在接下来的 4.2 节，我将考察政治建构主义的理论渊源：一般而论的道德建构主义及康德的道德建构主义；并通过将政治建构主义与康德式道德建构主义作比较，解释清楚它在什么意义上是"政治的"建构主义。在本节的核心部分（4.2.3 小节），我将阐明政治建构主义建构正义原则的工作过程与实质，从中我们可以清楚地了解到罗尔斯所确立的公共视角是什么，它是如何确立的、具有哪些特征，以及是如何从此公共视角出发，经由代表性的设置即原初状态从而确定建构的结果（也就是我们希望得到的正义观或者说正义原则）。接下来，我要解释一个至关重要的问题：从这个过程中开出的正义观念或原则，在什么意义上可以说它们对那些分享此公共视角的人而言就是有辩护的（罗尔斯所谓的"特定阶段的辩护"）。在本节的最后，我要澄清对政治建构主义的两个误解：第一是循环论证的误解；第二种误解认为这种政治建构是保守的，并带有相对主义的特征，而且使得正义的考量不恰当地向现实屈服。

4.1 为什么要采纳政治建构主义：导向政治中立性的论证及问题

为了达成双重辩护的要求，罗尔斯在原则辩护阶段采取了分阶段策略，在第一阶段，他试图确立一个公共视角，从这个视角出发来平衡各种政治价值（主要是自由和平等这两个自由社会的基本价值），进而制定实质性的政治正义原则。这个（组）原则之所以是有辩护的，就是因为从那个确立起来的公共视角看来，这个（组）原则是可接受的。❶在《政治自由主义》中，罗尔斯是通过引入政治建构主义（political constructivism）的观念，把正义原则从这个公共视角中推导出来，而正义原则的内容可以被表征为（be represented as）❷这种建构程序的结果：

> 唯有通过认肯一种建构主义的观念——一种政治的而非形上学的建构主义的观念，公民们才有望找到大家都可以接受的原则……他们无法以任何别的方式来实现他们如下观念依赖型的欲望：根据可为自由而平等的他人所接受的条款，建立一种共同的政治生活的欲望。❸

可以看到，罗尔斯在此做了一个很强的主张：为了从那个公共视角得出实质性正义原则，政治建构主义并非可供选择诸方法中的一种，它就是唯一的方法。按照罗尔斯的理解，政治建构主义有一个优点：一旦建构程序合理地设定，那么它展示的政治价值排序（正义原则），在达到了一种广泛反思平衡后，可以在不同的有争议的宗教、道德和哲学学说中保持中立；既不依赖它们，也不否定和批评它们中合乎情理的学说。唯有这样得出来的正义原则才有可能担当起一种正义观念要扮演的社会角色：提供一个共享的基础，使得公民之间的社会政治关系在此基础上对所有公民同侪而言都是有辩

---

❶ John Rawls, *PL*, p.9.
❷ Ibid., pp.89-90. 政治自由主义要避免主张正义原则就是这种建构程序制造（make）或产生（produce）的，而只是说这种建构程序合理地展示（display）了适合自由民主社会的政治价值的排列（表述为一组正义原则）。这其中的理由，下一节会详述。
❸ Ibid., pp.97-98.

护的。❶

但上述论述似乎有一个逻辑的跳跃:为什么这种正义观念的社会角色,必须由中立于各种整全性的学说的原则来担当,而不是由某个整全性学说自身来扮演?这关系到在原则辩护的第一阶段(特定辩护阶段),为什么必须采取一种建构主义方法来把正义原则开出来,而不是直接从某种整全性的学说中把正义原则推导出来,将之看作此宗教、道德或哲学学说的教义在政治领域的应用呢?巴莱恩·巴厘(Brian Barry)正确地认识到,对公共辩护承诺并不会自动导致对政治中立性(political neutrality)❷的承诺:因为持有不同整全性道德、宗教和哲学学说的人们可以接受那个公共辩护的要求,也即同意基本的制度要根据一些合乎情理的公民都可以接受的原则来进行安排,但他们可能会坚持认为他们持有的那个整全性学

---

❶ John Rawls, *CP*, p.305.
❷ "政治中立性"这个术语经常会遭致许多误解,例如认为政治自由主义主张国家应在道德问题上保持中立,而这等于道德冷漠,因而它自身就不是一个道德(规范)的概念;或认为它主张在不同的根本性政治生活方式(自由主义与威权主义)间保持中立,因而是自相矛盾的;或认为它意图在不同政策结果间保持中立,因而是一个自我挫败的理念,因为不管国家决定做或不做某事,都不可能在政策利益相关的对立方之间保持中立。以上这些看法都是误解。政治自由主义主张的政治中立,是要求对根本性的政治原则和国家行动的辩护,要在不同的、但同样是合乎情理的好生活观念(conceptions of good)之间保持中立。首先,它并没要求在合乎情理的好生活计划与不合乎情理的生活观念(例如折磨无辜的人取乐)间保持中立,因而本身是一个道德的观念;第二,既然它要求在不同的好的生活观念间保持不偏不倚,那么对这种中立立场的承诺必然会推出对特定类型的政治安排的承诺,也就是那种允许人们自由地选择、追求不同的好的生活计划的政治安排(例如,某种自由主义制度是满足这种要求的政治制度之一),所以承诺政治中立性并不要求人们在自由主义与法西斯政体间保持中立;第三,这种中立是一种辩护层面上的中立,也就是强调正义原则是在并不依赖(也不评判和否定)任何合乎情理的整全性学说的基础上而获得辩护的,而不是原则应用、政策结果这个层面上的适当取中或无立场。对这个中立性观念的一个比较准确(尽管不全面)的澄清,参见 Charles Larmore, *The Morals of Modernity* (Cambridge: Cambridge University Press,1996), pp.121-127;以及谭安奎:《政治的回归:政治中立性及其限度》,北京:中央编译出版社,2007。

说，在理想条件下（人们的心灵开放、无重大认识缺陷、愿意反思等等）就是所有合乎情理的公民都可以接受的原则。❶所以，要从公共辩护承诺推出对政治中立性的承诺，进而表明采纳政治建构主义的必要性，就必须表明如下这一点：为什么任何一种整全性学说都不能满足公共辩护的要求，也就是它为什么不能成为一种"所有合乎情理的公民都无法合乎情理地拒绝的原则"呢？充分回应此问题，才能回答为什么采纳政治建构主义程序来得出一种自由主义的中立的正义原则是必要的、可欲的。

4.1.1 合理多元的事实与判断的负担

罗尔斯通过引入合理多元的事实（fact of reasonable pluralism）来回答上述问题。罗尔斯观察到：在自由民主社会公共文化中，存在着各种各样不同的，甚至是相互冲突的普遍而又整全性❷宗教学说、哲学学说和道德学说，它们之中没有任何一个能够赢得所有合乎情理的公民自愿的一致认同。相反，在自由社会里，对某个特定学说的一致认肯的维持，必须使用国家强力的压迫。❸但问题是，援引这样一个事实并不足以填补上述那个逻辑缺环。首先，如果这只是一个偶然短暂的事实，或许我们在规范理论里根本就不必处理它；其次，即使有理由相信在可预见的将来，这种整全性学说的多元性局面不会消失，但这并不等于我们在设计规范的正义原则时，就应当顺应这种事实。换言之，罗尔斯需要对这个

---

❶ Brain Barry, *Justice as Impartiality* (Oxford: Clarendon Press, 1995), p168. 当然，罗尔斯也意识到同样的问题，参见 John Rawls, *CP*, p.426。

❷ 说一个观念是普遍性的，意味着它适用于一系列广泛的主题；说它是整全性的，意味着它涵盖了那些意图指导我们的大部分思想和行为的，关于人类生活、个人美德和品格中什么是有价值的观念。参见 John Rawls, *CP*, p.424, n.4。

❸ John Rawls, *PL*, pp.36-37。

事实提出一个解释，这个解释应该确立三点：第一，在人类理性能够预见的将来，多元的事实将永恒存在，至少不会很快消失。第二，这种多元性的存在是合乎情理的，是规范的政治理论必须面对的。第三，这个解释本身，能够与所有合乎情理的人的合情理性相容；因为如果这个解释本身也陷入一种激烈争议中，那由这种解释支持的结论——没有任何一个特定的整全性学说能够成为所有人都可以合乎情理地接受的原则——也会同样充满争议。❶ 罗尔斯通过诉诸"判断的负担"（burdens of judgment）来解释为什么这种多元状况既持久亦合理。所谓判断的负担，它们是合乎情理的人们产生分歧的根源，包括以下事实：证据是复杂和冲突的；即使共享一个理由的人们经常对它们的分量也会产生分歧；许多概念是模糊不清的并要应用到"棘手问题"上去；我们的总体经验塑造我们估价和衡量证据的方式；存在着种类非常不同的规范性考虑；社会的限制只允许一些价值得以实现。❷ 罗尔斯曾以"理性的负担"❸来标示这些状况，意即这是人类自由地运用其实践理性与理论理性时都会遇上的负担，而这些负担使得人们在做各种各样判断时，即使以最真诚的态度充分地运用了理性，也达不到一个一致的结论。借用约书亚·柯亨（Joshua Cohen）的一个说法，我们就能够更加明白"判断的负担"是怎样解释合理多元的事实的：理性有这样一个特点，即存在不同的许多观点，这些观点都能与之相契合因而可称作理性的，但理性本身不指定

---

❶ "对这些负担的说明，必须与相互之间有分歧的人们的合情理性能够完全相容，而不是相互排斥。" John Rawls, *CP*, p.476, 以及 p.477, n.7。

❷ 详见 John Rawls, *PL*, pp.56-57。

❸ John Rawls, *CP*, p.476。

(mandate)其中任一观点是唯一合理或真确的。❶因此,在讨论政治正义问题的相关场域,说由此造成的多元论的事实是永恒的,因为作为参与社会公平合作的人,能够运用实践理性(也就是成为理性[rational]的和合乎情理[reasonable]的)是一个前提性条件;而只要社会合作事业存在,人们就需要运用这种理性,自然就会遭遇判断的负担。注意到在这里,罗尔斯没有主张人的本质就是理性,因此作为理性的动物人们无法摆脱理性的负担。这种解释也许是对的,但政治自由主义避免诉诸这种容易引起争议的哲学观点,原因就是要满足上述第三点减少解释的争议性的要求。它所需依赖和诉诸的,是一种适合社会公平合作需要的"人观念"(conception of person)❷。另外,说由此造成的多元论的事实是合乎情理的,因为人们之间的这种分歧的根源不是盲目、无知、偏执、狭隘或狂热,而是理性的自由运用。人们之间有分歧,但这种分歧与分歧观点持有者又都是正直、理性而又合乎情理的这一状况完全相容。

4.1.2 合理多元的事实、价值多元论与认知怀疑主义

现在的问题是,这个解释本身是否的确是无争议的,即能够满足上述第三点要求。首先要注意到,罗尔斯关于合理多元的事实的描述以及造成这种多元状况的根源或原因的解释,并不是一种价值多元论(value pluralism)的主张。价值多元论,是一种对价值的来源是一还是多的、是相容还是不可化约的判断,价值多元论在以赛亚·伯林(Isaiah Berlin)那里得到最经典诠释。价值多元论认为:

---

❶ Joshua Cohen, "Moral Pluralism and Political Consensus," in D. Copp, J. Hampton, and J. Roemer, eds.: *The Idea of Democracy* (Cambridge: Cambridge University Press, 1993), p.286.
❷ John Rawls, *PL*, p.48-54.

生活中存在着诸种价值的多元性；这些价值同等地真确，同等地终极，最重要的还同等地客观；因此，它们并不能被安排进一种永恒的秩序中，或根据一些绝对的标准来判决高下。❶

在这里，我们必须小心地区分价值多元论与罗尔斯的合理多元的事实。价值多元论本身就是关于人类价值本质的一种学说，并与价值一元论的学说处于针锋相对的地位；而在这一点上，罗尔斯所谓的合理多元的事实所做的主张，只是指出这样一个事实：人们对于价值来源的判断，总是不能达成一致，而是存在着观点的合理分歧；即价值到底是一元还是多元的，也是人们的合理分歧的对象。❷ 概言之，它描述的是人们关于各种学说的判断的状况：判断负担的存在使得"人们在关于整全性学说的判断上，达成政治上的一致变得异常困难"。❸ 而对这种判断分歧状况的原因解释，罗尔斯只需诉诸理性自由运用的一些"历史性或社会学意义上"❹的特征，与价值本质究竟是一元的还是多元的都无关或者说都相容。对这两种关于价值本质的形而上学判断的任何一立场，罗尔斯既不需申认亦无须否认。

价值多元论其实有一个优点，如果价值的确是同等地客观且多元的，它能够很好地解释：为什么其他人与我们的观点有分歧甚至冲突，但我承诺的宗教、道德或哲学学说仍然为真的问题。因为这

---

❶ Isaiah Berlin, *The Crooked Timber of Humanity* (New York: Alfred A. Knopf, 1991), p.79.
❷ 正是因此，查尔斯·拉摩尔主张：罗尔斯最好不要使用"合理多元的事实"这个术语，而最好用罗尔斯他自己早期使用过的"合理的分歧"（reasonable disagreement，参见 Rawls, *CP*, p.476）来代替，因为前者很容易与伯林的"价值多元论"相混淆。参见 Charles Larmore, *The Morals of Modernity*, p.154。
❸ John Rawls, *PL*, p.63.
❹ John Rawls, *CP*, p.434, n.21.

正是价值多元论的教义给我们描绘的人类生活世界的状况,一旦人们认识到价值客观多元这个真理,他们就能无矛盾地解释以上事实。既然罗尔斯的合理多元论宣称要避免承诺这种有争议的价值多元论,❶那么他的合理多元论又怎样解释以上事实?之所以要求一个成功的解释,是因为不这样做,会使得罗尔斯合理多元论滑向某种形式的认知怀疑主义(epistemic skepticism),巴厘正是这样认为的:

> 然而,我很疑惑,持有的某些观点从内在看的确定性,竟然能够与下面这个情况融贯地结合:其他人拒绝同样的观点是合乎情理的。私人性的宗教启示的例子看起来最有说服力。假设上帝(在我看来)赐了我一双慧眼,通过它我得到了某些真理启示。认识论禁制的支持者会主张:我可以绝对确信此启示的真确性质,而同时又承认其他人可以合乎情理地拒绝我的观点。然而,真有此可能吗?如果我承认我用尽方法也不能使他人确信,这难道不应该削弱我自己的确定性吗?❷

许多理论家并不分享巴厘的疑惑,他们认为如果巴厘描述的情况为真,那么西方历史上惨烈的宗教冲突可能都不会发生。这些激烈的宗教冲突之所以存在,就是因为"不能使异教徒信服"这一事

---

❶ "遵循我称为回避的方法(the method of avoidance),我们尽可能地既不申认也不否定任何宗教的、哲学的或道德观点,或者是与这些观点相关的对真理及价值地位的哲学解释。"参见 John Rawls, *CP*, p.434,着重号为我所加。罗尔斯在某些地方也引用伯林的价值多元论的观点(如 *PL*, p.197, n.32),有时候似乎还同意他的观点(如 *PL*, p.303, n.19)。但从《政治自由主义》的理论精神来讲,罗尔斯不应该承诺这样的观点;而在我看来更重要的是:《政治自由主义》的理论结构和内容中,并没有什么东西使得罗尔斯非要承诺这种价值多元论的观点不可。

❷ Brain Barry, *Justice as Impartiality* (Oxford: Clarendon Press, 1995), p.179.

实本身，丝毫不会动摇信徒们的信仰，反而促使他们通过寻求政治权力来强加这种信仰，这和巴厘的说法刚好相反。❶然而，这可能错失了巴厘的质问的焦点，他不需要否认事实上许多人在分歧面前并不会动摇他们对其信仰的确定性，而只是要做一个规范的主张：他们应该松动他们对其信仰的确信，并对此抱一种怀疑论的态度。看起来，巴厘的理由似乎是：不这样做的话，我们无法融贯地设想信念持有者的确信、信念的真确性以及他人与我们的分歧的合理性这些要素。

柯亨认为这些要素以某种方式组合在一起并没有矛盾，因为即使面对合理的分歧，人们还是可以采取一种宗派性（sectarian）的路径去认肯其观点，也就是将之作为一种信仰来相信它（believing it as a matter of faith）——我可以相信我拥有真理，甚至全部真理，其他与我的确信契合的观点是这种真理的子集，那些反对我的观点的人是错误的，这里面并没有什么不自洽的地方。但那些观点（在我看来）是错误的，不等于持有这些观点的人是不合乎情理的（合情理性在柯亨这里主要指一种愿意接受新信息并进行反思的态度），而申认最后这一点对于自由主义来说就足够了。❷

然而，拉摩尔认为，假如像柯亨这样把这种分歧看作最终是不同信仰的对抗，那么对此状况最适合的回应应该是悬搁判断，因为信仰问题超出了理性可及的范围，这仍未摆脱某种形式的怀疑论。❸拉摩尔认为，在没有正面的证据可以驳斥我们的信念之前，我们不

---

❶ Susan Mendus, "Pluralism and Scepticism in a Disenchanted World," In Maria Baghramian & Attracta Ingram, eds.: *Pluralism: the Philosophy and Politics of Diversity* (London and New York: Routledge, 2000), p.113.

❷ Joshua Cohen, "Moral Pluralism and Political Consensus," p.282.

❸ Charles Larmore, *The Morals of Modernity*, p.154.

需因为别人对此持有分歧就对自己的信念犹犹豫豫。只要我们真诚地运用人类共同的理性来检视我们的信念系统，其实是能提出许多理由来支持我们的观点的真确性或合理性的，而不必如柯亨提议的那样将之看作不同人的不同信仰问题。只不过由于判断负担的存在，我们支持自己信念的那些理由并不能被所有人分享罢了，但是，"一般而言，我们有好的理由去相信的东西，比能成为合乎情理的一致的对象的东西要多得多"。❶拉摩尔对于怀疑论挑战的回答，基本精神是和罗尔斯一致的。罗尔斯不仅提到了宗教、道德信仰冲突的历史经验来印证人们不会仅仅遭遇分歧就会对自己的确信怀疑，而且表明"判断的负担"的解释也不要求这种怀疑论的说明，它所做的主张只是：理性运用会遭遇判断的负担，这使得人们在对于整全性学说的真确性的判断这个问题上，在政治上达成一致是不可能的。❷罗尔斯强调一点，我们尊重这些学说间的多元性的存在，而不试图通过政治手段去介入和解决它们间的纷争，这并不是因为政治自由主义持有怀疑论的"悬搁判断"立场或认为这些争论不重要，而是说：这些学说和争论太过重要，以至于我们在政治上无法找到一种合理解决这些纷争的方式。

然而，即使罗尔斯和拉摩尔这些政治自由主义者诉诸理性运用遭遇"判断负担"来解释人们之间的合理分歧的现象，能够避免价值多元论和怀疑论，但它必须付出的一个理论代价似乎是：它太过强调理性的作用，以至于这种解释很难为自由民主社会里的大多数宗教学说所接受，或者至少是对它们提出了过分的要求。因为宗教学说本身的发展以及信徒们信仰一种宗教，似乎都不是像罗尔斯所

---

❶ Charles Larmore, *The Morals of Modernity*, p.173.
❷ John Rawls, *PL*, p.63.

说的，是人类理性自由运用的结果。如此一来，政治自由主义似乎陷入了如下两难：一方面，它不能接受把分歧简单地看作不同信仰的对抗，否则会使得理性运用遭遇"判断负担"这个解释而完全没有用武之地，当然也无法确立这个解释意图支持的自由主义的中立性与宽容论证。另一方面，如罗尔斯所言，政治自由主义要尽量将自由社会里许多为人们所熟悉的学说——宗教的、哲学的和道德的——看作合乎理性的，从而成为宽容的对象；一个排斥性太强的政治自由主义，基本不可能成为重叠共识的对象，也不能担当起一个正义观念需要扮演的社会角色。❶因此，罗尔斯似乎陷入一个两难，对于上述那个"理性负担"的解释，政治自由主义不能与之相离，却又不能与之相容。接下来，我将考察玛莎·纳斯鲍姆在此问题上对罗尔斯的批评。通过解释罗尔斯的文本，我将提出理由表明：这种指责并不像其宣称的那样有力。

4.1.3 对宗教学说的排斥与要求过分

纳斯鲍姆观察到，罗尔斯在对何为合乎情理的整全性学说（reasonable comprehensive doctrine）的定义中，为了强调它们是人类运用理论理性和实践理性的结果，加入了许多理论性的要求，例如这些学说自身要融贯、一致、实现理性的自洽，并且是表达了对人类世界某方面的知性观点。❷纳斯鲍姆认为，不必说许多偏激、盲目的观点肯定不符合罗尔斯的定义，许多为人们熟悉的宗教学说也被排斥在外，这显得要求过分（over-demanding）：例如，宗教中神的恩典并不基于任何理性的理由；基督教的"三位一体"学说，

---

❶ John Rawls, *PL*, p.59.
❷ Ibid.

从理性来考察明显是自相矛盾的,并与理性的基本原理是背离的。但基督教要坚持它,目的恰恰是通过故意违反理性的自洽及融贯性,来提醒理性不要盲目自大而应更谦卑。换言之,非理性恰恰是其教义精髓和目的所在。❶纳斯鲍姆认为,罗尔斯对合乎情理的整全性学说的定义不仅因其排斥性是不可欲的,而且也是不必要的。因为罗尔斯还有另一个对整全性学说的伦理规定可利用——合乎情理的整全性学说就是能够被合乎情理的公民认肯的学说。因为罗尔斯已经将合乎情理的公民定义为愿意与其他人进行公平社会合作的人,那么他们只认同那些至少不否定公民的平等地位,不破坏社会公平合作的整全性学说。用这个来自合乎情理公民的伦理规范来定义"合乎情理的"整全性学说,规约这些学说的外在行为就已经足够了。我们没必要深入这些学说内部去考察它们是否体现了理性运用,是否符合理性的标准。❷但纳斯鲍姆也认为,一旦罗尔斯接受她的提议,只采用后面的伦理性定义而抛弃前面的理论性定义,罗尔斯要付出一个理论代价,那就是使得罗尔斯关于一般多元论与合理多元论的区分❸不复存在:

> 就罗尔斯与拉摩尔共同分享理论目标看来,这会使他付出很高的代价,因为这会使得仅仅根源于错误的分歧,与那些基

---

❶ Martha Nussbaum, "Perfectionist Liberalism and Political Liberalism," *Philosophy & Public Affairs*, Vol.39, No.1 (2011), pp.26-27.

❷ Ibid., pp.28-33. 许多理论家分享这一批评,如 Burton Dreben, "On Rawls and Political Liberalism," in *The Cambridge Companion to Rawls*, ed. Samuel Freeman (New York: Cambridge University Press, 2003), p.326; 以及 Larry Krasnoff, "Consensus, Stability, and Normativity in Rawls' Political Liberalism," *The Journal of Philosophy*, Vol.95, No.6(1998), p.292。

❸ John Rawls, *PL*, p.36, n.37.

于更加值得尊重的根源的分歧的区分不再存在。❶

放弃了一般多元论与合理多元论的区分，许多错误、非理性甚至反理性的学说也会被包括进来，又因为罗尔斯的正义原则在辩护的第二阶段是要求得到这些学说的认肯的，这样的代价就是使得正义观念可能"屈就于世界冷冰冰的现实势力"。❷这是一个相当严重的问题。

一定程度上，我分享纳斯鲍姆关于罗尔斯合乎情理的整全性学说的理论性定义既不必要也不可欲的看法，但我并不认为罗尔斯放弃这个理论性定义后，会使得他必须付出上述那个代价。纳斯鲍姆之所以有这样的看法，我怀疑她对罗尔斯关于一般多元论与合理多元论的区分的理解，或更一般地，对于罗尔斯的"判断负担"如何导致人们之间的分歧以及为什么这些分歧是合理分歧的理解有偏差。无论这个偏差是否可以合理地从纳斯鲍姆的批评中推导出来，澄清它也是有意义的，这至少可以减轻罗尔斯"判断负担"的解释对宗教学说要求过分的疑虑。

在我看来，纳斯鲍姆似乎是这样理解"判断的负担"的解释的，我们称为"判断负担"的解释Ⅰ：

> a. 各种整全性的学说的形成发展是人类理性运用的结果；b. 理性的运用会遭遇判断的负担而产生合理的分歧；c. 因此在允许理性自由运用的社会里，基于理性的负担会形成多种多样的学说，而且这些多样分歧是合理的。

---

❶ Martha Nussbaum, "Perfectionist Liberalism and Political Liberalism," p.31.
❷ John Rawls, *PL*, p.37.

根据解释Ⅰ，既然各种学说是理性运用带来的产物，那么如罗尔斯那样对各种学说做理论性的定义也就是顺理成章的，这些定义反映的正是理性运用的结果特征。这当然也解释了纳斯鲍姆的担心，如果我们放弃对各种学说的理论性定义，必然也要否定各种学说是人类理性运用的结果的说法。否定了这个说法，也就无法援引判断负担来解释学说间的分歧是合理的，那么一般多元论和合理多元论的区分也就消失了，因为理性在这些分歧形成过程中并没有扮演什么角色。我们看到，对于解释Ⅰ，各种道德、哲学学说也许可以接受，休谟主义者和康德主义者都会认为他们的学说是人类运用理论理性和实践理性基础上形成的，只不过他们在人性、价值来源以及道德本质等问题上理解有不同而已。但是解释Ⅰ对宗教学说的确有强烈的排斥性与要求过分，纳斯鲍姆已经将这一点阐述得很清楚了。那么有没有一种解释，既能够保持一般多元论与合理多元论的区分，又能够对宗教学说保持足够包容呢？

在我看来，解释Ⅰ如果不能说是对罗尔斯思想的误解的话，至少也不是一个最好的诠释。罗尔斯其实从来没有强调必须把合乎情理的整全性学说看成人类理性单独作用的结果，他所要强调的只是这些学说间多元性的事实是人类理性自由运用的结果，且这种事实是一种合理现象而不是一种灾难。

> 尽管历史上出现的学说肯定不是自由理性单独作用的结果，但合乎情理的多元论不是人类生活的不幸状况。❶

那么罗尔斯的"判断的负担"如何解释"整全性学说间多元性的事

---

❶ John Rawls, *PL*, p.37.

实是人类理性自由运用的结果"这一点呢？我认为，一个更加合理的解释是"判断负担"的解释Ⅱ：

> A．我们需要运用实践理性和理论理性去平衡自己的目的、评估其他人对我自己、对社会制度提出的主张的力量，以及考察我们自己持有的信念、思想体系和理性能力。B．理性的运用会遭遇判断的负担而产生合理的分歧。C．因此人们在这些问题上会形成不同的观点和见解。D．整全性的道德、哲学和宗教学说是对这些不同观点的系统化表述。E．因此人们会认肯那些与自己的观点相契合的学说。F．这样一来，不仅人们认肯不同的学说，因此出现学说多元并存的状况。更重要的是在政治领域，人们就某个学说的性质、地位及其判断达成政治一致是不可能的。❶

这里面的一个复杂问题是：在某些个体那里，事情实际上可能不是按照从 A 至 E 的顺序发生的；他们可能在还未具有 A 所描述的理性评估能力、还没有进行过这种实践时，就因为家庭或传统的原因接受了某种宗教或道德学说，然后根据这些学说来解释世界；也就是这种顺序似乎是反过来从 E 到 A 的。我们必须承认这是可能的，而且这的确是在许多人身上发生着的事情。而政治自由主义对此的回答，简单地说是：第一，我们不要认为公民和他在任何既定时刻所持有的任何学说，是终生不可分离地捆绑在一起的；相反，我们预设他们有形成、修正和反思自己的善观念的能力，并且政治自由主义的制度安排也尊重这种能力及其运用。第二，政治自由主义的公民教育要使得每一个少年儿童清楚地认识到：在他们的社会里存在

---

❶ John Rawls, *PL*, pp.54-60.

着良心自由，背离任何宗教都不会受到迫害，遑论一种法律意义上的犯罪。第三，一旦他们到了理性成熟的年龄，他们运用自己的理性去做 A 中所列的判断，发现原先自己从家庭、传统或文化继承中习得的宗教或道德学说不再值得拥护时，他们可以自由地做这种改变。

现在，我们就要来考察一下解释 II 的特点以及它优于解释 I 的地方。

首先，注意到两种解释的重要区别。在罗尔斯这里，多元论的事实是否合理，以及一般多元论与合理多元论的区别，就看分歧的根源是理性的负担还是盲目、偏执和自私自利。解释 I 把理性自由运用和判断负担直接应用到这些学说怎么形成（formed）上，❶借此得到分歧的合理性；而解释 II 把理性自由运用和判断负担应用到人们对于自己、自己和他人、自己与世界的判断上去，因为人们在这些问题上形成的判断不同，所以他们会认肯不同的学说。

其次，解释 II 并不需依赖"合乎情理的学说是人类理性运用的结果"这个论题，也能解释为何这种分歧是合乎情理的。相反，它是允许各种学说基于各种根源产生的，允许它们以各种理性或非理性的方式表达它们对人类世界某些方面的看法，因此宗教学说不会因此而被排斥。重要的是，人们运用理性对自己、自己和他人、自己与世界做各种判断时，就会遭遇判断的负担，导致他们对各种学说是真确还是错误的判断也不一样，因而也会认肯不同的学说，所以造成合理多元的事实。❷而这种事实之所以是合理的，不是像解

---

❶ John Rawls, *PL*, p.59.
❷ Ibid., p.58. 罗尔斯谈道："各种宗教学说和哲学学说分别表达或一起表达了我们的世界观以及我们与他人关系的观点。我们每个个体的和联合体的观点、我们的种种理智相似性，以及我们的各种感情依附都太过多种多样，尤其是在自由社会里更是如此，以至于我们无法让这些学说作为永久而合乎情理的政治共识的基础。"

释Ⅰ所指出的那样——因为整全性学说是理性运用的结果,所以因遭遇理性负担形成了不同的学说,因此它们的分歧也是合理的。根据解释Ⅱ,这个多元事实是合理的,是因为人类在上述问题上做理性判断遭遇负担导致人们观点和判断的不同,进而他们会认肯不同的学说(不管这些学说是不是基于理性形成的),而不是根源于盲目、偏执和一己私利的考虑而聚集在某些学说之下,❶尽管"我们当然不否认偏见和偏向、自我与群体利益,以及盲目和任性,也在政治生活中发挥着它们各自为人们所熟悉的作用"。❷

所以,假设如纳斯鲍姆所言的那样,罗尔斯对合乎情理的整全性学说的理论性定义既不必要也不可欲,那么抛弃这些定义,解释Ⅰ会遭遇很大困难,但解释Ⅱ仍能存活下来发挥作用。这正是本小节论证希望得出的结论。

最后,我想指出解释Ⅱ是得到罗尔斯的文本的直接支持的。罗尔斯说,判断负担的后果就是,我们不能期待正直的个人充分运用其理性能力总能达到相同的判断,即使在经过自由讨论之后。❸因此,合乎情理的人们的不同判断,使得他们认肯不同的学说从而造就合理多元的事实。❹而最重要的"判断负担"的政治意义,它指出了这样一个环境,在这个环境里,"人们达成政治上的一致判断,尤其是有关各种整全性学说的一致判断变得极为困难"。❺这也就是导向中立性所需要的关键结论,没有任何一个整全性学说能够得到所有合乎情理公民的合理接受。"判断的负担"给人们在政治领

---

❶ John Rawls, *PL*, p.60.
❷ Ibid., p.58.
❸ Ibid., p.58.
❹ Ibid., p.60.
❺ Ibid., p.63. 着重号为本书作者所加。另可参考 John Rawls, *CP*, pp.395, 425, 430。

域能够合乎情理地向他人做出辩护的东西设定了限制。❶

另外，一个可能的反驳是：我们看到，"形成说"需要强调学说的形成是理性运用的结果，这对大多数宗教而言很难接受。但是，解释Ⅱ的"认肯说"，对宗教学说不是同样地敌对吗？如果有人提议人们总要基于充分的证据和有说服力的论证，才能认肯某宗教的话，这不是同样荒谬吗？我们要注意不要把罗尔斯这里说的理性运用理解得太狭隘，认为其必须是证据比较和逻辑论证的过程；罗尔斯强调的理性的运用还包括实践理性的运用，在认肯某些学说时，将这些学说的主张与人类生活的一些重要价值对比衡量、做出判断，这个认肯过程也可视为运用了人类理性。❷例如，即使在未来某一天我忽然顿悟了或看到了上帝之光，从而认肯了某宗教教义，信仰了这个宗教，这确实与理论理性没有什么关系；但我在认肯它的前后，明确或隐约地意识到这种宗教并没有教我去毁灭人类，或至少我不感觉信仰这种宗教定会严重妨碍或损害他人的利益，这确实涉及人类的实践理性的运用。

不过有人担心说：如果允许解释Ⅱ采纳这种对理性的"广义"的理解的话（也就是我所说的考虑"理论理性"与"实践理性"），那么只要允许解释Ⅰ也采纳这种广义的理解，那么解释Ⅰ实际上也和解释Ⅱ一样是合理的。❸在我看来，即使是采纳对理性的"广义"理解，应用到强调宗教学说如何"形成"的解释Ⅰ上去时，对宗教学说仍然要求过分；或者说理性的"广义"理解根本不能为解释Ⅰ所用。因为现时代的许多主要宗教，经历了历史漫长的发展过程才演变成今天这个样子。在它们形成之时，多数主要的宗教都是不宽

---

❶ John Rawls, *PL*, p.61.
❷ Ibid., p.56.
❸ 我感谢《政治思想史》杂志一位匿名编辑向我指出这一点。

容的，因此算不上运用了上述"实践理性"去考虑他人或异教徒的利益。它们信奉阿奎那的所谓"异端邪说是对灵魂的最严重腐蚀"的说法，对异教徒进行残酷的迫害。如罗尔斯所言，欧洲中世纪的宗教裁判所的出现并非偶然，直到所谓的梵蒂冈第二次会议之后，宗教宽容原则才逐渐被各大宗教接受，当然一开始是作为一种"临时协定"来接受。而今天"宽容"已经成为"合乎情理的"宗教必须满足的道德标准了。对理性的"广义"理解之所以能应用到解释Ⅱ却不能为解释Ⅰ所用，原因是解释Ⅰ强调的"形成"涉及的是历史事实问题，很多宗教的形成的确很难说与理性即使是"广义"的理性有关联。而解释Ⅱ着眼的是已被注入道德规范性的公民对现存于自由社会中各种学说（包括宗教学说）的"认肯"；在此，要求"广义"的理性的运用不仅可能而且必需。也正是因此，解释Ⅱ能够在不需对宗教学说进行纳斯鲍姆所谓的理论性定义的情况下，仍能保持罗尔斯所需要的"一般多元论"与"合乎情理的多元论"的区分。

4.1.4 不对称性指责

杰里米·沃尔德隆（Jeremy Waldron）在评论合理多元的事实和判断的负担时质问罗尔斯：假如说不能期望合乎情理的人们会在关于他们各自的整全性学说方面取得一致，那同样地"也可以预期合乎情理的人们在关于他们社会组织的基本条款和原则上会有根本性的分歧"。❶但罗尔斯在概述完判断的负担后，径直就将这种负担引入人们关于整全性学说的判断中，而对人们在基本正义问题上可达到的一致性抱有过于乐观的估计。这就是对罗尔斯的"合理分歧

---

❶ Jeremy Waldron, *Law and Disagreement* (Oxford: Clarendon Press, 1999), p.159.

的不对称性"的指责。桑德尔（Michael Sandel）更加尖锐地指出了罗尔斯在这个问题上的种种不对称性：如果说判断的负担导致了合乎情理的多元论的事实，那么为什么这种分歧只存在于人们持有的善观念间，在正义问题上却不存在呢？或者为什么人们关于善的分歧是原则性的，而在正义问题上却不存在原则分歧，若有分歧也只是关于原则应用方面的呢？政治自由主义似乎必须假定："人类在自由条件下运用理性不仅会产生在好生活观念方面的分歧，而且人类在自由条件下运用理性不会带来在正义观念方面的分歧。"❶

不对称性指责，如果真的成立的话，对政治自由主义的打击将是严重的。罗尔斯提出合理多元的事实以及判断负担的解释，是希望借此表明没有任何一个整全性学说能够取得公民合乎情理的同意，因此在政治领域要求国家权力强制推行任何一个特定的整全性学说这种完善论的举动，都是政治上不宽容的与不合乎情理的，也是得不到辩护的。现在的问题是，使得人们在整全性学说问题上产生分歧的因素，看起来也会同样适用于人们在正义的根本原则上的判断；如此一来，为何因人们在整全性学说上的分歧就禁止国家强力推行它，国家权力却能合法强制施行人们同样有分歧的正义原则？换言之，批评者认为以中立性标榜的政治自由主义反对完善论的理由是不自洽的。

作为回应，罗尔斯可以选择的余地不大。首先，他不能论证人们在根本正义问题上不会产生合乎情理的分歧。这既不符合事实（想想自由社会的公民们在言论自由、堕胎、税制、国家安全与个人权利等诸议题上的激烈争论），也与政治自由主义自身的主张相

---

❶ Michael Sandel, *Liberalism and the Limits of Justice*: 2nd Edition (Cambridge: Cambridge University Press, 1998), p.203.

矛盾：因为罗尔斯自己主张人类理性的自由运用必然会因遇上判断的负担而产生分歧，而公民对基本正义与宪政根本问题的思考推理必须依照理性进行，因此这里产生合理的分歧是一种理论的必然。其次，为了反对完善论，在承认人们也会在正义问题的理性判断中产生合理的分歧的前提下，罗尔斯既不能主张即使人们在某些根本价值原则、学说上存在分歧，国家权力也可以积极推行甚至强制实施它们，因为这样会正中（至少某些）完善论者的下怀；他也不能宣称只要人们在某些原则、学说上存在合理分歧，国家权力就不能强制施行它们，因为这会把政治自由主义拖向无政府主义的深渊。因此，罗尔斯似乎必须捍卫人们在"关于好生活观念学说上的分歧"与"在基本正义问题上的分歧"这两种分歧之间的确存在某种不对称性。

人们最熟悉的不对称解释便是：在自由民主社会里，关于处理重要的政治问题的实质性原则应是什么，公民虽然有分歧，但民主社会的公民们也许都会同意采纳一些形式性的规则和途径来处理（平等的民主投票与公正的司法裁决等）他们之间分歧；❶而在整全性学说方面的分歧，却没有被一致认可的解决办法和途径。但罗尔斯自己并不接受这种解释。首先，人们在形式原则或程序上的一致，并不足以解决人们最根本的政治分歧；如果人们在根本性的正义观念存在严重分歧，那么这些所谓程序共识也只不过是文字上的共识。其次，民主程序本身并不能解决它应该在什么议题上被运用或应何时被运用的问题。这些问题关乎少数派服从民主多数决结果的道德正当性问题，需要预先有一个实质性的政治正义观念来界定。所以把程序性规则看得比实质性的根本原则更优先、更重要，这是本末

---

❶ John Rawls, *TJ*, pp.50-51.

倒置的。❶但如果这种不对称解释缺陷太大以至于不能被政治自由主义接受的话，那么还有什么其他解释可以成功解释这种不对称性吗？

我认为是有的。让我们回到罗尔斯关于判断的负担导致合理多元的事实为何使得整全性学说不适宜作为国家权力强制施行的对象的解释的文本中，罗尔斯谈道：

> 给定合理多元的事实，那么在民主社会的公共文化中，一个能应用到各整全性学说的公共的和共享的辩护基础（public and shared basis of justification）是缺失的。但如果要以一种能为合乎情理的公众都可以接受的方式，去标明整全性信仰本身与真确的整全性信仰之间的差别，就需要这样一个基础。❷

罗尔斯的解释是这样的：a. 公共辩护论题：能够成为国家权力强制施行对象的原则学说，必须在一个共享的辩护基础上，以所有合乎情理公民都能接受的方式获得辩护；b. 基础缺失论题：不存在可以应用到诸种整全性学说上去的共享的辩护基础；由 a, b 得到结论 c：任一整全性学说都不能成为权力强制施行的对象。相对应地，在正义问题上，罗尔斯的想法应该是这样的：在民主社会的公共文化中，存在一个能应用到根本正义问题的公共的和共享的辩护基础。由此，我们看到，罗尔斯要捍卫的不对称性，并非合理分歧在人们的整全性学说间存在而在正义问题上不存在；如上所述，这种捍卫不仅与罗尔斯的主张矛盾而且也是不可能的。相反，罗尔斯承认在正义问题上人们也存

---

❶ John Rawls, *PL*, pp.164-166, lvii；以及 John Rawls, "The Idea of Public Reason Revisited," *The University of Chicago Law Review*, Vol.64, No.3 (Summer, 1997), p.798。

❷ John Rawls, *PL*, pp.60-61.

在合理分歧，❶但是存在一个能够使得这些分歧以可辩护的方式予以解决的基础，而同样的基础在合乎情理的整全性学说的分歧里却不存在。重要的是公共辩护基础的存在与缺失这种不对称性，而非合理分歧在好生活观念与正义观中存在或不存在这种不对称性。

但有什么理由去支持这种辩护基础存在与不存在的不对称性？罗尔斯认为在基本正义问题上，公民们之所以可以为其分歧的解决找到一个共享的基础，因为在自由民主社会的公共文化里，潜藏着一些为所有公民都共享的直觉性确信（如人生而平等、奴隶制是不正义的、宗教宽容等等）；这些直觉性确信中所包含和预示着的一些理念和观念，例如公民作为理性而又合乎情理、自由而又平等的"人观念"，社会作为公平合作的体系的观念等；❷一旦我们通过反思平衡给这些根本性理念以恰当的实质性解释，再辅以某些程序性设置（例如政治建构主义程序），我们就能对相互冲突的根本性的政治价值予以排序，使它们融贯地结合在一个体系里（以一个或一组正义原则的形式表达出来）。更重要的是，通过建构主义程序展示出来的这种价值排序，是每个合乎情理的公民都可以接受的，因而符合上述公共辩护的论题的要求并可以成为国家权力的强制对象。注意这里的"接受"是指人们作为理性而又合乎情理的、自由而又平等的公民可以接受（could

---

❶ 作为佐证，罗尔斯在《政治自由主义》第一讲第一节就提到了自由社会里人们在根本正义问题上的巨大分歧，集中体现在与洛克相联系的"现代人的自由"的传统和那种与卢梭相联系的强调"古代人的自由"的传统的冲突上："如果我们集中考察第一个基本问题，就会发现，过去两个世纪间民主思想的发展历程，使下述情况变得很清楚了：当今，人们对立宪民主的基本制度应该如何安排——如果这些制度要满足被视为自由而平等的公民间的公平合作项目的话——的方式，已没有任何一致看法。这一点已经在围绕如何使自由和平等的价值在公民权利与公民自由中得到最好的表达、以回答自由与平等的双重要求这一问题的各种深刻对峙的理念中表现出来。"参见 John Rawls, *PL*, pp.4-5.

❷ John Rawls, *PL*, pp.8-9.

accept）上述结论，而不是指他们必定（must）接受或将会（would）接受，也不是说公民间的分歧不存在了。在根本正义问题上，即使经过自由理性讨论，公民们之间的分歧可能仍然存在；但满足上述条件的那些原则或解决方案，是合乎情理的他们可以接受的，因此以国家权力为支持要求他们服从是道德上正当的。尽管他们仍然对此持有异议，但他们对此无法予以合乎情理地拒绝，推翻这样一个可以得到所有合乎情理公民接受的合作计划，这在道德上是不正当的。

而作为对比，对于整全性学说，却不存在任何"政治的理解"或"政治的观点"，根据这些观点或理解，我们可以统合这些普遍而又整全的学说，对它们做出全体公民都可以一致同意的排序或高下判断。❶ 存在于自由社会公共文化中的那些理念，不足以提供一个共享的基础，使得宗教、哲学、道德学说间关于道德本质、价值来源、人生终极关怀等问题上的分歧，能够以一种所有人都可以合乎情理地接受的方式予以解决，且也不存在另一些根本性理念能够发挥同样的功能。作为合乎情理的人，无神论者与虔诚的基督徒之间在上帝存不存在的问题上，找不到让他们都可以合理接受的方案，但他们都可以同意应该让人们享受信仰自由。信仰自由原则是所有合乎情理的公民都可以合理接受的原则，上帝存在或不存在却都不是。由于公共辩护是面向那些与我们有分歧的人，因此它必须"从讨论各方都视为共同的东西开始"❷，如果这种为各方共享的辩护基础及框架不存在，你个人确信为真的信念，从其他人的角度看来，也只是众多信念之一，这就是罗尔斯所谓无法表明"整全性信仰本身与真确的整全性信仰之间的差别"的意思。在此情况下，要求国家权力施行任一方的观点，"最终

---

❶ John Rawls, *CP*, pp.430, 425, n.6.

❷ John Rawls, *TJ*, p.508; *PL*, p.100; *CP*, p.389, n.2.

都会沦为不相容个人观点之间赤裸裸的对抗"。❶

以上就是罗尔斯对所谓"不对称性指责"做出的回应。当然这个回应成功与否很大程度上依赖于自由社会里的公共文化的确潜藏着那些具有根本重要性的直觉性确信,以及这些从公共文化的直觉性确信中阐发出来的、作为建构起点的政治性观念和理念,是否确实是所有合乎情理的公民共享的或者经过反思平衡后可以接受的。这个问题我们留待下一章的 5.2 节再详细讨论。

4.1.5 政治自由主义的宽容:高度与理由

罗尔斯提到,"这些判断的负担,对于一种民主宽容的理念而言具有首要意义"。❷因为"判断的负担"解释了存在于各种整全性学说间的分歧不仅是合理的而且也会长久存在,这不是人类世界的一个不幸的、迫切需要改变的状态,因而各种合乎情理的学说之间的相互宽容有其必要性和可能性。而且判断负担的存在,使得任何一个整全性学说都无法获得所有合乎情理公民的接受,因此国家强力推行任一的整全性学说,都不具道德的正当性。强制施行任一整全性学说都是对其他学说的不宽容,这是得不到辩护的,国家对所有合乎情理的整全性学说,均应持一种宽容的态度。在这里要注意,政治自由主义所主张的宽容达到了其他的自由主义所未达到的高度。❸在整全性自由主义(如康德、密尔的自由主义)或完善论的自由主义那里,宗教宽容、信仰自由尽管也是其基本原则之一,但是它们在辩护的起点上或追求的终极目标上,表达了对某些整全

---

❶ Thomas Nagel, "Moral Conflict and Political Legitimacy," pp.229, 232.

❷ John Rawls, *PL*, p.58.

❸ 纳斯鲍姆最近强调指出了这一点。参见 Martha Nussbaum, "Perfectionist Liberalism and Political Liberalism," p.21.

性观念的特殊偏爱。而政治自由主义，主张在所有合乎情理的整全性的好生活观念间保持中立；这是一种辩护根据上的中立，它对正义原则的论证不需预设任何整全性的观念，当然也不否定和攻击任何合乎情理的整全性观念。而其持守的义务论立场，也使它摆脱了以某些特殊的整全性观念为最高政治目标的完善论立场。这正是罗尔斯通过认识论的禁制或回避的方法（method of avoidance）把"宽容应用到哲学本身"❶所要表达的意思。

但正如伯林在检视其价值多元论与自由主义的关系时承认的那样，价值多元论与自由主义及其宽容的理念，都没有概念上或逻辑上的必然联系。❷那么同样地对罗尔斯而言，若想直接从合理多元的事实中推导出自由主义的宽容理念，可能会被认为犯了"自然主义的谬误"。❸在这里，必须借助其他的一些东西来提供宽容的理由，才能跨越这事实与规范主张间的鸿沟。苏珊·门德斯（Susan Mendus）认为罗尔斯采纳了和洛克在《论宗教宽容的信札》中一样的理由。❹关于洛克提出的宗教宽容的理由，沃尔德隆的一篇文章❺提供了最经典的解释：洛克认为，把自认为真确的宗教信念通过政治手段强加给其他人，这是非理性（irrational）的做法。因为政治手段与宗教目的之间存在着不可逾越的鸿沟。

---

❶ John Rawls, *CP*, p.388, 395.

❷ Isaiah Berlin and Beata Polanowska-Sygulska, *Unfinished Dialogue* (Amherst, NY: Prometheus Books, 2006), pp.81-84, 213；以及 Isaiah Berlin and Bernard Williams, "Pluralism and liberalism: A reply," *Political Studies*, Vol.42 (1994), pp.306-309。

❸ G. E.Moore, *Principia Ethica* (Cambridge: Cambridge University Press, 1993), pp.55-68.

❹ Susan Mendus, *Impartiality in Moral and Political Philosophy* (Oxford: Oxford University Press, 2002), p.41.

❺ Jeremy Waldron, "Locke, Toleration, and the Rationality of Persecution," in *John Locke: A Letter Concerning Toleration in Focus*, eds. John Horton and Susan Mendus (London: Routledge, 1991), pp.98-124.

理由在于洛克的两个认识论命题，a. 政治强制的外力只能作用于人的意志，它通过威胁施以惩罚性后果来迫使人们改变决策程序，从而顺从强力施加者的意志；然而，b. 信念不归人的意志管辖，人们不能计划相信或决定相信某些东西（plan or decide to believe）。因此，当不宽容的压迫者在把自己的宗教信仰通过政治手段强加给其他异教徒时，他们是在从事一件非理性的行为。之所以说是非理性的，因为行为者选取的手段永远达不到其目的。❶沃尔德隆观察到，洛克在这里对宽容的论证有两个重大缺陷：首先，洛克只论证了不宽容的政治强制是非理性的，而没有论证表明它是道德上不正当的；因此洛克的论证并没有排除一个令人不安的结论：一旦我们找到更好的手段❷来改变一个人的信念，不宽容的强制就变成了理性的行为，那么它就可以施行了？其次，洛克的不应该不宽容的论证，关注的似乎是强制者的利益，也就是告诫强制者，当从事以政治手段强制其他人的信仰时，他们在从事一种非理性行为。在洛克那里，我们看不到对被强制者道德地位和处境的考虑，也没有看到洛克的宽容论证说我们应该珍视个人信仰自由，或信仰多元的合理性等。❸

如前所述，由于罗尔斯在论证政治自由主义的宽容时，采用了认识论的禁制或避免的方法把"宽容应用到哲学本身"，苏珊·门德斯因此认为，和洛克一样，罗尔斯的——

---

❶ Jeremy Waldron, "Locke, Toleration, and the Rationality of Persecution," pp.103-105.

❷ 正如沃尔德隆指出的那样，尽管我们可以承认政治强力无法直接作用于一个人的信念，但政治强力可以通过操控和改变那些影响人们信念形成的根源或环境来间接地强制一个人的信念。参见 Jeremy Waldron, "Locke, Toleration, and the Rationality of Persecution," pp.116-117. 20世纪极权主义的意识形态控制的成功实践，证明了这一点。

❸ Ibid., p.120.

> 认识论的禁制其实也是一个认知的立场，它不能把对宽容的捍卫论证为正义的一个要求……认识论仅仅且至多向我们表明：为什么一个特定的强制政策是无效（ineffective）或非理性（irrational）的；它不能向我们表明这是道德上错误的。❶

尽管苏珊·门德斯没有详细解释，但她认为罗尔斯的认识论的禁制可以类比洛克的强制非理性的理由似乎是这样的：因为人们无法在关于整全性学说的判断上取得一致这个的多元论的事实是人类理性自由运用的结果，因此国家权力强制推行任何一整全性学说都是有悖于理性或反理性的举动，这正好和洛克的说法是一致的：政治上不宽容的强制者的行为是不理性的。如果这就是罗尔斯要求政治上宽容的理由，那么这种理由也不是道德上的理由。

但这个类比有多大程度的合理性？在我看来，这个类比如果不能说一点道理都没有的话，但至少是没有反映罗尔斯反对不宽容的理由的全貌，更重要的是误解了这个理由的性质。首先，这个类比并没有全错，罗尔斯其实可以同意，国家权力强制推行任何一整全性学说都是有悖于理性或不理性的举动，因为在罗尔斯看来，那些试图用强力改变合理多元事实的人，其实是把"人类理性自由运用本身看作一种灾难"，❷并追求一种人类的非理性状态。第二，在这个类比中，洛克所言的不理性（irrational），只是手段目的推理的工具理性（instrumental reason）；而罗尔斯所言的非理性（unreason）❸中的"理性"，比这种工具理性的理解要广得多：❹它不仅包括理论

---

❶ Susan Mendus, *Impartiality in Moral and Political Philosophy*, p.41.

❷ John Rawls, *PL*, p.xxvi.

❸ Ibid., pp.144,171.

❹ Ibid., p.56.

理性，还包括实践理性，实践理性中又包括 a. 理性（rationality），这里的"理性"除了和洛克所说对应的工具理性之外，还包括深谋远虑的合理性（prudential rationality）（从长远观点来整合自己的生活计划）。❶当然，上述种种的"理性"都没有太多的道德含义，因此即使罗尔斯所言的理性的含义比洛克的要广，但也并未产生实质性区别。不过我们要注意，罗尔斯所言的实践理性中包括的 b. 合情理性（reasonableness），却是有道德内涵的。❷这就是我要评论的第三点：罗尔斯在行文中很少把不宽容的人称为不理性（irrational）的，而是说他们是不合乎情理的（unreasonable）。❸合乎情理的人，珍视社会公平合作并愿意和其他人一道从事这种合作；而合情理性这个观念的内容，是来自一种"民主公民的政治理想"。❹说不宽容其他人持有的合乎情理的整全性学说是不合乎情理的，是因为在一个自由民主社会里，我们将彼此设想为自由而又平等的公民，而人实践理性的两个重要方面：成为理性的人的能力和成为合乎情理的人的能力，对于人们成为自由平等的、适合参与社会平等合作的公民而言是构成性的；既然合理多元的事实是人类实践理性（以及理论理性），也即自由平等公民两种道德能力自由运用的结果，那么尊重这种结果，宽容其他人合乎情理的学说，就是表达对自由平等的公民的尊重。

我们看到，罗尔斯并没有止步于洛克为宽容提供的理由，在罗尔斯那里，宽容的理由来自一种对平等公民的尊重的观念，这毫无疑问是一个道德的理由。在提出这个理由的论证中，罗尔斯对约

---

❶ John Rawls, *TJ*, pp.358-372; *PL*, pp.50-51.

❷ John Rawls, *PL*, p.49.

❸ Ibid., pp.60, 61.

❹ Ibid., p.62.

翰·格雷（John Gray）发起的所谓多元论与自由主义在概念、逻辑上有关还是无关的讨论不感兴趣。❶因为在罗尔斯看来，政治哲学是实践的，其"目的取决于它所需要面对的社会"，❷如果自由社会的公民将彼此设想为自由平等的是符合我们的政治传统与道德反思的，如果合理多元的事实是人类理性在自由制度下必然的结果，那么宽容其他平等公民的合理的观点、从而表达对其他平等公民的尊重，这是自由民主社会里实现自由平等的公民的理想的必然要求。❸

综上所述，从整个 4.1 节的分析中我们可以看到：判断负担的解释能够在避免承诺一种怀疑主义以及价值多元论立场的情况下，解释合理多元的事实是如何出现的；并且经过一些合理的解释后，它也能为大多数合乎情理的宗教学说所接受。而罗尔斯的理论是一种以实践理性观念为基础的理论，它所承诺的对自由平等公民尊重的理念，使得它能够从合理多元的事实中导出政治宽容的要求。而所有这些，为政治自由主义的政治宽容及中立原则奠定了基础，并使得采纳政治建构主义这种方法来开出正义原则成为必要。

4.2 理解政治建构主义

4.2.1 元伦理学背景下的道德实在论与建构主义

是否存在客观的道德事实，道德命题是否有真值，道德知识究

---

❶ John Gray, "Where Liberals and Pluralists Part Company," In M. Baghramian and A. Ingram (eds.) *Pluralism: The Philosophy and Politics of Diversity* (New York: Routledge, 2000), pp. 85-102; 以及 John Gray, *Isaiah Berlin* (Princeton, NJ: Princeton University Press,1996)。

❷ John Rawls, *CP*, p.421.

❸ 当然，越出自由社会之外，自由主义对其他正派但非自由人民的宽容的道德理由又在哪里？可参见拙文："自由主义的宽容：内与外"，《外国哲学》，第 21 辑，商务印书馆 2012 年。

竟能不能为我们所知？这涉及元伦理学里的道德虚无主义、怀疑论、道德主观主义与道德客观主义、认知主义与非认知主义的持久争论。各种各样的道德虚无主义、怀疑主义与主观主义都在某一方面挑战着道德的客观性和普遍性。而人们一般都认为，道德应该在某种程度上具有客观性，这对我们理解道德本质和提出道德评价而言是必要的。因此，我们必须提出一些理论来表明这一点。道德实在论与伦理学中的建构主义（constructivism in Ethics），在某种意义上都可以看作在回应上述对道德的客观性的种种质疑。道德实在论回应虚无主义和怀疑主义的基本思想是：我们在道德领域的探究，如果可以像自然科学探究那样在人类世界中发现一些道德事实（不管是自然的事实还是超自然的事实），它们的存在是独立于人们的主观意识的，那么在这个意义上它就是客观的。人们凭借某种机能可以认识这些事实，这种认识可对可错，但并不妨碍道德事实或道德真理的性质或地位是客观的。这样一来，就能够回应虚无主义或非认知主义者对道德客观性的挑战。然而，这种通过设定独立的客观道德事实的回应方式，引致许多问题。其中一个重要的批评来自约翰·麦基（John Mackie）：他认为实在论者对道德事实的论证是一种"怪异性论证"：首先，道德事实在形而上学上是怪异的，一方面它是独立于我们存在的客观事实；另一方面它又要求我们的认可，并且能激发我们的动机，这是怪异的。其次，认识论上也是怪异的，它必须通过特殊的直觉才可以把握。❶麦基的论证直指道德实在论的两方面困难：1. 对客观的道德事实的认识，要求一种特殊的知觉能力，仿佛人们看到自然性质便知晓其道德价值；2. 客观的道德事实如何能独立于人们的意识而客观存在，同时又能激发人

---

❶ J. L. Mackie, *Ethics: Inventing Right and Wrong* (New York: Penguin Books, 1977), pp.38-42.

们的动机？

建构主义分享道德实在论驳斥道德虚无主义的抱负，同样认为存在着客观的道德原则。但建构主义认为道德的原则并非独立于人们意识的自然或超自然事实，而是认为道德原则从某种**实践性观点**（practical point of view）或罗尔斯所谓的社会性观点（social point of view）[1]出发，通过运用实践理性进行正确推理建构出来的。所谓的实践性观点，就是行动者在实践事务中用于作规范性判断的那些观点。建构理论家们对此有不同设定，但都力图使此观点一方面独立于各个个体的特殊视角，但另一方面又不能是完全先于或独立人类的视角的，以便保证此观点的规范性和实践性。一旦我们能设立某些检验程序，它可以体现相关的实践观点的所有要求；那么道德理由、道德原则是真确、客观或合理的，当且仅当它们可以通过那个程序的检验。与道德实在论不同，建构主义的程序不是去追踪（tracking）或表征（representing）某些独立存在的道德事实。相反，它认为，哪些事实是相关的、哪些事实可以作为规范的理由是由程序本身来界定的。除了由该程序界定的道德理由和道德事实外，不存在所谓独立的道德理由和道德事实。这当然并不是说在道德或正义原则建构出来之前，不存在一些我们现在称之为"正义和不正义"的自然事实和实例，比如我们可以在社会学意义上描述如下事实：一些人把另一些人当作牲口一样的劳动工具来使用，无偿占有他们的劳动成果的事实（蓄奴的事实）。蓄奴的事实当然不是建构出来的，如果是那就很古怪。但"一些人把另一些人当作牲口一样的劳动工具来使用，无偿占有他们的劳动成果"这个事实是反对奴隶制的相关的规范理由，却是由建构程序来界定的。正是凭借这种

---

[1] John Rawls, *CP*, p.307.

对客观性、道德理由和道德事实的建构性说明，建构主义回应了对道德客观性的挑战，并且也有能力合理地解释了人们服从道德的动机问题。因为一般而言它会把这些道德理由或要求说成理想条件下这些人都可以合理同意或无法合乎情理地拒绝的。当然，这种建构主义对人们的动机要求是否过高，取决于他们理想条件的设定的状况。小结一下，伦理中一般而论的建构主义的结构和工作过程可以简明扼要地用如下图 1 来表示：❶

图 1

另外要注意一点，伦理学中的建构主义会因其建构的范围或深度的不同而有所差异。有某些有限的建构是为某一个特定的论域或主题发起的，如在罗尔斯那里，建构出来的原则目的只是应用于社会基本结构的正义原则。因此，他在界定那个实践观点时，可以援引一些本身就是规范性的道德观念和理念（如下面会提到的自由平等的公民理念、公平合作的社会理念、合情理性的理念），这些作为原材料的规范观念和理念不是建构出来的，而是设定的；❷这一点我们下面还会详述。而在某些理论家，建构的工作是在一个更高更深的层次上展开的：如一些新康德主义者认为，规范性理由本身

---

❶ 感谢徐向东教授提醒我，要对伦理学中一般而论的建构主义做一交代，以便为后文分析罗尔斯的政治建构主义做好准备。

❷ John Rawls, *PL*, p.104.

甚至实践理性本身也是被建构出来。❶

4.2.2　从康德式的道德建构主义到政治建构主义

4.2.2.1　康德式的道德建构主义

由于罗尔斯的建构主义思想主要来自康德，我们先要简要了解一下康德的建构主义，以及罗尔斯对它的诠释。在1983年的约翰·霍普金斯大学关于康德道德哲学的讲演中，罗尔斯以"康德道德哲学的诸主题"为题，对康德的道德哲学何种意义上可以看作一种道德建构主义做出了解释。❷在康德那里，道德价值和道德原则既不来自如理性直觉主义所认为的独立的先定秩序，也不取决于如休谟主义者所言的人类的心理事实，而是实践理性活动自身的产物。这是一种对道德价值性质与来源的主张，体现的是康德的道德自律的理想。然而，我们怎样从"道德秩序来自实践理性活动自身"这个抽象的思想得出那些客观普遍的道德原则？答案是通过定言命令程序。作为一种建构程序的绝对命令，正是对康德"人作为理性的而又合乎情理的人"这个思想的程序性诠释。注意，这个程序本身不是被建构出来的，而是被设定（laid out）出来的，但这种设定体现了实践理性（包括合情理性［reasonableness］与理性［rationality］）的所有相关的要求。这种要求的基础当然就是康德的人的观念——人作为既是合乎情理的又是理性的道德人。而一旦这个程序能够恰当地设定（康德之所以认为我们能够恰当地设定这个

---

❶ 分别参见 Christine M. Korsgaard, "Realism and Constructivism in Twentieth-Century Moral Philosophy," in her *The Constitution of Agency: Essays on Practical Reason and Moral Psychology* (Oxford: Oxford University Press, 2008), p.324；以及 Onora O'Neill, *Toward Justice and Virtue* (Cambridge: Cambridge University Press, 1996)。

❷ John Rawls, *CP*, pp.510-516.

程序，因为人都能够理解实践理性的要求，这是一个理性的事实[the fact of reason]）。而能够通过这个程序检验的特殊的定言命令的总体（道德正当与政治正义的各种原则），就可以看作由这个程序建构出来的。

在《道德理论中的康德式建构主义》❶这篇长文中，罗尔斯对他在《正义论》中发展出来的"作为公平的正义"做了一个康德式的建构主义的解释。原初状态的设定体现了实践理性的相关要求：原初状态只关注它所代表的人的利益而且代表之间的相互冷淡，体现了理性的要求。而无知之幕的设定，体现了有道德内涵的合情理性的要求。通过这样的程序建构出来的正义原则，可以看作理性而又合乎情理、自由而又平等的公民在政治生活中的自我立法。当然，有许多理论家怀疑，康德对绝对命令的说明，与罗尔斯对它的建构主义的解释并不完全符合。例如，绝对命令程序只是消极地排除那些不能通过测试的原则，它本身并没有产生或"建构"任何道德原则。不仅如此，绝对命令程序对进入其中的人们施加的限制比原初状态少得多，而且绝对命令程序也没有使用假设的理性选择或契约协议这样的东西。❷但是要注意，罗尔斯提到"康德的道德契约的本质特征是：关于正当与正义的首要原则可以看作由建构程序（定言命令程序）来制定的，这种程序的形式和结构反映着（mirror）作为理性的和合乎情理的自由的道德人格"。❸在这里，罗尔斯强调：理解康德的道德契约主义，不是要关注程序设定的具体细节，

---

❶ John Rawls, *CP.*, pp.303-358.

❷ 这些观点可参考 Larry Krasnoff, "How Kantian is Constructivism?" *Kant-Studien*, Vol.90 (1999), pp.385-409. 以及 Onora O'Neill, *Constructions of Reason* (Cambridge: Cambridge University Press,1989), pp.206-233。

❸ John Rawls, *CP*, pp.512, 304.

重要的是理解道德原则、建构程序和康德的"人观念"这三者的关系，它们如何结合和相互作用使得我们能够从联合纯粹实践理性和经验的实践理性的实践推理中，得到一个作为自由理念的道德法则的。或更简单明了地讲，康德式建构主义的特质在于：通过建构程序把特定的正当或正义原则与一种特殊的"人观念"（conception of person）联系起来。❶在罗尔斯的对"作为公平的正义"康德式的建构主义的解释中，原初状态的种种设置，是根据公民作为自由而又平等、理性而又合乎情理的"人观念"，以及社会作为一个世代相继的公平合作体系的社会观念，以及正义原则的社会角色——"使得社会的共享的制度和基本安排对所有社会成员而言都是相互可接受的"❷——来决定的；而"作为公平的正义"的正义两原则，可以看作原初状态下理性的公民代表在体现相关道德要求的条件下共同协约出来的结果。它不是从外部强加给一个社会公民的，也不是屈服于现实状况得出来的临时协定；相反，它是自由平等公民自主选择，彼此同意并因而视为正当的、客观的正义原则。正是在这个意义上，罗尔斯说"作为公平的正义"体现了一种康德式的建构主义的观念。

4.2.2.2 建构主义是怎样成为"政治"的

我们提到过，正义的社会角色是希望提供一个所有合乎情理的公民进行政治讨论时都能够接受的公共基础。而合理多元事实的存在表明，没有任何一个整全性的学说能够充当这个角色，罗尔斯的建构主义正是希望从一个公共视角（它其实就是我们在上一节提到过的"实践观点"）出发，建构一个能够独立于各种合乎情理的整

---

❶ John Rawls, *CP*, pp.306-308, 336, 513, 515.
❷ Ibid., p.305.

全性学说又能为所有合乎情理公民接受的正义原则。但依据上面的说明，道德建构主义，或更特定地讲，罗尔斯所认肯的康德式的道德建构主义，它本身就是一个关于道德本质和来源的学说：如在康德的建构主义那里，它主张道德来自实践理性本身，或者说是实践理性的产物，除此之外，道德没有其他来源。这种说法，不仅与建构主义针锋相对的道德实在论者不能同意，而且建构主义家族中的非康德主义的其他学说也不能同意。很明显，康德的道德建构主义是一个有争议的道德学说，由它建构出来的正义原则，即使结论为自由主义社会大多数公民所熟悉，但其原则的辩护根据仍然是充满争议的。认肯不同的整全性学说的公民，他们对道德秩序和道德价值的来源有自己的解释，而这种解释对他们所认肯的整全性学说而言是构成性的。例如许多宗教信徒认为道德秩序来源于上帝而非人类的理性，更不用指望他们会同意康德，说理性是道德秩序的唯一根源。因此，以一种道德建构主义建构正义原则，是违反政治自由主义辩护的中立立场和尊重自由平等的公民的道德承诺的。

罗尔斯在所谓"政治性转向"（political turn）的过程中，既观察到自由社会里存在的合理多元的事实，使得依照康德的道德建构主义观念来理解的"作为公平的正义"无法担当起正义的社会角色；但他又观察到建构主义这种辩护方法的确具有许多优点，比如能够对道德客观性作比较合理的解释、能够清晰体现原则与某种道德人或政治人的观念、理想的联系等。因此，在《政治自由主义》当中，罗尔斯修改了康德式的建构主义的一些关键设定，使得它在保留上述优点的同时又能够回应合理多元的事实，罗尔斯将之称为政治建构主义。政治建构主义相对比康德的道德建构主义，主要作了两个关键的调整。

第一，政治建构主义的建构过程所要利用的"人观念"（conception

of person），依然保留了取自康德道德哲学和政治哲学（或说康德的法权论）中对人作为自由、平等、理性而又合乎情理的人的界定，❶但抛弃了这种说明的康德的先验观念论的基础（如康德哲学的一些基本要素：善意志理论，道德自主性，本体自我与现象自我的划分等）❷，而是将之说成是潜藏于自由社会公共文化里的，为所有合乎情理的公民们共享的实践理性的观念。罗尔斯认为，在康德的建构主义那里，说人是理性的（rational），是因为他们具有理性能动性能够去形成、追求自己的生活，主要体现在定言命令检验程序的第一步：一个假言命令，为了追求 Y，我将在环境 C 下做 X。❸说人是合乎情理的（reasonable），是因为他们有纯粹实践兴趣去考虑他们的行动准则是否能够通过那个定言命令程序的检验。对应地就有康德政治哲学中对自由的定义和规定："自由"意味着每个人都有权利追求自己的生活，❹任何人的外在自由应与其他人的自由能够按照一条普遍的自由法则共存于这个共同的世界。❺说人是"平等"的，就是说每个人作为公共律法的客体，具有平等地对其他所有人的强制性权利。❻罗尔斯在《政治自由主义》中对公民作为理性而又合乎情理的、自由平等的人的说明，基本保留了上述要素：

---

❶ 文本上的证据就是，从对康德的道德建构主义作出说明的《康德道德哲学的诸主题》，到给予"作为公平的正义"康德式的契约主义诠释的《道德理论中的康德式的建构主义》，以及完成政治转向提出"政治建构正义"的《政治自由主义》，罗尔斯始终保留着"作为自由平等、理性而又合乎情理的"的"人观念"，并且经常同时并列地使用它们，"we view citizen as reasonable and rational，as well as free and equal..."参见 John Rawls, *CP*, pp.306, 514; 以及 *PL*, p.136, Cf. pp.103, 126, 144, 381。

❷ John Rawls, *PL*, p.100; *CP*, p.513.

❸ John Rawls, *CP*, pp.499, 515.

❹ Immanuel Kant, *Practical Philosophy*, Translated and edited by Mary Gregor (Cambridge: Cambridge University Press, 1996), 8:290.

❺ Ibid., 6:231.

❻ Ibid., 8:291.

如理性的人能够形成和追求其善观念，合乎情理的人能够根据正义的原则修正自己的善观念；❶自由的公民，在自己拥有追求善观念能力同时亦能设想其他人也一样拥有这种能力，并且能够将他们自己视为各种有效主张的自证之源（self-authenticating sources）。❷公民是平等的，因为在正义的根本规则面前，他们都是社会合作的平等参与者。❸尽管康德对"人观念"的一些基本说明得以保留，但罗尔斯断然地与康德的这些观念的形而上学或道德哲学的基础划清了界线。❹在《政治自由主义》里，这种"人观念"被称为政治性的"人观念"（political conception of person），它不是对人的本质（nature）的主张，而只是为了建构出适合作为我们从事公平社会合作的根本规则这个政治目的而采纳的。它也不再是康德的道德人的观念，而只是说这个观念是作为一个民主社会的公民，基于上述政治目的反思我们自身、在考虑应将自己视为什么样的人时采纳的政治人的观念。至于这个

---

❶ John Rawls, *PL*, pp.48-54.
❷ "成为自己主张的自证之源"，就是每个人在社会制度如何设计、利益如何分配上，仅仅凭借他们是公民这个身份而不需任何其他东西就拥有主张权；自由的这个要素，相信罗尔斯取自康德对人作为独立的人的说明，也就是作为国家的一员，每个人都是共同的立法者；所以罗尔斯将自由的这个要素称为"作为独立的自由"（freedom as independence）。参见 Immanuel Kant, *Practical Philosophy*, 8:294。
❸ John Rawls, *PL*, pp.29-35；以及 *CP*, pp.328-333。
❹ Thomas Pogge 在这一点上批评罗尔斯，认为他错误地把康德的法权论看作是一种与康德的形而上学或道德学说相连的整全性学说。Pogge 认为，体现康德自由主义主张的法权论部分，其实可以与康德的道德理论部分分开而自立的，康德"意在表明那些接受他的道德哲学的人也必须接受他的法权论。但这并不意味着他还试图表明：任何接受他的法权论的人必须接受他的道德哲学"。参见 Thomas W. Pogge, "Is Kant's Rechtslehre Comprehensive?" *Southern Journal of Philosophy*, Vol.36, Issue S1 (Spring 1998), p.175. 考察 Pogge 的主张超出了本书的范围，但即使 Pogge 的观点是合理的，我也不认为这构成了对罗尔斯的一个批评。因为根据我的上述解释，罗尔斯采取的策略，正是 Pogge 所主张的：可以在不承诺康德形而上的道德理论的前提下，保留康德在政治哲学部分对自由、平等、理性与合情理性的实质说明。

政治性人观念的起源或来源，罗尔斯认为它作为一种实践理性的观念，是潜藏于民主社会的公共实践中的，为所有公民共享的；它不预设包括康德的学说在内的任何形而上学的、道德的和宗教学说，但又能够与所有的合乎情理的学说相容。

第二个调整：政治建构主义强调，正义原则的内容可以被表征为（be represented as...）一种建构程序的结果，但政治建构主义并没有宣称此建构程序制造（makes）或产生（produces）了这些道德或政治原则。我们知道，在康德那里，（反映在定言命令程序中的）的实践理性活动对道德秩序而言是构成性的，这是一种有关道德和价值秩序来源（source）或地位（status）的主张，它与许多认肯其他合乎情理的整全性学说的公民对于道德或价值秩序的来源的看法处于激烈的冲突中。政治建构主义在道德或价值秩序的来源或地位这个问题上保持沉默，以便能和各种合乎情理的整全性学说相容。它所主张的只是：作为民主社会中自由而又平等的公民，当我们在合理多元的背景下思考决定采取什么原则来规范我们世代相继的公平的社会合作事业时，从一些我们共享的实践观念（包括上述"人观念"与社会观念）出发，并遵循实践理性原则（包括理性的原则和合乎情理的原则）的一般要求的前提下，通过政治建构程序对我们政治生活中的种种重要价值进行排序以便得到一个相互融洽的政治价值秩序，并以正义原则的形式表达出来。在这个公共思考过程中，我们可以运用政治建构主义的程序设置，来塑造（model）上述实践观念以及实践理性原则的要求，以便通过某种决策程序（如原初状态里公民代表的决策）来决定那些重要但又在某种程度上是相互冲突的政治价值应该如何排序的问题；一旦我们关于正义问题深思熟虑的判断（considered judgments）与某个正义原则所表达的政治价值的排序达到了普遍而又广泛的反思平衡，那么我们就可以说，政治

第4章 公共视角的确立与正义原则的建构　**143**

建构主义的建构结果所展示（display）或所表征（represent）的那种合乎情理的政治价值秩序，是作为自由平等的公民都可以合乎情理地接受的，并将它们作为他们的自由社会的正义原则。即使我作为一个基督教徒认为道德秩序或政治秩序是上帝创造的，或你是一个康德主义者认为纯粹理性是道德秩序的唯一根源；但无论如何，你与我都可以承认如此合理设定政治建构主义的确是反映、展示或呈现了一个合理的政治价值排序，尽管不同的人会把这种秩序的根源归于上帝、理性或如道德实在论者认为的道德事实等。

通过这两个主要的调整后，罗尔斯认为他就可以尝试在公共政治领域使用一种建构主义的方法，把可作为自由多元社会公共政治辩护基础的正义原则开出来。

4.2.3 作为一种辩护方法的政治建构主义

4.2.3.1 政治建构主义建构正义原则的工作过程与实质

原则建构工作的首要任务，是要确定我们希望它服务于什么样的目的或要扮演什么样的角色。在《正义论》中，罗尔斯认为正义的作用或角色（role），是通过正义的概念（concept）反映出来的：[1]正义就是"提供一种在社会的基本制度中分配权利和义务的

---

[1] 克里斯汀·科斯伽德（Christine Korsgaard）认为，正是这一点构成了建构主义与实在论的重大区别。实在论者认为道德概念是追踪（tracks）道德事实，在道德上为善的行为那里存在一些可被认识的道德事实，我们掌握这些道德知识后，道德行动就变成了一个知识应用的过程。问题是，实在论并没有告诉我们：当我们行动时，为什么应用这些知识是道德应该做的或是一种道德义务。而在建构主义那里，稀薄的道德概念（concept）是用来标示实践问题的，而相应地更为厚实的道德观念（conceptions），就是上述问题的解决办法。一旦你认可上述问题是你需要面对、予以解决的问题，且某种观念提供的解决方法是最合理的或最好的，那么这个解决方法就是对你有约束力的，这就是建构主义对规范性和客观性的说明。所以，实践哲学的任务，就是研究如何从描述问题的稀薄的概念出发，得到解决这个问题的厚实的观念。

办法,确定了社会合作的利益和负担的恰当分配"。❶而在代表"政治转向"的一系列论文及《政治自由主义》当中,罗尔斯讨论正义观念的角色时措辞有一点变化,他强调的是社会角色(social role)与实践任务(practical task):"一个正义观念的社会角色就是:界定那些被公共地确认为充分的理由,凭借这些理由,社会所有成员相互之间可以表明他们共享的制度和基本安排是他们可接受的。"❷简单地说,正义观念的"社会角色"就是社会合作中引导公民们在基本正义问题上的实践推理,以及为他们就政治规则、议题彼此作辩护提供一个公共基础(public basics of justification)。在确定正义观念的角色的同时,根据这种观念将要确立的社会合作实践也有了一个初步的规范性的目标:如这种实践对参与该实践的人而言必须是有辩护的、其制度和基本安排是人们可接受的。当然,这远不是一个实质性的规定,因为如何设想参与实践的人,什么可算作"可接受",等等,都有待下面步骤的进一步规定。

第二步,建构过程要得以开始,必须具备一些建构由之出发的东西,或者打个比方说,必须准备好一些原始材料。这项工作其实

(接上页)一旦我们回想起罗尔斯在《正义论》的开篇谈到正义的概念(concept of justice)和正义的观念(conception of justice)的区分,科斯伽德这个解释对罗尔斯的思想而言就并不陌生。参见 Christine M. Korsgaard, "Realism and Constructivism in Twentieth-Century Moral Philosophy," in her *The Constitution of Agency: Essays on Practical Reason and Moral Psychology* (Oxford: Oxford University Press, 2008), pp.315-326。

科斯伽德在此只是简略提到了建构主义的道德概念与观念可以理解为标示问题与解决问题,有两篇文章发展了科斯伽德的这个思想,用来解释建构主义如何具体地体现上述理解,参见 Steven Ross, "The End of Moral Realism?" *Acta Analytica*, Vol.24, No.1 (2009), pp.43-61; 以及 Michael Buckley, "The Structure of Justification in Political Constructivism," *Metaphilosophy*, Vol.41, No.5 (October 2010), pp.669-689。我在此处的理解,极大得益于三人的思考和论述。

❶ John Rawls, *TJ*, p.4.
❷ John Rawls, *CP*, pp.305, 330, 347, 426-427; *PL*, pp.368, 38, 100.

就是设立我们在 4.2 节提到的那种实践的观点，或者用与我们论证相关的术语来说，就是确立一个公共的视角。如前所述，实践观点或公共视角，其实就是对相关行动者的处境和特征的刻画；在《政治自由主义》里，罗尔斯是以对两个实践理性的观念和实践推理的原则的说明来完成这项工作的。与政治建构主义在政治领域建构正义原则相关的行动者，当然就是公民。罗尔斯将他们看作理性而又合乎情理的、自由而平等的公民；这就是政治建构主义所使用的关于人的观念（conception of person）。另一个实践理性的观念是一种社会的观念（conception of society），即社会作为一个公平合作体系的观念。罗尔斯认为它们是从潜在于自由民主社会的公共实践和公共文化当中的直觉性确信中阐发出来的政治性观念，但它们都不是一些描述意义上的观念，而是经过反思、诠释而具备道德内涵的规范性观念。而我们进行此种反思和诠释的依据，就是第一步所确定的那个实践目的。根据这种实践目的，对这些该社会公共文化中的一些直觉性信念进行一种道德化的诠释，从中提炼出用于建构实践规则的实践理性的观念与理念。当然这种诠释不能是建构者可以随心所欲地进行的，它必须能够反映我们要确立的实践的意义重大的方面，并使得一种实践中尽可能多的规范性要素能根据这种诠释而获得系统的理解。

上述两个实践理性的观念刻画了相关行动者的特征和处境，但是建构过程的实践推理要得以进行，还要设定实践推理的原则（the principle of practical reason）。也就是罗尔斯所谓的理性（rationality）原则以及合情理性（reasonableness）原则。在罗尔斯这里，"理性"用来修饰人时，一般指人形成、修正和追求自己的个人利益、好生活观念这个方面。这里的"理性"我们可以从工具论（instrumental）意义上理解，即采纳有效手段达成目的；或从深谋远虑的（prudential）的意义来理解，即从长远观点来整合自己的生活计划，对结果作有根据的估计，分清轻重缓急，有步骤有计划地实现各种目的。而"合情理性"在罗尔斯这里是个有道德内涵的理念，用来修饰人时，指这个人有意愿提出公平合作条款以及和其他人有同样意愿的人一起进行公平社会合作之意；说"合情理性"具有道德内涵，因为它是一个面向公共世界和处理主体间关系的理念，大体意思相当中文里的我们说某个人是"讲道理的""通情达理"和"合情合理的"。

  在这里，我们要强调一点，构成建构的公共视角的实践理性观念和实践理性原则都不是建构出来的，它们是根据建构任务的目的而布置设定的（lay out）。❶但这样一来，有什么可以担保这种视角设定的公共性？我们下面会提到，这个视角的公共性或共享性对罗尔斯的辩护工作而言非常重要，它是辩护得以开始以及具有权威性的至关重要的因素。在这里罗尔斯一方面认为：自由社会的公民共享一些根本性观念和原则，这是一个社会学意义上的事实，也就是他所谓的自由民主社会的"第四个一般性事实"。❷但另一方面，对于这些潜藏在民主社会公共文化中、为合乎情理的公民所共享的实践理性理念和原则是否就是他所界定的那些特定的理念和原则，他似乎又充满疑惑，认为这些"……理念中的任一个，都没法列出一个必要和充分条件的清单，不同的人可能会有不同的看法。但是，我们的确推测：如果合情理性……以及理性的内容被恰当地设定了，那么所产生的关于正当和正义的原则和标准将会彼此一致并且会得到我们的反思性认可。但没有什么可以确保这一点"。❸我

---

❶ John Rawls, *PL*, p.104；以及 *LP*, pp.86-87。
❷ John Rawls, *PL*, p.38, n.41.
❸ John Rawls, *LP*, p.87.

认为：要回答段首提出的问题，最重要的是先要清楚问题的性质。因为我们在前面说过，虽然作为政治建构起点的公民观念和社会观念，可以看作从潜在民主社会的公共文化中的一些直觉性确信中阐发出来的，但这些观念和理念从根本上说并不是概括描述意义上的。它们是面向已有民主社会生活经验的公民提出来的、对"成为什么样的公民以及追求什么样的社会"这个问题道德化诠释和规范化的理解。因此，这里的根本问题主要不是罗尔斯有没有正确地概括了民主社会公共文化的核心信念，也不是从实证调查意义上公民是否事实上共享罗尔斯提出的理念；而是对于罗尔斯阐发出来的这些理念，自由民主社会的公民在经过反思平衡后，是否有理由认为上述实践理性观念所描绘的公民理想和社会理想是符合他们的深思熟虑的信念，并且是值得他们在未来努力去追求实现的。如果答案是肯定的，那么这些理念就的确可称为公共和共享的。在某些地方，罗尔斯似乎对此抱有信心，❶而我也认为有理由支持这一点，但我在此无法详述此问题，而是留待下一章5.2节再来讨论它。

　　第三步，政治建构主义使用其核心决策程序即原初状态这个代表性设施，来公共和公开地展示这种实践推理过程，并得出正义原则。原初状态的种种设置，体现了上述自由平等的公民、公平合作的社会、理性和合乎情理等实践理性的所有相关要求。原初状态的代表们在这些条件约束下理性地一致同意的东西，就是可以视为自由平等的公民们可以接受的、规约社会公平合作事业的根本正义

---

❶ John Rawls, *PL*, p.18. 罗尔斯认为，他的"人"观念的设定遵循了人类社会一贯以来的共同传统："自古典社会以降，个人的理念在哲学和法学中，一直被理解为某个能够参与社会生活或能够在社会生活中发挥作用，因之能践行和尊重社会的各种权利与义务的人的理念。"

原则。整个推理过程力求公共和公开地向每一个自由运用理性的公民表明：一旦我们都认可某种对我们作为公民的自我理解以及对公民间合作事业的性质的理解，上述推理得出来的政治价值排序就是我们应该接受的。

实际上，罗尔斯没有把建构程序或建构过程的决策程序设置——原初状态，看作生产或制造道德原则或发现道德真理的机器，而是一个"公共反思和自我澄清"❶的思想工具。这个思想，来自于罗尔斯在《道德理论的独立性》这篇文章中对道德理论（moral theory）与道德哲学（moral philosophy）的区分。❷他认为道德理论的任务是研究人们持有的实质性道德观念，也就是"研究正当、善以及道德价值等这些基本观念是如何排列组合以形成不同的道德结构的"。❸因此，道德理论对实质道德观念与道德结构的研究，是独立于认识论、形而上学的，因为回答前者涉及的问题并不需要先承诺后面提到的任一立场；相反，道德哲学中对道德真理、道德的本质的分析却要先了解人们的道德观念及其结构。因此，作为一种政治道德的理论，政治自由主义的任务是要去——

> 澄清（articulate）与阐明（make explicit）那些被认为潜在于常识中的共享的观念与原则；或者，如果常识是犹犹豫豫和疑惑不决的（情况经常会这样），或者不知怎样去思考，（那政治理论的目的就是向人们）提出与其最核心的信念与历史传统相符合的确定的观念与原则。❹

---

❶ John Rawls, *PL*, p.26.
❷ John Rawls, *CP*, pp.286-302.
❸ Ibid., p.286.
❹ Ibid., p.306.

明白了这一点，我们就能很好地理解政治建构主义建构工作实质，它其实就是一种道德几何学❶的演绎：一如几何学从人们普遍接受的公理出发去推导一些为了解决特定的几何问题的定理一样，政治建构主义从人们一些普遍共享的但稀薄的观念、深思熟虑但零散的信念出发，推导出为了解决特定的社会问题（如社会公平合作应如何进行）的方案。这个推导出来的方案通常是一些指导原则，这些原则既是厚实的道德（政治）观念，又是系统化（因为正义原则表述一种政治价值的排序）的而非一些零散冲突的信念，并且它也是为了特定的目的（自由社会的社会合作问题）面对特定的主题（社会的基本结构）而推导出来的。

我们可以用如下图2总结一下罗尔斯的政治建构主义的结构和特点，其中双箭头弧线表示在各个步骤和层次上都实现了双向的、宽泛的反思平衡（wide reflective equilibrium）❷：

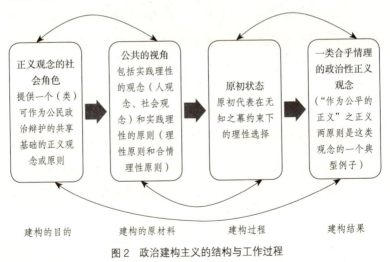

图2 政治建构主义的结构与工作过程

---

❶ John Rawls, *TJ*, p.105.
❷ John Rawls, *CP*, p.289.

4.2.3.2 政治建构主义与公共辩护

上一小节已经表明：政治建构主义可以看作一个公共反思的工具，它从人们在基本正义问题上持有的深思熟虑的判断——自由平等、理性而又合乎情理的公民，社会合作是世代相继的公平合作事业——出发，推导出规约我们社会基本结构的正义原则。这种建构和推理过程，是通过建构主义的核心决策程序即原初状态展示出来的。原初状态的设置体现了实践理性的所有相关要求，原初状态的代表们在这些条件约束下选择出来的政治价值排序，就是自由平等公民应该接受的正义原则。现在的问题是：在什么意义上说，一种（即使是正确合理的）演绎推导展示出来的价值秩序，对于公民而言就是有辩护的（罗尔斯所说的特定阶段的辩护[*pro tanto* justification]）？政治建构主义在什么意义上可看作公共辩护的一个工具或设施，它在什么意义上完成了辩护的任务？这是本章最核心的问题。

我们在第 1 章中讨论过，公共辩护的理念主要地是一个实践理性的理论而不是理论理性的理念。在理论理性的领域，例如我们说"如果一条直线上的两点在一个平面内，那么这条直线上的所有点都在这个平面内"是一条几何公理的话，那么由此公理推导出："经过两条平行线，有且仅有一个平面。"这是一个正确合理的推导，得到这个推论是正确的，当我们从事立体几何研究时，必须遵循它。但在实践行动的领域，无论它怎么正确合理，也只是一种知识。它始终没法回答为什么这种知识凭借它本身属性，就可以宣称对我们的行动拥有权威、我们有道德义务服从它的问题。也许有人说，如果在行动中你不注意或故意忽略相关的正确知识，那么在手段—目的的推理这个意义上你是不理性的，因此尊重那些相关的正确的知识的权威是理性的要求。但正如克里斯汀·科斯伽德（Christine Korsgaard）论证指出的那样，即使工具理性原则是人们从事实践行动应该遵循的原则，但它本质上作为应用性的原则，也没告诉我们为什么应当从事这个活动而不是另一个活动。❶既然公共辩护本质上是一个实践理性的活动，如果要说政治建构主义为正义原则提供了一种辩护的话，那么建构主义这种对政治价值的排序的展示，应该能够告诉我们，服从体现这种价值排序的正义原则在道德上是正当的；而不是仅仅提供给我们一些关于什么是一个正义社会或正义事态的知识。

罗尔斯非常清醒地认识到，必须把建构主义本质上看作建基于实践理性而非理论理性，❷因此一如逻辑推论并不会强制我们的思想一样，政治哲学也无法在这种意义上强制我们。但罗尔斯话锋一转，又认为：

> 如果我们觉得受到了强制，也许是因为当我们反思目前的问题时，以这样的方式形成和排列各种价值、原则和标准，它们能够自由地被认为是我们已经接受或应该接受的东西……我们有受强制的感觉，也许是因为我们对那些原则和标准的结果而感到惊讶，对其中蕴含的自由认肯感到惊奇。❸

这段话能表明政治建构主义所展示的理由推导和逻辑推导有什么区别吗？罗尔斯似乎在强调自由认肯（free recognition）的重要性：我们自由地认为那些价值排序是我们已经接受的东西，这不难理解，因为建构过程就是一个从人们持有的深思熟虑的判断出发进行自我反思和澄清的过程。但关键问题在于，在什么意义上可以说，我们自由地认为那些政治价值排序是我们应该接受的东西。我

---

❶ Christine M. Korsgaard, *The Constitution of Agency*, pp.53-54.

❷ John Rawls, *PL*, p.93.

❸ Ibid., p.45.

们知道，回答了这个问题，也就能够回答政治建构主义在什么意义上可以说是为政治正义原则提供了辩护：因为说一个原则是有辩护的，就是说合乎情理的公民都认为应该接受它。在我看来，政治建构主义中有两个关键因素表明了建构活动的确是一种辩护（特定阶段的辩护）。

首先，政治建构主义使用的"人观念"以及社会观念作为推理的出发点，这些观念不是自明的真理也非独立的观念，而是自由社会里公民们实践理性的观念，并且这些观念潜藏于自由社会的公共文化中，为所有合乎情理的公民共享。这一点使得建构主义和罗尔斯意义上的辩护勾连起来，罗尔斯谈道：

> 仅仅证明（proof）不是辩护。一个证明只是展示了命题之间的逻辑联系。但是，一旦出发点是共同承认的，或者结论是如此具有综合性和如此诱人，以至说服我们同意它们的前提所表达的观念的合理性，证明就成为了辩护。❶

我们无论是一开始就认同那些辩护由之出发的前提，还是从结果回溯反思性地认同那些前提，辩护从人们相互认可的前提出发是关键的。政治建构主义在这一点上与辩护具有天然的亲缘性，因为我们在介绍建构主义的理念时提到，建构主义其实就是主张：某些道德原则是可通过从某种实践观点出发的正确推理而建构出来的；政治建构主义只有从得到所有公民同意的"自由平等的公民理念"和"作为一个平等合作体系的社会理念"出发，它才能表达这样一个

---

❶ John Rawls, *TJ*, p.508；另参考 Rawls, *PL*, p.100; *CP*, p.389, n.2；以及 John Rawls, "The Idea of Public Reason Revisited," *The University of Chicago Law Review*, Vol.64, No.3(1997), p.786。

思想,即政治的正义原则是从一个恰当的建构程序中开出来的,从所有将自己以及自己的公民同侪视为自由平等的公民、将社会看作公平社会合作事业的人观点看来,这是客观的、合乎情理的、可接受的原则。❶两者勾连起来的关键是:罗尔斯认为政治建构主义所使用的人的观念和社会的观念,是所有自由社会的公民都能反思性地认可的实践理性观念。也就是说,每个人都认可:从政治上讲,他们应该努力追求那种自由平等公民的理想,以及一种作为公平合作体系的社会。"因此,正义判断中的最重要的协议,并非来自一个先定和独立的道德秩序,而是得自每个人都反思性地认肯的、相同的权威性社会视角。"❷

第二,上面说的是推理前提;而从推理过程看,罗尔斯采用了契约设施即原初状态,它作为一种代表性设置来模拟自由平等的公民从共同的前提出发的推理,可接受的原则可以看作理性的原初代表在满足所有实践理性相关要求的条件下达成协议的产物。这是一个公共和公开地展示在根本正义问题上的推理的过程,意思就是任何能够反思性认同上述那种对公民身份的理解和对公民间合作事业的性质的理解的人,只要他们愿意,在遵循相关实践理性要求的条件下,随时可以进入原初状态中进行推理;公民们能够设想仿佛就是他们自己达成这些关于政治正义原则的协议。❸正是在这个意义上,我们可以说:如此得来的正义原则是自由和平等的公民可合乎情理地接受的。注意要正确理解这里的"接受"或"同意":罗尔斯已经很明确地表示,他采用契约设置,并非要表明历史上人们实

---

❶ John Rawls, *PL*, p.93;以及 *TJ*, p.19。
❷ John Rawls, *CP*, p.356. 着重号为本书作者所加。
❸ John Rawls, *TJ*, p.17。

际接受或同意了这些原则,从而解释政治义务的起源;❶而只是为了说明这个正义的原则是人们有理由同意或接受的,以便解释为什么选择这种正义原则作为规制他们的合作事业的人们,可以看作"自愿地参加进一个无可避免的强制体系"。❷

政治建构主义的上述两个要素解释了从什么意义上说"我们自由地认为那些价值排序是我们应该接受的东西"。换言之,政治建构主义使用了一个在自由民主社会公民都可以接受为公共的视角或立场,具体地讲在这里是一种关于公民和社会的理念。一旦人们反思性地认可成为自由平等公民、追求公平合作的社会这种政治理想,那么从这个公共的视角出发,经由一个体现实践理性所有相关要求的建构程序,合理地推导出的合乎情理结论,也就是所有合乎情理的公民都应该接受的;因此这个原则就在这个意义上获得了(特定阶段的)辩护。罗尔斯在《政治自由主义》开篇提到:辩护面临的一个任务和困难是"我们必须找到某种观点,排除那种包容一切的背景框架的特殊特征和环境,不受其干扰,从这样一种观点出发,一个自由而平等的人之间的公平协议可以达成"。❸从这里的分析看,自由社会公共实践中为公民所共享的"公民的自我理解"和"对社会合作事业性质的理解"就是这样的观点。政治建构主义展示了一个自立(free-standing)的正义原则如何从这样的实践观点中推理出来;这样的原则既不依赖任何整全性的学说,也不批评和否定任何合乎情理的学说,并且能够得到所有自由平等的公民的接受。正是因此,罗尔斯认为:唯有通过认肯一种建构主义的观念,才能使得正义原则对所有自由平等的公民而言是有辩护的。

---

❶ John Rawls, *CP*, p.59; 以及 *TJ*, p.10。
❷ Thomas Nagel, *Equality and Partiality*, pp.36-37; 另参考 John Rawls, *TJ*, p.12。
❸ John Rawls, *PL*, p.23。

4.2.3.3 罗尔斯的政治建构是一个循环论证吗？

在康德式的道德建构主义中，康德认为定言命令程序是按照纯粹实践理性的要求而设立和布置出来的；由于纯粹实践理性具有一种先验的地位，康德就不需要再援引其他道德的或者规范的观念、理念作为建构的原材料；否则，它就不能声称自己是在建构"道德"本身，而且会导致论证循环。但在罗尔斯这里，它的政治建构主义是为了特定的主题发起的有限范围内的建构，而且为了成为一种"政治性"的建构，他拒绝了康德所使用的先验的基础，认为作为建构原材料的实践理性观念和实践理性的原则并非先验的，也不是建构出来的，它们就是潜藏在自由社会公共文化中的具有道德内涵的规范性理念。这样一来，论证循环的危险就出现了。人们也许质问：自由和平等的公民、公平合作的社会体系，不正是罗尔斯要建构的那个组织有序社会要实现的结果吗？既然建构是从自由平等的公民理念、作为公平合作体系的社会理念开始的，建构结果也是一个自由平等公民开展公平合作的理想社会，这不是很明显的循环论证吗？

我认为答案是否定的。这些批评者之所以会有论证循环的感觉，主要原因在于他们对罗尔斯的政治建构图景是模糊的。从上文图2中，我们可以看到，建构的起点的确包括上述关于人的观念和社会观念，但政治建构主义，除了建构出作为自由平等公民的政治辩护的共享基础的正义观念或正义原则之外，它并没有建构出任何其他东西。换言之，自由平等公民、公平合作的组织有序社会并不包括在建构结果里面；因此，论证循环是一种误解。为什么会这样呢？罗尔斯的政治建构不是要建构出一个理想的组织有序社会吗？要理解这一点，就要更确切地理解政治自由主义的初衷与抱负。我们在前面2.2.4节已经谈及：罗尔斯认为他政治自由主义是一种以观念为基础（conception-based）或者说以理想为基础（ideal-based）的理论；也就是说其出发点是这种政治哲学所要面对的社会的公共文化中的基本观念和理念，包括拥有两种道德能力的自由平等的公民理念、作为公平合作体系的社会理念等等。罗尔斯的政治建构努力不是要去寻找怎样设定一个理想的社会；相反，他已经有了这样的社会基本蓝图——这个社会的公民是自由平等的公民，该社会的合作是公平的，整个社会根据如此设想的公民可以合理地接受的原则有序地组织起来；整个政治自由主义就是以这些观念或理想为基础的。政治自由主义要解决的问题不是理想蓝图的设定问题，而是——在如此设想的社会中，无可避免地存在着合理多元的事实，而且公民的"平等"与"自由"这两大核心价值长久以来就处于冲突中；我们希冀通过政治建构主义寻找到对这些社会中存在的政治价值的一种排序方式，以便自由、平等以及其他相关的政治价值融洽地处于一个体系中，并以一个或一组（正义）原则的形式表达出来。一旦按照上述方式设想的公民，经过反思平衡后可以认可这个或这一组（正义）原则，那么依此原则去规制此理想社会就可以在正义的基础上运转起来。罗尔斯对它的政治建构主义要解决的问题是非常清楚的：

> 一种康德式的正义观念试图以如下方式消除存在于对自由和平等的不同理解之间的冲突，也就是通过问：自由和平等的道德人，如果他们被公平地单单刻画成这样的人，以及把他们自己设想为在一个持续运作的社会里过一种完整生活的公民的话，他们自己会接受哪一些传统上被认可的自由和平等的原则，或这些原则的自然变体呢？假定他们能达成一个协议，此协议就是去挑选出最恰当的自由和平等诸原则，并因此界定正

义的诸原则。❶

概言之，罗尔斯的政治建构主义，从自由平等的公民观念和作为公平合作体系的观念出发，建构出来的是如此设想的公民在如此设想的社会里处理其政治价值排序的正义原则，而非包含着这些"人观念"和社会观念的理想社会。由此，循环论证的指责是不恰当的。

但异议者也许还会提出那种一般性地针对建构主义或契约主义的循环论证的批评：建构主义者或契约主义者，他们对前提条件和建构或契约程序的规定，不多不少，刚好设定得只让他们想要的结果从中产生出来，而排除那些他们不想要的结果；既然程序是你设定的，那么你总会得到你想要的东西。

这个问题很有意思。如果我们反问这样的异议者，难道建构主义或契约主义设置的条件和程序，必须让不同的甚至对立的备选原则都有从中产生的可能，这才算是不循环论证吗？这样一来，建构主义或契约主义作为一种辩护方法就是完全无用的，因为它推导不出任何确定的结果（inconclusive）。也许异议者就是希望建构主义者或契约主义者承认这一点；因此，我们必须一般而论地交代一下建构主义或契约主义作为一种辩护方法意义何在。

没错，建构主义的理论家都会以某种方式设立建构条件和程序，并推导出某种确定结果。但这并不表明这种设定是随意的。在我看来，契约主义也好、建构主义也好，它优于（如果确实优于）其他如神命论（divine command theory）或直觉主义（intuitionism）或道德实在论的地方，不单单在那个建构结果，而且在于它对道德原则的来源以及人们为什么要服从道德的理由说明。而此优点如果

---

❶ John Rawls, *CP*, p.305.

要彰显的话，很大程度上取决于建构或契约条件、程序设置得如何。按照罗尔斯的看法，如果对建构的条件的设定与人们深思熟虑的判断相契合，或者经过反思后我们认为其相契合，那么原初状态的推理就是"总结了这些条件的意义，帮助我们绅绎其结果"❶：我们希望弄清楚我们在某些问题上的深层次确信到底意味着什么；在某些特定问题上意味着什么；以及当这些合理的深层次确信相互间出现冲突以及和别人同样合理的确信相冲突时，该如何解决；等等。再重复一次，建构主义并不能凭空建构出道德原则，遑论合理的、能得到人们赞同的原则；它只是一个帮助人类或人类某个共同体进行公共反思和自我澄清的工具。哲学家在此过程中通过哲学论辩的反思提出那些他认为最能反映我们最深层次确信的理念、观念或者理想，将之作为建构条件；建构设置公开地展示这种推理过程，使得每一个人（如果他或她愿意做哲学反思的话）可以对建构条件和结果进行审察和反思；一旦双向的宽泛反思平衡达成了，我们就可以说建构工作的任务完成了。

4.2.3.4 何种意义上，政治建构主义是"实践"的

在本小节中，我将表明罗尔斯的建构主义在两种意义展现出其实践的本性，这一点对于理解可以看作此建构的结果的自由主义的政治性正义观念，以及罗尔斯的《万民法》都具有重要意义。但是，一些人将此种实践性误读为一种传统主义（conventionalism）、保守主义（conservatism）以及现实主义（realism）；我将提出理由表明事实并非如此。

根据上述对政治建构主义建构过程的实质的分析，我提出，在如下两个意义上，政治建构主义是实践的。

---

❶ John Rawls, *TJ*, p.19.

首先,它具有一种突出的解决问题(problem-solving)的实践本性。政治建构主义的建构总是针对特定实践问题而发起的,并且为特定的主题(subject)而制定原则。我们在界定这些实践问题时会产生一些规范性的考虑(normative consideration),建构的结果就是提供满足上述规范性考虑的,且能够解决这个问题的方案或原则,而此方案只适用于上面界定出来的特定的主题(subject-specificity)。我相信这个解释符合罗尔斯的思想,且贯穿他作品的始终。在《正义论》中,罗尔斯要面对的问题是作为自由平等、理性而又合乎情理的道德人,我们如何合理地对基本权利和义务做出安排,对社会生活的诸种利益的竞争性要求作恰当的平衡,以使得我们的公平合作能够持续下去。❶当我们都同意这样来描述该实践问题时,其实一些规范性考虑也蕴含其中了,如公正、平等、合理等。一个合理的正义原则必须能够满足上述规范性要求,能够解决上述实践问题,且这个原则只适用于社会的基本结构,不能直接应用于社会的其他主体,如教会、大学以及个人。在《政治自由主义》中,罗尔斯发现自由社会里的合理多元的事实及其结果构成了此社会里正义合作中不得不处理的问题,相应地,规范性考虑也增加"要尊重公民的各种不同的、合乎情理的整全性学说",一个令人满意的正义原则除了满足《正义论》里已提出的规范性要求外,还应该对这些合乎情理的学说是中立和宽容的。到了《万民法》阶段,罗尔斯要处理的基本问题是,自由人民和正派人民(decent peoples)组成的正义与和平的世界这个现实的乌托邦是如何可能的。❷在这个问题域,尊重人权(得

---

❶ John Rawls, *TJ*, p.5.
❷ John Rawls, *LP*, pp.5-6.

自"自由"和"正派"的人民的定义）、和平与正义等等就是各种规范考虑。而且，既然是处理自由人民社会与正派人民社会的关系问题，作为建构结果的原则（万民法）适用于人民（peoples）而不是个人（individual）。罗尔斯明确谈到，政治建构主义不认为它建构的原则是"充分普遍的原则"，能够应用到所有主题上去，相反，政治建构主义根据各种不同的问题和主体修改建构设置来"适应不同的要讨论的主题"。❶

第二，政治建构主义尊重人类社会实践可能性的限制。这表现在：1. 建构主义所使用的实践理性的观念是从现存实践中诠释出来的；如在《政治自由主义》里政治建构主义所使用的"人"观念与"社会"观念，罗尔斯认为它们是潜在于自由民主社会的公共实践当中的根本性的观念。尽管它们都不是一些描述意义上的观念，而是经过反思、诠释而具备道德内涵的观念；但成为自由平等的公民、追求一个公平合作的社会等这些观念，对自由民主社会里的公民而言，并不是经验上不熟悉、理性上不可理解和道德上不可欲的。2. 与第1点相关，作为建构结果的原则之于实践而言必须是可行的（workable）、有效（effective）与可应用（applicable）的，在人类生活的正常有利条件下实现它们是可能的。❷如前所述，罗尔斯认为架构一个正义观念的目的是满足社会生活的实践要求，并去产生一个公共基础，根据此基础，公民们可就他们共同的制度向彼此提出辩护。假如建构程序所使用的观念是想象和虚构出来的，完全脱离现存实践的，那么建构出来的原则，不管它看起来多么有道德感召力，但它对于改进我们现存的实践而言只是空中楼阁；不

---

❶ John Rawls, *CP*, p.532.
❷ John Rawls, *CP*, pp.347-349；以及 *LP*, p.13。

具有可行性与应用性。

我相信前述两点能够解释罗尔斯在全球正义问题上一个饱受批评的立场：世界主义（cosmopolitan）的理论家批评罗尔斯，认为他在制定万民法时，设定的问题是自由人民社会与正派人民社会如何处理之间的关系，而不是全人类如何建设一个自由、正义的共同体。相应地，《万民法》中伦理考虑的主体是人民（peoples）而不是个人（individual），其着力点不是创造一个全球性政治经济制度而只是人民间的相互对待的政治原则。❶但罗尔斯认为，如果我们直接把自由社会的内部建构程序和作为结果的原则直接应用到全球正义问题上得出万民法，无论这个万民法被设想为适用人民之间或更激进地适用于所有社会内部，它都是既不可欲也不可行的。不可欲是因为这种做法把属于某一特定社会的实践观念强加到另一些社会，这既不尊重也不宽容。当然，这并不等于罗尔斯要否认有一些基本的原则（如基本人权）是所有社会都应该遵循的，但他的确否认有一般而论的实践理性的观点（a point of view of practical reason as such），❷从这个观点出发能够推导出适用于所有主题的普适性的首要原则。实践推理，如果没有实践理性的观念设定推理的主体以及推理背景，它是毫无意义的（have no point）。❸而实践理性的观念不是建构出来的，它是根据不同的主题从实践中概括、反思、诠释而来的，❹且它肯定是一种比基本人权要厚实得多的道德观念。即使是自由社会之间，也不尽相同，遑论自由社会与正

---

❶ 如 Charles Beitz, "Rawls' Law of Peoples," *Ethics*, Vol.110 (2000), pp.669-696; Thomas Pogge, "An Egalitarian Law of Peoples," *Ethics*, Vol.23 (1994), pp.195-224。

❷ John Rawls, *PL*, p.124.

❸ Ibid., p.108.

❹ Ibid；以及 *LP*, pp.86-87。

派社会之间。❶另外，说世界主义者的上述设想不可行，因为这样不仅要求所有人都要转变观念接受自由社会看待个人、社会和政治的方式，而且还要求国家这样的治理主体倾向消亡。所以，这种要求激烈变革地处理全球问题的原则，对改进我们现存的全球正义问题，不具有可应用性。但批评者❷可能会引用纳斯鲍姆的观点反对说，这混淆辩护（justification）与施行（implementation）的区分，她主张即使我们没有权利把自己的价值强加给其他社会并要求其转变，但并不妨碍我们对它们的实践做出有辩护的批判。❸我不清楚纳斯鲍姆在什么意义上使用"辩护"一词，但如果按照在本书第1章所理解的罗尔斯的意义的公共辩护，这种对内格尔所谓的"个人的立场"提出了极高的要求的乌托邦设想，❹不可能满足公共辩护的双重要求而被认为是道德上有辩护的。

小结一下，政治建构主义的这种实践性要求，其实是来自罗尔斯的正义社会角色的观念与公共辩护的要求。既然正义原则的存在就是为了满足社会生活的实践要求，并且正义的社会角色是提供一个人们公共辩护的基础，使得人们可以在这个基础上就一些根本正义问题找到一种彼此都可以接受的解决方案，那么正义原则本身必须是能够满足公共辩护的双重要求的，也即合乎情理的公民都可以接受的。但这种正义的观念如何设想，是由处于这

---

❶ John Rawls, *LP*, pp.11-12.

❷ 谭焰乔认为，即使承认由于全球层面实践的限制，自由主义不能像国内情形那样把其价值与制度安排强加给那些非自由学说与制度，但是"这并不意味着我们需要把它们判为道德上可接受的"。Kok-Chor Tan, "Liberal Toleration in Rawls' Law of Peoples," *Ethics* 108(1998), p.285。

❸ Martha C. Nussbaum, *Frontiers of Justice: Disability, Nationality, Species Membership*, pp.255-256.

❹ Thomas Nagel, *Equality and Partiality* (New York: Oxford University Press,1991), p.21.

个社会的公民的实践创造和设定的,不从这些实践观念出发,这是不可理解的,最终也会一无所获,解决不了实践的正义问题。通过天马行空的想象可以设计出无比美好的社会世界,但如果我们的正义原则的目标是设计"可能现实地存在"的理想的正义社会,就必须遵循上述限制。当然,如罗尔斯所言,设计可能现实地存在的理想社会,也只能靠合理的推断(conjecture)与思索(speculation)❶,但我们明显知道,那些忽视人和社会一些不可改变的事实,以及对人们的动机施加过分要求的社会设计,只是乌托邦空想。所以罗尔斯断言:"没有任何政治的正义观念能够对我们产生影响,除非它能够帮助我们使我们关于正义的深思熟虑的信念在所有一般性层次上形成秩序。"政治建构主义作为一个公共反思和自我澄清的工具,基于我们在公共实践形成的关于正义的深思熟虑的判断,通过建构程序和反思平衡,得出反映合理的政治价值排序的正义原则,这样的原则才能够对我们的追求和改进正义的实践产生影响(have weigh with us)。❷

但是,强调政治建构主义要回应实践问题,解决这些问题要利用实践理性的观念,而且还要兼顾可应用性,这会使得人们有一个疑惑,政治建构主义会不会因此有保守主义、传统主义、社会或文化相对主义的倾向,并使得正义考虑屈服于现状(status quo)?

首先,罗尔斯的立场并不是一种社会或文化传统主义的立场。很重要的是要观察到:罗尔斯把建构主义使用的社会观念和人的观念,称为实践理性的观念,而不是文化的、传统的或社群的观念,尽管它们是从对公共文化的诠释中得到的。这些观念对于建

---

❶ John Rawls, *LP*, p.110.
❷ John Rawls, *PL*, p.45.

构主义之所以重要，不在于它隐含于我们公共文化或政治传统这个事实，而在于它们是我们运用实践理性（包括理性和合情理性）去构想和形成自我的目的、计划与人相处、从事社会合作时所形成的观念。❶某种意义上，罗尔斯的确接受了如社群主义者沃尔泽（Michael Walzer）的一个主张，也就是正义所分配那些好的东西，必定是一种社会性的益品（social goods），我们不可能抛开一个社会如何理解对这些益品这个前提而确定一个抽象和普遍的正义原则去分配它们。❷政治自由主义的确承认社会观念和"人观念"在确定我们如何分配基本政治权利和经济成果的原则时起关键作用，但与某些社群主义或元伦理学上的道德相对主义者不同，政治建构主义没有声称这些社会观念和"人观念"是一种文化的观念或社会传统的观念，将之说成"不可避免地是历史和文化特殊主义的产物"，❸而是将它们称为"实践理性的观念"。两者的区别意义重大，其不同之处在于：各种传统主义的观念认为一种道德观念、道德价值的有效性（validity）及适用性与产生它们的传统是构成性地联系在一起的，产生、支撑某种价值的社会传统的特征就是这种价值得以成为价值的原因。而政治自由主义将这些观念看作实践理性的观念，其规范性力量不来自这些文化、传统存在这个事实本身或我们生活于这样的社会、传统或文化这个事实本身。我们要区分清楚：自由民主社会的政治实践与政治文化，只是对"实践理性的观念"进行构想与诠释的实践经验来源，并不是这些实践理性观念的规范性（normativity）来源。在罗尔斯

---

❶ John Rawls, *PL*, p.107.
❷ Michael Walzer, *Spheres of Justice: A Defense of Pluralism and Equality* (New York: Basic Books, 1983).
❸ Ibid., p.6.

看来，社会观念和人的观念之所以有规范力量，在于我们在正义这个实践问题上对这些观念的反思性认肯：生活在自由民主社会的公民的"我们"，采纳一个实践的观点和反思性批判的态度去对我们的历史传统、公共文化和政治制度进行审视，并问我们自己：在处理我们面临的正义问题时，我们应该如何设想我们所处的社会和我们自己呢？罗尔斯认为，在经过一个反思平衡过程后，自由民主社会的公民会认肯上述社会观念和"人观念"，他们会形成一个观念依赖型的欲望（conception-dependent desire）❶：建立那样的社会、成为那样的人是我们经过道德反思后认为值得追求的理想。自由社会的公共文化的传统积累，只是提供了一个契机，使"我们能够反思这些观念是怎样呈现在我们的实践思考当中的"。在罗尔斯看来，实践理性是自为源泉的，我们追求公平合作的社会和成为自由平等的人的道德理想，是由"实践理性所知会的（informed by practical reason）"。❷在这里，不要误解"知会"的意思，罗尔斯不认为这些观念和原则是从一个柏拉图式的客观理性或康德的纯粹理性中直接推导出来的，实践理性在这里只是指我们在关于社会合作应如何进行下去，公民同胞应该怎样彼此对待等正义问题上的推理。❸柏拉图时代的人们在关于正义问题上的实践思考没有得到这样的实践理性的观念，而人类实践无穷的未来将抱有什么样的观念我们也无法猜测，但我们人类某些社会（例如自由民主社会）的实践的确让我们反思性地构想和认识

---

❶ 所谓观念依赖型欲望，简单地说就是只有按照那个观念而行动才能得以满足的欲望。在罗尔斯的政治建构主义中，成为理性而又合乎情理的、自由而又平等的公民就是这种观念依赖型的欲望。

❷ John Rawls, *PL*, p.100.

❸ John Rawls, *LP*, pp.86-87.

到——把社会合作看作公平的，把公民同胞看作平等自由的是值得追求的道德目标。❶自由民主社会所追求的公平合作的社会理念、自由平等的公民理想并不是人们偶然的、碰巧具有的欲望，它们是经得起公共反思的实践理性的观念。至于这种观念在全世界能否得到认同，政治自由主义能否保持一个宽容开放的态度，这最终取决于人类道德反思的广度和深度、自由社会的实践的影响，以及不同社会理性对话的意愿和深度，等等。将某些自由民主社会的根本观念视为实践理性的观念，也就为如下可能性留出了空间：人类实践理性的反思，最终有可能会使其他社会的人们认识到某些自由价值是重要而普遍的，并且创造条件实现这些理想和价值。而传统主义的立场始终把一种理想和价值的有效性或应用范围限于它们所产生的传统或实践中。

第二，关于保守主义嫌疑，如前所述，罗尔斯不认为实践理性的观念本身是建构出来的，❷而是从政治制度、关于这些制度的诠释的公共传统、有权威的成为共识的历史文献中通过一种道德化的诠释❸而得到的。且上面提到，罗尔斯认为这些由自由社会公共实践造就的根本理念是潜藏（implicit）于公共文化中的，那么诠释的任务就是使之明确化（make explicit）。明确化的方式有两种，第一就是在公共文化中发现并阐明某些共享的观念；第二就是通过重新诠

---

❶ "自由主义制度的成功，意味着一种新的社会可能性的发现：一种合乎情理地和谐和稳定的多元社会的可能性。在一种成功、平和的宽容实践出现在采纳自由主义政治制度的社会里之前，没有任何其他方法能够知晓上述这种可能性。" John Rawls, *CP*, pp.445-446。

❷ John Rawls, *PL*, p.108.

❸ Aaron James 在一篇文章中详细解释了这个工作过程，他认为这不是社会学意义的描述而是一种道德化的建构诠释。参见 Aaron James, "Constructing Justice for Existing Practice: Rawls and the Status Quo," *Philosophy & Public Affairs*, Vol.33, No.3 (summer, 2005), pp.298-308。

释,并以新的形式表达某些确信和观念,以创制和塑造共同理解的起点。❶换言之,这些观念可被认为潜在地为公民接受,我们只是使之明确化;或这些观念一俟得到恰当地展现和解释,就能被证明是可为公民接受的。各种共享观念和共同理解的明确化的最终表述,看似由罗尔斯以一种独白的方式提出来呈献给公民的,但这其实可以看作邀请所有真诚的公民进行公共慎思的过程:即请公民们思考,一旦我们介入有关根本正义问题的实践推理,我们应该把人和社会设想成什么样子?❷在这个广泛的反思平衡的过程中,公民们当然会把他们在这个问题上深思熟虑的判断带进来;但罗尔斯强调,没有任何一个判断是能够免于修改的(immune to revision)❸,整个过程没有保守主义的倾向,不把任何传统、文化或人们的特定立场、判断看作固定不变的,而是一个苏格拉底式的反思的过程。

第三,政治自由主义及其政治建构主义也不是一种屈服于现状的现实主义。政治建构主义尊重人类社会实践可能性的限制,并不等于它总是需要承认现状的合理性,这就是罗尔斯将之称为"尊重实践可能性的限制"❹而不是"尊重现状的限制"的原因。"可能性的限制并不是由现实给予的,因为我们能够或多或少地改变政治和社会制度……我们尽最大的努力去论证一个我们能够展望是可行的,且可能现实地存在(may actually exist)的社会世界。"❺更清楚地解释

---

❶ John Rawls, *CP*, p.306;另见 *PL*, pp.8-9。

❷ John Rawls, *PL*, p.108.

❸ John Rawls, *CP*, p.289.

❹ John Rawls, *LP*, p.12. 着重号为本书作者所加。

❺ Ibid. 相似的强调在亚里士多德的《政治学》(1288b36-40)中也有体现:"我们不仅应该研究什么是最优良的政体,而且要研究什么是可能实现的政体,并同时研究什么是所有城邦都容易实现的政体。"

一下罗尔斯这段话的意思，罗尔斯认为：引导建构过程的公民作为自由而平等、理性而又合乎情理的人的理想，以及社会作为一个世代相继的公平合作体系的理想，它们作为理想理论的一部分，任何时候都不受我们世界的特定状况——现状（status quo）——所决定。尊重实践可能性的限制并不要求建构程序产生的正义原则要认同现状，而是说，它提出来的改变现状的目标和理想，是能通过改变现状而达到的；它所设想的那些改革的方法和途径，在现实是可应用的、能有效地用来改变现状的。当然这种"实践可能性"的限度在哪里，在一定时期内是由人类所能认识到的关于人本性的理论（a theory of human nature）以及一般性的社会学理论来决定的。假定我们同意"一般情况下，人类对自己刚出生的婴儿有一种自然的但又是强烈的关爱之情，并且希望通过将孩子留在身边照顾表达这种情感"是关于人类本性一个方面的心理学法则，并且我们让原初状态中的各派知道这个一般性的人性事实，那么它们在考虑选择正义观念时，由于存在"承诺的张力"，它们会拒绝采纳如柏拉图要求护国者阶层那样，把人们的孩子集中起来由政治体统一供养和教育的正义观。当然，即使是关于人本性和人类社会的一般性事实也不决定我们要采纳什么样的道德理想，它们只是起着检验该理想的可行性的作用，因此"道德学说的任务，是设定一个可为人本性和社会的一般性事实所允许的恰当的人的观念"。❶

总结一下本章，通过以上分析我们看到：在辩护的第一阶段，政治自由主义要求公民暂时悬搁个人在生活中所承诺的种种整全性学说，而单单从自由平等的公民身份这个公共视角出发考虑该政治性的正义观念是否是可以合理地接受的；在此阶段，政治自由主义

---

❶ John Rawls, *CP*, p.321.

运用了政治建构主义这个重要的辩护设施；我已经尝试性地对政治建构主义的结构、工作过程及实质给出了一种解释，以帮助我们理解原则辩护工作的核心问题：为什么原初代表在建构主义的核心决策程序即原初状态中所选择的政治价值的排序，尤其是自由和平等这两大主价值的排序（通过一组正义原则表达出来），对于自由平等公民而言就是有辩护的。

不过许多理论家质疑：罗尔斯在此阶段辩护工作中所依赖的那些政治性的观念和理念，并没有使得建构真正从一个"公共"的视角出发。一种外部批评认为其不恰当排斥了道德上相关的行动者；另一种内部批评认为罗尔斯界定的实践理性观念没有正确反映自由主义政治文化的核心理念。这些批评对罗尔斯的公共辩护工作的挑战是实质性的，我们将在下一章考察罗尔斯是否可能以及如何回应它们。

第 5 章

对公共视角与政治建构的内外批评

本章主要分为两个部分：5.1 节考察持守普遍主义立场的自由主义者对公共视角与政治建构的外在批评。这个批评认为：在上一章所述的政治建构主义中，由实践理性的观念和原则所界定的、作为建构的出发点的所谓"公共"视角，其实不恰当地将一些行动者（如处于自由社会之内，却不分享自由主义的那种政治观念的少数派）排斥在伦理考量的范围之外，因此它并非一个真正的公共视角。政治建构主义以及可看作其建构结果的正义观，都沦为了一种特殊主义或地方主义的观念。这是自《政治自由主义》问世以来就一直伴随着它的批评。我对此外在批评的回应思路大致如下：公共辩护的实践任务及双重目标，使得罗尔斯必须建构一种内容比较厚实的正义原则；但公共辩护和政治建构主义的实践特征，并不妨碍罗尔斯的政治自由主义可以接受一些内容比较稀薄，但更为普遍的正义原则（如通过基本人权条款表达出来的此类原则）。而且，我将表明，罗尔斯的国际及国内正义理论中面临一些困难，使得他的确需要对一种比较稀薄但更为普遍的正义原则提出独立的论证。我将尝试利用《政治自由主义》的资源，在遵循政治自由主义的基本精神的前提下发展出一种这样的论证。一旦此论证发展出来且具有一种初步的合理性，那么我们就可以得出《政治自由主义》如何回应这类外在批评的图景，即《政治自由主义》是在承认且满足一种普遍的、底线的正义准则的基础上，为处理特定社会的政治实践中出现的特定问题而制定更厚实、更实质性的正义原则的尝试。此图景实际上也是《万民法》为多元的现代世界的治理所描绘的图景，即全球所有人民应遵守包括尊重人权在内的万民法八原则，在满足此前提之下，允许所有人民以一种对其成员是有辩护的方式来组织及开展其政治生活，而不要求所有人民都变成自由主义式的人民（在下面 5.1 节的开始，还有关于此论证设想及论证步骤的更进一步的讨论）。

在 5.2 节，我们处理一种内部批评；之所以称为内部批评，是它并不反对从一些自由主义的理念出发来为自由社会制定正义原则，它要批评的是：由罗尔斯鉴定出来的、作为其政治建构的公共视角的那些自由社会公共文化的根本性观念（如人观念或社会观念），也许并非自由社会中最核心、最重要的观念。或者在自由社会的公共文化中，存在着一些与之同等重要，但在许多重要方面是不同的根本性观念；又或者它们同意自由、平等的观念是潜藏于自由社会公共文化中的最核心观念，却不同意罗尔斯对于自由、平等的实质性界定。罗尔斯必须重视和回应这样的批评，因为他的政治自由主义理论的许多重要方面，在很大程度上都取决于如何理解他所鉴别出来的那些根本性的实践理性观念，在什么意义上可称作公民们都应该珍视和拥抱的根本性理念。我将提出，内部挑战所提到的那些问题，其指向不应理解为对公共文化核心观念概括得是否客观准确的问题，也不是是否事实上符合了大多数人当前认识和信念的问题，而是一个诠释问题：由罗尔斯从公共文化诠释和提炼出来的那些实践理性的观念（尤其是"人"观念和"社会"观念），如果能比其最有力挑战者——效用主义所界定出来的观念，更能解释自由民主社会的政治实践，以及能为该社会提供一个道德上更加值得追求的目标的话，那么它就可以合理地被认为是自由社会的公民们都应该珍视和拥抱的最为核心和根本的理念，从而回应这种内部的质疑。

5.1 来自普遍主义的外部批评及回应

在罗尔斯的正义理论发生"政治性转向"的前后，对罗尔斯所谓"政治的自由主义"理念一个持续和严肃的批评就是来自各种各样的普遍主义者，尤其是认为自由主义价值是普遍价值（universal value）的自由主义的普遍主义者。他们认为《政治自由主义》的最大缺陷，就是放弃了为自由主义所珍视的独特政治价值和对相应的制度安排作一种普遍的捍卫。根据我的理解，来自普遍主义的这类批评根据其侧重点不同大体上可以分为三种（当然它们之间也有某种相关性），对于每一种，《政治自由主义》及其公共辩护的理念有不同的回应。我先简述前两种批评以及《政治自由主义》对其的回应，然后在后文重点讨论第三种批评。

第一种批评，就是认为政治自由主义观念仅是一种地方主义的观念，或文化、社会传统的产物。我已经在上一章的4.2.3.4小节的后半部分说明了为什么这种理解是错误的，在此不再重复。

第二种批评，我将之称为"来自输出自由主义的忧虑"。打个比方，一些持强硬的普遍立场的自由主义者认为"自由主义是一种用于出口的而不是一种仅供国内消费的商品"，❶ 如果我们无法通过普遍的论证为自由主义赋予一种"通用的价值"，那么我们就无法要求非自由主义社会接受这种价值或者难以为那些非自由民主社会转变成自由民主社会提供一个道德理由。❷ 这样一来，就把这种政治自由主义在全世界层面上的吸引力和生命力，任意地抛给了由他人反思的不确定结果来决定。对于普遍主义的自由主义者所期望的那种"世界所有人应当普遍地接受政治自由主义"强意义上的论据，罗尔斯应当承认政治自由主义理论自身的确提供不了。罗尔斯能够为他的公民观和社会观提供道德根据，也能够表明具有自由民主传统的社会及其公民会反思性地认可这两个政治理想。但他的确无法表明这种政治理想是唯一的或者最高的理想、多元世界里的所有社会和所有人都有规范的理由必须接受。

但在此我想表明一点，从公共辩护的立场看，这种"来自输出自由主义的忧虑"所要求的普遍论证，就"为政治共同体内部正义原则作辩护"这个问题而言是不相关的。因为公共辩护的理念认为，一些政治价值及其排序，如果获得相关的人们的合理认可，就是有辩护的，而无论这些价值是不是普遍或普适的。我们并不能说，一个政治共同体的公民所追求的所有政治价值，都必须是普遍的，否则是没有辩护的；这显然是一个要求过分的强辩护要求。如前所述，如果一个政治共同体的公民追求这些价值是经得起某种程度的道德反思的，它们是不是普遍的有何相干？普遍价值（如果它真的是普遍的话），它之所以在道德和政治话语上有一种特殊地位，

---

❶ 这个比喻引自 Stephen Macedo, "The Politics of Justification, "*Political Theory*, Vol.18, No.2 (May 1990), p.294。
❷ 对这种忧虑有代表性的讨论，参见 Samuel Scheffler, "The Appeal of Political Liberalism," *Ethics*, Vol.105, No.1 (Oct. 1994), pp.20-21。

根本上由于它们被认为是所有合理的人通过理性的反思都可以认可的、对人之为人的生存发展和尊严是不可或缺的价值。对于这些基本层面的价值（如由基本人权清单表达出来的价值），政治自由主义不仅不可能，也没必要否认它，而且有充分资源和空间去承认接纳这些基本层面的价值（接下来的 5.1.3 小节就是要表明这一点）。但这并不能推出，在满足了这些基本层面的价值之后，一个政治共同体的公民不能去追求经得起该共同体的理性道德反思（尽管这种反思性认同没有达到充分普遍程度）且符合自己政治文化的一些特殊价值。因此，在对政治共同体内部的正义原则的辩护问题上，"来自输出自由主义的忧虑"并不能合理地把一种强的普遍辩护的要求强加进公共辩护必须完成的任务中。尽管满足公共辩护的那些政治价值及其有序化方式，有可能的确符合了普遍主义的要求。实际上，罗尔斯将这种忧虑看作域内正义原则的扩展问题，他对此问题的具体处理方式及是否成功，我留待接下来的 5.1.1 节再分析。

在本节中，我要处理更直接地针对建构主义与公共辩护的，且有可能真正对罗尔斯的政治自由主义构成威胁的第三种批评，即"不恰当排除相关行动者的忧虑"：该批评认为，在建构正义原则时，政治建构主义所采纳的所谓"公共"的视角并非一个真正公共的视角；因此建构出来的正义原则不仅没有普遍性，而且在正义问题上不恰当地把相关的行动者从伦理考量中排除了。我将在 5.1.2 小节详述这个由欧诺拉·奥尼尔（Onora O'Neill）提出的批评，以及她视为替代方案的普遍主义的建构。在 5.1.3 小节，根据我在前面 4.2 节对政治建构主义特点的说明，我希望表明：罗尔斯与奥尼尔两种建构所关注的并非同一个问题，罗尔斯的更为厚实的正义原则的建构不仅是必要的，而且能够与奥尼尔的普遍主义的建构结果相容以及相互补充。虽然如此，奥尼尔的"不恰当排除相关行动者的忧虑"仍然是有力量的：除非政治自由主义理想化地假设，那个封闭的自由民主社会所有人都分享一个政治同一性（political identity），否则政治自由主义就必须面对那些处于同一社会里不分享那个政治同一性的少数派和边缘人，而政治建构主义并没有把他们纳入伦理考量。对这一点，政治自由主义能给出什么解释吗？只是因他们不是主流政治文化所塑造的那种政治同一性的拥趸吗？如何处理这种少数派的问题是政治学中令人非常困惑的问题，也是对《政治自由主义》的一个常见批评。某种意义上说，这的确是政治自由主义的局限性，因为政治的自由主义将它的规范性基础奠基于某种政治生活的理想之上，因此它必然没能力表明不同政治生活方式或理想哪个更有价值的问题。但这又何尝不是人类政治生活本身的局限呢？因为任何一个特定社会可容纳的价值是有限的，一个社会的政治生活从根本上说只能以一种方式被组织起来。如罗尔斯提到：

> 任何社会都无法将所有生活方式涵括进自身之内。我们的确可能会感叹这社会世界空间，尤其是我们自己世界空间竟是如此之有限；我们也可能为我们文化和社会结构的某些不可避免的后果而感到懊悔。诚如以赛亚·伯林爵士长期坚持认为的（这是他的根本论题之一）那样：不存在无〔价值〕缺失的社会世界（no social world without loss）——也就是说，任何社会世界，都会排斥某些以特殊方式来实现其根本价值的生活方式。任一社会，由于其文化和制度的关系，都将与一些生活方式是不相宜的。❶

---

❶ John Rawls, *CP*, p.462.

在此意义上，少数派的不服从会对政治统治合法性提出挑战。但这个问题可由罗尔斯提到的每个人都有服从正义的自然义务（natural duty of justice）而得到一定缓解。问题是，虽然罗尔斯提到过正义的自然义务，但没有论证过什么样的制度就可算作满足最低度的正义要求，从而可主张所有人至少负有不推翻这种制度的义务。如果把这种最低度的正义要求与一种基本人权结合起来理解，我们就会看到，罗尔斯在其国际、国内的正义理论中都亟须对一种最低度的正义要求或一种基本人权清单做出独立论证，我将在第5.1.4小节阐明这点。在最后的5.1.5小节，我将在遵循政治自由主义基本精神的前提下、利用罗尔斯的理论资源，尝试去提供这样一种论证。如果这种罗尔斯式的、对最低度的正义要求或一种基本人权清单的独立论证可以成功，它不仅可以回应5.1.4小节提到的罗尔斯所构想的人民（peoples）间的正义理论及自由社会内部的正义理论中存在的问题，且与政治建构主义建构出来的更厚实、更实质的正义原则相互补充，从而构成了对奥尼尔式的外部批评的完整回答。但在此之前，我先在5.1.1小节考察一个由罗尔斯自己提出的政治建构主义应对普遍性挑战的尝试，我将表明这种尝试是存在诸多问题和有严重缺陷的。

5.1.1 "建构主义的自由主义观念在应用上的普遍性"？

从前面的论述我们了解到，政治建构主义使用了被认为潜藏于民主社会的公共文化中的实践理性的观念，尽管这些观念也是道德的观念，但这些观念是否能够超越产生它们的实践而被普遍地认同或获得一种普遍的辩护，政治建构主义程序本身对这个问题是无力解答的。正是因此，政治建构主义也合理地限制其建构出来的原则：政治建构主义并不认为从自由社会共享的政治理念出发建构出

来的政治正义原则,是放之四海而皆准的。❶

政治建构主义因应自由社会内部建构的正义原则不具有普遍的适用性,不代表罗尔斯认为建构主义不能提供这样一些普遍的原则。在罗尔斯思考万民法的早期论文中,❷他提到一段令持普遍主义立场的自由主义者既鼓舞但又费解的话:

> 在没有扩展到万民法之前,一种自由主义的政治性正义观念可能被认为是历史主义的,并只适用于那些政治制度和文化已然是自由主义的社会。在为"作为公平的正义"以及与之相似但更为一般的自由观念作论证时,最重要的是要表明事情并非如此。❸

为了表明这一点,罗尔斯认为他要完成的工作,就是去表明所谓"建构主义的自由主义观念在应用上的普遍性(universal in its reach)"❹;这是罗尔斯《万民法》中极为重要但又非常不好理解的一个思想。根据我的理解,罗尔斯的基本设想是这样的:在得出万民法的八原则❺过程中,罗尔斯把原初状态作了三次的应用:第一次,就是在封闭的自由社会内部,将他们自己视作理性而又合乎情理的、自由而

---

❶ John Rawls, *CP*, p.305.
❷ 罗尔斯先在 1993 年以一篇论文形式发表了他关于万民法的具体设想,收录在 John Rawls, *CP*, pp.529-564。在之后的 1999 年,他修改扩展了早期的版本,由哈佛大学出版社以专著的形式出版,参考 John Rawls, *The Law of Peoples* (Cambridge, MA: Harvard University Press, 1999)。本节以及本书前后关于罗尔斯《万民法》思想的讨论,我极大地得益于徐向东教授在北京大学哲学系开设的有关全球正义问题的研究课程上的阅读与思考。结合《万民法》来讨论罗尔斯的政治建构主义和自由主义正义原则的普遍性,也是徐老师给我的建议,我在此表示感谢。当然,文责自负。
❸ John Rawls, *CP*, p.531.
❹ Ibid., p.532.
❺ John Rawls, *LP*, p.37.

又平等的人的自由社会的公民们，运用原初状态这个代表设施去思考：如果在社会合作中我们追求一种具有相互性的（reciprocal）、有辩护的（justifiable）、彼此讲得明白的（intelligible）关系时，我们应该共同遵循的原则是什么？这样得到的结果，是类似"作为公平的正义"的正义原则。第二次，诸自由人民的代表进入原初状态这个代表设施中思考：若要去追求一种同样具有相互性的、有辩护的、彼此讲得明白的自由人民之间的关系的话，那么规制这些自由人民之间关系的原则是什么？原初状态的第二次运用得到的结果就是万民法的八原则，罗尔斯称之为"更一般的自由主义观念"。❶还有第三次，正派人民（decent peoples）的代表，当他们独自（原初状态的此次运用是没有自由人民的代表参加的）进入原初状态中思考：当他们希望与其他人民达成一种同样具有相互性的、有辩护的、彼此讲得明白的关系时，他们是否会同意上述由自由人民代表制定出来的那八项万民法条款？罗尔斯认为，答案是肯定的。❷

为了理解罗尔斯"自由主义观念在应用上的普遍性"的意思，我们暂时把他的三步程序中存在的问题放到一边。我们要问：从这三步程序中，罗尔斯在什么意义上表明了"自由主义观念在应用上的普遍性"？

当谈到自由主义的普遍性时，很多人（特别是那些带有上述"输出自由主义情结"的人）认为这就是要去表明适用于自由主义社会内部基本结构的正义原则如"作为公平的正义"及其所体现的那些自由主义价值的普遍性，在一种规范意义上也是非自由社会的基本结构应该要满足的价值和采纳的原则。罗尔斯反对这一

---

❶ John Rawls, *CP*, p.532.
❷ Ibid., p.548.

种看法。❶他并不认为他的建构主义能够一次性地建构出一个普遍的原则，然后所有领域、所有社会的规制性原则都可以看作这个普遍原则的解释性规则或应用性规则；一如效用主义的"最大多数人的最大效用"原则或洛克的自然法原则那样。❷这种意义上的"普遍性"，正是他在《政治自由主义》中要极力避免的"整全性"（comprehensive）。罗尔斯的政治建构主义，只不过是根据不同的政治主题（如国内社会的基本结构，或最宽广的主题——万民社会所有人民成员间的政治关系）的结构和目的，制定出不同的与之相适应的政治原则而已。不过，令人困惑的是，根据不同主题制定不同原则这种想法，与普遍性看似毫不相干，至少也没有什么必然的关系。既然是这样，何来"建构主义的自由主义观念在应用上的普遍性"？根据我的理解，答案在于这些原则之间的关系。罗尔斯认为，观察在原初状态的第二次和第三次应用可以知道：在原初状态的第二次应用中，自由人民并不需要考虑正派人民（decent people）的特殊状况如何（仿佛这个世界只有自由人民存在），而仅仅是根据自由人民自己的观念和承诺，去得出处理自由人民之间的关系。而关键是，正派人民在原初状态的第三次应用中，自由地认肯了由自由人民在原初状态的第二次应用中得出的万民法八原则。那么这意味着：自由人民可以在一贯地坚持他们对相互性、辩护性的承诺的前提下，去处理他们与正派人民之间的关系。换言之，自由人民可以在不对其他非自由价值、传统做任何妥协的情况下，将他们处理相互之间关系的原则，扩展到处理他们与正派人民之间的关系上。说这是自由主义观念在应用上的普遍性，也就是说自由人民可

---

❶ John Rawls, *LP*, p.70.
❷ John Rawls, *CP*, p.532.

以在全球人民社会中（法外国家除外），按照那些仅仅根植于他们自己的自由主义观念的原则而行事，他们可以将他们的自我观念无妥协地、一致性地投射到全球万民社会。

有许多人认为，这体现了一种自由主义的"西方中心观"和"霸权"思维。因为他们认为：罗尔斯不让正派人民的代表和自由人民的代表一起进入一个原初状态中讨论应如何开列规约他们之间关系的万民法，而仅仅是推测说正派人民会同意由自由人民开列好的万民法。我认为，这是对罗尔斯思想的另一个常见的误解。在这里有个视点（point of view）问题要理解。要注意，当罗尔斯说"自由主义观念在应用上的普遍性"时，这是从自由人民的角度说的，即自由人民在上述意义上仿佛可将万民法的八原则看作他们的自由观念在全球万民社会的普遍应用。但罗尔斯从来没有宣称，正派人民也必定要把万民法的八原则看作一种自由主义观念的扩展。相反，罗尔斯允许正派人民在其他任何他们认为合适的、经得起反思的基础上为此八原则作辩护。所以，罗尔斯很精心地挑选了应用上的普遍性（universal in its reach）这个表述，意在区别"规范性根据上的普遍性"（universal in its validity）或"权威性来源上的普遍性"（universal in its source of authority）。罗尔斯有信心地认为，只要正派人民的确符合了"正派"的定义，那么推测他们会同意此万民法八原则就是合理的。有理论家认为这正是罗尔斯理论的新颖之处：将万民法（尤其是作为其核心的人权清单）的性质、角色、内容，与它们的规范性基础分开来。❶根据我的理解，罗尔斯之所以

---

❶ 参见 Charles R. Beitz, *The Idea of Human Rights* (Oxford University Press, 2009), pp.96-104。Beitz 提到，自然法和契约理论家经常是把人权的性质、内容与他们的权威性基础捆绑在一起的；在这类理论里，知道了什么是人权，也就是知道了其范围、内容以及规范性基础。

不让正派人民的代表和自由人民的代表一起进入一个原初状态中讨论应如何开列万民法，就在于他想通过分阶段制定这个策略来体现这是"一个自由主义的观念被扩展，产生了一个更为普遍的万民法"的过程。如果是两者一起制定的，就不知道从何种意义上能够说万民法是自由主义的正义观念扩展而来的了。

尽管罗尔斯为了表明"建构主义的自由主义观念在应用上的普遍性"和"扩展自由主义的观念产生一个更为普遍的万民法"而煞费苦心地设计建构程序；不过，那些持强硬的普遍主义立场的自由主义者仍然对这在什么意义上构成了"自由主义"观念的扩展表示费解。最根本原因在于，罗尔斯在原初状态的第二次运用从而得出万民法具体条款的时候，把许多对自由社会而言是构成性的权利，如充分的良心自由、充分的政治参与权利（一人一票的民主权利）等剔出万民法开列的人权清单。❶强硬的自由主义者会质疑：为什么自由人民的代表们在第二个原初状态中竟然会选择一个自由权利大大缩减的人权清单？是否有道德的而不仅仅是实用的理由可以解释这个事实？所以，即使这些建构步骤成功地得出了一个自由人民和正派人民都同意的万民法，由于缺失了那些对自由主义而言是构成性的公民权利规定，我们无法从实质意义上说这是自由主义观念的扩展，并体现了建构主义的自由主义观念在应用上的普遍性。而且，这种分阶段的建构还出现了一个很严重的"循环论证"的问题：罗尔斯为了接纳正派人民，使其区别于法外国家从而有资格进入原初状态思考是否接受万民法，就要先从概念上定义正派等级人民对内尊重人权，对外不侵略其他人民。❷当进入原初状态思考万民法时，

---

❶ John Rawls, *CP*, pp.552-555.
❷ John Rawls, *CP*, p.547.

又说他们决定接受一个规定尊重人权、不谋求侵略的万民法条款。在这些过程中，罗尔斯并没有为基本人权提供一种独立论证，因为上述论证是循环的。这样一来，"根据万民法不去宽容法外国家"❶也没有获得充分的论证上的支持，尽管我们从直觉上能够理解这一点。所有的疑惑归结为一点：罗尔斯的政治自由主义能不能为一些普遍的正义原则（例如基本人权的一个清单）提供独立的论证。

但回答政治自由主义能不能为一些普遍的正义原则（例如基本人权）提供论证的问题，❷罗尔斯其实还有一些替代方案可以选择：世界主义者经常会给他的建议就是采纳一个一步到位而不是分三步的全球性原初状态（global original position），即原初代表是世界上所有个体（individual persons）而不是人民（peoples）原初状态。❸罗尔斯有两个理由拒绝这个提议：第一，假如这个全球性原初状态中的代表，不管其社会及文化背景如何，都被设定为"自由平等的、合乎情理而又理性的个体，以使得其符合自由主义的观念，那么这就使得万民法的基础太狭隘了"。❹换言之，也就是应该把万民法的基础拓宽，以纳入非自由但仍然是正派的社会。第二，如此设定的原初状态的代表，必定会要求经济财富在全球层面上进行一个更平等的分配。❺但罗尔斯认为：在全球层面，任意个体之间存在

---

❶ John Rawls, *LP*, p.81.

❷ 在下面的第4小节，我将表明为什么罗尔斯的国内和国际正义理论都需要这样一个辩护。

❸ John Rawls, *CP*, p.549. 我们将之简称为"全球性的原初状态"。

❹ John Rawls, "The Law of Peoples", *Critical Inquiry*, 20 (1993), p.55.

❺ Charles R. Beitz, "Rawls' Law of Peoples," *Ethics*, Vol.110, No.4 (July 2000), pp.688-693. 当然，Thomas Pogge走得更远，他论证说即使采纳罗尔斯的分阶段和原初代表为"人民"的原初状态，代表们还是有理由要求产生全球层面的更具平等意义的分配正义的安排。参考 Thomas W. Pogge, "An Egalitarian Law of Peoples", *Philosophy & Public Affairs*, Vol.23, No.3 (Summer 1994), pp.195-224.

不平等这个事实本身不足以触发分配正义的要求，因此这种分配正义主张本身是不恰当的。❶在全球层面我们只对人道主义灾难以及那些负担沉重的社会（burdened societies）给予援助，在此之外，不存在分配正义的考虑。❷

某种意义上，欧诺拉·奥尼尔分享罗尔斯的第二个看法，当然，她有自己的理论考虑。奥尼尔认为，如果我们在全球层面上主张穷人有得到更平等财富分配的分配正义的权利，并将之列为基本人权条款之一，那么这种经济社会权利看起来是很古怪的。因为如果将权利理解为一种主张（claim）的话，就是说权利拥有者有资格从这个分配正义义务（而非慈善义务）的承受者那里得到某些东西，而社会经济权利是要求得到物品或服务的积极主张。不过，在全球层面建立起相应的制度（例如全球政府）来指派谁是这种全球性的社会经济权利的义务承担者之前，这种要求积极行动的权利主

---

❶ 究竟什么因素使得分配正义的义务只存在于一国公民同胞之间，而这种义务是他们对国界之外的其他人不负有的？关于这一点，可参考为罗尔斯的这个主张作辩护的两篇文章：Michael Blake, "Distributive Justice, State Coercion, and Autonomy," *Philosophy & Public Affairs*, Vol.30, No.3 (Summer 2001), pp.257-296; Thomas Nagel, "The Problem of Global Justice," *Philosophy & Public Affairs*, Vol.33, No.2 (Summer 2005), pp.113-147。

❷ 尽管人道援助义务与分配正义义务都可以说是一种道德义务，但两者的区别也很重要。首先，人道援助的目的是要缓解威胁人们生存的生活上的窘迫困境，而分配正义的目的是要消除一种过分的相对剥夺从而实现一种平等的理想。考虑到某些人群的生活状况，若他们基本生存需要得到了满足，基本的人道主义援助的义务就不存在了，但这并不表示分配正义的要求也满足了，这取决于某个社会内的人们对平等的理解、经济发展状况与贫富差异等。其次，人道的援助义务与一种分配正义的义务都称为义务，但前者是一种道德的、慈善的义务，而后者是一种正义的义务。两者不同之处在于，援助给予者可能会出于某些道德考量而感觉到他们的确负有道德、慈善的义务要去帮助那些援助的接受者，但在援助的接受者那里，并不存在一种相应权利，根据这个权利他可以向某特定的主体提出一种援助主张（claim）。第三，与第二点相关，分配正义的义务比人道援助的义务要严格，假如人们之间真的存在一种分配正义的义务的话，履行这个义务并不取决于其他人是否碰巧具有同情心或仁慈的美德。

张是对着空气提出来的,它找不到可辨识的、确定的义务承担者,因此说某人有这样的权利只不过是一种修辞罢了。❶但是,奥尼尔不认为罗尔斯的上述第一个理由是妨碍我们建构出一个普遍的正义原则的因素。理由很简单,因为奥尼尔可以反问罗尔斯,为什么全球性的原初状态中的代表,必定要被设定为带有自由主义色彩的自由平等的个体?如果我们能够设定某种关于人的观念,且这个高度抽象的观念并不依赖任一特定社会背景、文化传统或有争议的整全性学说,而又能够为所有人认同,这样建构出来的原则不就是具有真正的普遍性了吗?某种意义上,我们可以这一点切入去理解奥尼尔的普遍正义原则的建构工作。这正是我们在下一小节要处理的内容。

5.1.2　奥尼尔对政治建构主义的批评以及她的普遍主义的建构主义

奥尼尔对罗尔斯的建构进路进行了持续的批评,认为其抛弃了康德建构主义中最重要的承诺——普遍性。在一系列论文以及《迈

---

❶ Onora O'Neill, *Towards Justice and Virtue: A Constructive Account of Practical Reasoning* (Cambridge: Cambridge University Press, 1996), pp.129-133. 与社会经济权利不同,政治权利并不需建立一个制度就是可主张的(claimable),如要求任何人都不能侵害我的人身安全,对应地,所有人都负有这种义务不能侵害我的安全;而一旦我的这种权利被侵害,义务和责任的承担者很清楚,就是施行侵害行为的人。注意,这两种权利的实施(enforcement)如惩罚侵害我的人、对穷人实施救济等,都需要制度或机构的积极行动。但奥尼尔要强调这两种权利的差别是:社会经济权利,在制度建立起来以指派谁负有义务承担满足这种权利提出的那些积极的物品服务要求之前,严格地说"权利—义务"对称性在这里是不存在的。而没有可辨识的确定的义务承受者的权利,在奥尼尔看来是空洞的,即使从理论上你可以坚持说它是存在的。但政治权利,无须建立制度来辨识谁负有义务承担不准侵害这种消极的要求,因为每一个人消极地不去做就满足这种要求,而一旦侵害发生,伤害的责任承担者就是这个去侵害别人的人。奥尼尔其实是想借此区分表明她的义务进路比权利进路能够更好地切入讨论普遍的正义问题,给定上述区分,与其去表明人们都有某些人权,还不如去界定人们彼此负有什么义务和责任。

向正义与德性》❶这本专著中,奥尼尔对罗尔斯的建构主义这方面的不满可概括为:第一,在正义原则的建构上,罗尔斯把建构范围限定为一个封闭社会里分享相同的政治同一性(political identity)的公民;而同一社会里处于政治制度强制之下但不分享此政治同一性的公民,并没有被纳入伦理考量的范围。第二,罗尔斯对建构推理中实践理性原则(尤其是合情理性)的说明,也依赖于一种预设的自由民主社会里的公民们共享的公共理性。这两个因素就决定了他对伦理辩护的解释在范围上就不具有普遍性,而只能沦为一种"特殊主义"❷的实践推理方式。我把奥尼尔对罗尔斯的建构主义所使用的这个公共视角的批评视为一种外部批评,因为她认为罗尔斯在考量正义问题时所采纳的公共视角,不恰当地将其他一些相关的行动者(他们不分享同一政治同一性,但同处在那个正义原则影响下)排除出了伦理考量的范围,因此那个视角其实并不是一个真正公共的视角,最多也就是个局部公共的视角。

奥尼尔关于实践推理的见解,深受康德在《什么是启蒙?》中关于理性的公共运用(the public use of reason)的思想的影响。奥尼尔认为,在康德那里,理性公共运用与私人运用的区别,不在于推理是公共的还是私底下进行的,也不在于听众的多寡,而在于是否给推理施加了外在的限制。理性如果要算作公共运用,必须不能接受一些外在的限制;但推理也不能毫无法则,否则推理最后会以

---

❶ 参见 Onora O'Neill, "Constructivism in Ethics," in her *Constructions of Reason* (Cambridge: Cambridge University Press,1989), pp.206-218; *Towards Justice and Virtue* (Cambridge: Cambridge University Press,1996); "Political Liberalism and Public Reason: A Critical Notice of John Rawls, Political Liberalism," *The Philosophical Review*, Vol.106, No.3(1997), pp.411-428; "Constructivism in Rawls and Kant," in S. Freeman (ed.), *The Cambridge Companion to Rawls* (Cambridge: Cambridge University Press,2003), pp.347-367。

❷ Onora O'Neill, *Towards Justice and Virtue*, p.30.

胡言乱语和失去思考的自由而告终。因此，理性能够接受的权威只能是内在于理性的，理性除了服从它给自己制定的法则之外不服从其他法则。❶就实践推理而言，如果要使得在社会正义或道德德性等相关问题上的推理所提供的理由具有一种普遍的、公共的权威，那么这种推理除了服从实践理性本身的法则外就不能接受其他外在的限制。为我们熟悉的一些所谓的"实践推理的观念"，实际上并不能算是一个实践的推理，因为它们给这种推理施加了不恰当的限制：如她称为"柏拉图主义"的实践理性观，认为理性的行动是以客观目的为导向的行动；或"工具性"的实践理性观，认为理性的行动是依照如欲望、爱好等主观的目的而进行的；或"特殊主义"的观点，认为现实的规范和承诺是理性行为的准则。这些所谓的"实践"理性的观念，都给实践推理施加了不恰当的限制，只要有些人不认同那个客观目的的形而上基础，或碰巧不具有那个主观欲望，或不分享某个社群或传统的价值和承诺的话，那些推理对他们而言就自动失去了权威。因此，实践推理只能由对实践理性而言具有构成性的规范来引导，即它应该是所有相关范围的所有行动者在思想上可理解、在行动中都可以遵循的（followable）。❷要注意到奥尼尔这个主张是很强的，因为她说此"可理解可遵循"的规范对一个实践推理而言是构成性的，也就意味着她认为遵循其他标准和限制的推理，根本不能算作是实践推理，或至少不算是严格意义的实践推理。❸

但上述可理解可遵循的规范，只是对何为实践推理的一个形

---

❶ Onora O'Neill, "The Public Use of Reason," *Political Theory*, Vol.14, No.4 (Nov., 1986), pp.523-551.

❷ O'Neill, *Towards Justice and Virtue*, pp.49-51.

❸ Ibid., p.51.

式的定义，如果要由此得出具有实质内容的正当或正义原则，就必须对规范中的行动者（agents）的特征以及怎样确定相关的范围（scope）做出说明。这两者是相互关联的，因为行动者的主体特征如果确定了，也就确定了谁能够进入建构主义的伦理考虑的范围。在此，奥尼尔面临一个她自己设置的难题：如果不去设定实践推理的行动者的特征或推理的范围，那么如许多理论家批评康德的定言命令一样，她的实践推理的观念就是形式的、空洞的；但如果具体限制了推理主体的特征，这种限制又如何满足"可理解可遵循"的规范呢？奥尼尔想了一个办法，她试图通过考察实践行动本身而设定推理主体的特征来解决这个问题；也就是问：人们实践的行动，或主体如果要介入实践活动（activities）的话，必须预设些什么？在奥尼尔看来，有三个预设是根本性的：实践活动必须预设多元的他者存在，实践活动的行动者是以某种方式直接或间接地相互联系的，实践行动者是能力有限的主体。❶多元性、相联性以及有限性就是我们一旦介入实践活动就必须预设的实践行动主体的特征，这样一来也就确定了建构主义伦理考量的范围，即要把所有多元、相连与能力有限的人考虑进去。假如像"特殊主义者"的实践理性观念那样，将推理考量的范围限制在对某一特殊的文化或传统的认同上，那么它就是在否定推理主体的多元性或相联性，实际也就是在否定实践活动本身。奥尼尔补充强调，现代世界很少有绝对孤立的活动，我们通过某种方式直接或间接地与遥远的他者和陌生人相联，或存在相联的可能性；因此在某些层次的某些问题上，伦理考量的范围必定是世界主义的。至此，奥尼尔已经为她将要建构的普遍主义的正义原则做好了所有准备。

---

❶ O'Neill, *Towards Justice and Virtue*, p.101.

在确定了可理解可遵循的实践推理原则、推理主体的特征和建构主义的伦理考量范围之后，奥尼尔只需要一个类似于罗尔斯原初状态这样的建构程序，将实质性的普遍正义原则（以及正当原则）建构出来。不过，奥尼尔的建构程序更多地类似于康德的可普遍化测试，而不是罗尔斯的原初状态的契约设置。奥尼尔认为，给定了上述实践理性的种种设定，我们就可以去问：拥有最低度理性、多元、能力有限但相互联系着的主体，他们能够按照什么样的原则来生活？❶我在本节上面第 185 页注 1 中提到，奥尼尔呼吁人们认真对待"义务"。她认为有理由应该从普遍义务而不是普遍权利切入去考量普遍的正义问题。我们有普遍义务去拒斥的那些原则，最根本的就是<u>一旦被普遍化地采纳，就会损害在伦理考虑范围的所有行动者的行动能力的原则</u>。这些降低、损害行动者实践行动能力的原则，如伤害、欺骗和强制等，就是一个普遍正义原则首要地应该禁止和拒斥的东西，实质性的普遍正义原则的内容因此得以确立。与罗尔斯等自由主义者不同，奥尼尔的正义原则并没有要求最大化（自由）权利体系，而只是设立了一些禁止性的规则；这些规则所确立的义务是普遍的，所有社会的正义原则，无论其更厚实内容是什么，均不得违反这个约束性的正义框架。

5.1.3 一种相互补充的解释

为调和奥尼尔的普遍建构与罗尔斯的被认为是特殊主义的建构之间的矛盾，佩里·罗伯茨（Peri Roberts）❷提供了一个关于两者在建构层次上的对接性解释：在罗尔斯对政治建构主义的说明

---

❶ 一个早期表述参见 Onora O'Neill, "Constructivism in Ethics," p.213。

❷ 参见 Peri Roberts, *Political Constructivism* (New York: Routledge, 2007)。

中，也蕴含着一个普遍的建构（罗伯茨称为"基层建构"[primary constructivism]）。罗伯茨认为，罗尔斯的实践理性的观念，强调所有人都可以接受以及普遍的反思平衡，因此与奥尼尔的"所有人可理解可遵循"的实践理性观念精神上是相通的。在实践推理主体特征上，除了比较厚实的自由平等的公民观念和平等合作体系的社会观念外，罗尔斯也有一个单纯的人和社会的概念（bare concepts of the person and society）。罗伯茨认为罗尔斯关于人作为合乎情理和理性的概念，以及社会作为以公共善为目的、由共同的法律规制并能施加真正的义务的体系的概念，是对"人"以及"社会"概念的一种普遍说明。在此意义上，罗尔斯的建构主义也具备了对推理主体特征以及伦理考量范围的一个普遍的说明。那么，"基于单纯的人以及社会基础善的实质性辩护，就能为一种对人权的普遍说明提供辩护……"，这在结果上与奥尼尔建构出来的约束性的普遍正义原则也能对接上。❶

尽管在此我不能详细地去检查罗伯茨的论证，但有两点使我认为他的所谓"对接性"解释会遭遇困难，而这些困难是他在论证中没有讨论的：第一，罗尔斯的政治建构主义的实践理性观念，并不如奥尼尔那样，试图给实践推理设定一个构成性的标准。在讨论罗尔斯的公共辩护观念时我们已经看到，罗尔斯当然并不接受如完善论宣称的某些根本的政治原则不需要取得公民的同意就是有辩护的，但他并不进一步断言完善论的推理并不是实践推理。罗尔斯刻意避免确立一个单一客观真确的实践理性理念，他所谓的实践理性只是人们在关于什么制度和政策是合乎情理的、正派的和理性的这个问题上的推理。罗尔斯只需表

---

❶ 参见 Peri Roberts, *Political Constructivism*, pp.67, 73.

明他的实践推理的观念在政治正义问题上对自由平等公民而言是（最）合乎情理的就足够了，更进一步的主张会把政治建构主义拖入不必要的争论中。因此，即使罗尔斯的政治建构主义的实践理性观念，和奥尼尔一样，都坚持所有相关的人的同意或接受的原则，但双方对这个原则在两种实践理性的观念里的性质地位，有着意义重大的不同见解。第二，更重要的是，罗伯茨认为罗尔斯的"人作为合乎情理和理性的人"这个概念，是对推理主体特征的普遍定义，这个可能是有问题的。作为理性的人的观念问题不大，关键问题在对合乎情理的人的界定上。罗尔斯在《政治自由主义》中对人作为合乎情理的人有两个标准：a. 面向其他平等的公民，有提出以及践行社会合作的公平条款的意愿；b. 承认判断负担的事实及愿意承担其后果。罗尔斯认为，a 标准中实际已经蕴含了一个自由主义的个体公民（individual citizens）的理念，也即政治生活中能动性以及责任的基本单位是个体，每个人凭借他是公民这个身份就可以在设计政治基本制度这个问题上直接面对其他公民提出自己的主张或合作条款等（这是自由主义的公民他们的自由的一个方面，也即公民在作为自己主张的自真之源这方面是自由的），我们并不能有辩护地宣称所有政治体都应该持有这种民主社会公民对于自我政治身份与地位的理解。如罗尔斯在《万民法》中就指出：正派等级人民中的人，将他们自己看作正派的、理性的以及能够进行为他们的社会所认可的道德学习的人，他们首先将自己看作群体成员而不是个人来参与政治生活的。❶对于标准 b，罗伯茨准确地看到，判断负担是人类一旦运用其理性时自然会遇到的事实，并且会导致判断的合理多元状况。但 b 标准的后面部分

---

❶ John Rawls, *LP*, pp.71, 73.

"愿意承担其后果",即在政治生活中表现出对其他合理观点的宽容,这个规范要求能从合理多元事实中推导出来,也与人们将自己看作自由平等公民这个自由主义的观念是分不开的,这一点在上一章 4.1.5 小节中已经论述过,不再重复。概言之,罗尔斯的确不认为存在一个自在、普遍的"合情理性"标准。原因也很好理解,因为合情理性原则被罗尔斯称为实践理性的原则,是实践理性观念的组成部分;既然上面提到罗尔斯并没有一个单一客观真确的实践理性观念,那么也不会有一个单一普遍客观的合情理性标准能够被推导出来。它只是根据政治建构主义所要面对的主题、问题恰当地开列(enumerate)出来的。❶政治自由主义除了说面对自由民主社会里自由平等的公民,合情理性如此设定是恰当的之外,没有能力为它在更大范围的客观普遍性提供进一步辩护。

与罗伯茨的对接性解释不同,我将根据上一章 4.2 节所阐明的建构主义特点来提供一个两者相容及相互补充(complementary)的解释。通过此解释我试图表明:即使奥尼尔的普遍建构是成功的,也不意味着这构成了对罗尔斯的政治建构主义的批评。

首先,从上一章 4.2.3.4 小节对罗尔斯的建构主义的实践本性的解释中,我们已经看到:政治建构主义是因应特定的问题而发起的,推理主体特征的确定、伦理考量的范围以及实践推理的原则,都与特定建构所要面对的实践政治社会问题相关。因此,针对两个不同问题的两种建构,或如奥尼尔所言的两种"世界性的以及不那么世界性的关于正义的思考",❷从方法到结果都不必然是冲突。而在奥尼尔和罗尔斯对正义原则的两种建构的例子中,它们是相容以

---

❶ John Rawls, *LP*, p.87.
❷ O'Neill, *Towards Justice and Virtue*, p.173.

及是相互补充的。罗尔斯在宪政民主社会里为"自由平等的公民根据什么原则进行公平的社会合作"这个问题建构出来的更为厚实正义原则,没有必要去否定那些普遍的但稀薄(类似于基本人权)的正义原则。而奥尼尔因应"多元、相互联系以及能力有限的实践行动者,如果要保障实践能力与实践活动本身,首先需要预设些什么"这个问题所建构出来的所谓普遍的、拒斥伤害的正义原则,是一种约束性的原则。在这些基本的约束边界之内,正义原则更厚实的内容是允许的。❶

第二,普遍但稀薄的正义约束性原则不但允许正义原则的更厚实内容,而且更厚实、更实质性的正义观念是必需的。尽管奥尼尔一再坚持她建构出来的原则不是纯形式的,但罗尔斯有理由认为,她的那些原则仍然太过稀薄而无法承担起罗尔斯指派给正义观念的那个社会角色,也即无法成为公民在一个组织有序社会里就根本正义问题进行辩护的公共基础。罗尔斯认为民主社会里的正义问题,要处理的最根本的是公民们对"自由"和"平等"这两大基本价值的不同理解间的冲突,以及为这些冲突的调解提供一个公共的基础。这不仅仅要求确立一些拒斥伤害的原则,而且还应该包括:各种基本权利以及自由权应该如何具体界定,并使之成为一个相互融洽的体系;社会合作的成果应该如何分配以体现平等的要求;处理自由权与经济平等要求之间的关系优先规则;等等。因此如科斯伽德所言,如果我们需要得出一些更为厚实的正义观念来指导我们的政治生活实践,那么解决办法就是要对特定的实践同一性观念做出说明,并借此进一步探究哪些厚实的正义原则是他们可以接受的。❷这正是

---

❶ O'Neill, *Towards Justice and Virtue*, pp.63, 182-183.

❷ Korsgaard, *The Constitution of Agency*, pp.320-321.

罗尔斯采取的方法，他试图从共享的政治文化中抽象和诠释出一个政治同一性的观念，并从这个视角出发来选择更为厚实的正义原则。

第三，从更根本层面上说，奥尼尔的一般性普遍正义原则与罗尔斯建构的更为厚实的正义原则，都共同地承诺了一些普遍而又抽象的道德理念，如平等、不偏不倚地对待每一个个体，等等。这体现在奥尼尔关于实践推理主体的特征界定以及对实践推理要求的界定上，同样也体现在罗尔斯关于原初状态的种种限制条件的设定上。这表明，即使罗尔斯建构出来的正义原则只适用于自由民主社会内部的公民，但他的正义理论仍然是以不偏不倚性、平等主义等普遍的道德理念来奠基的。❶如奥尼尔这样的适用于所有人的普遍原则之下，其实是允许一些有差别的二阶规则去应对人类实践事务的差别性、复杂性和多元性，只要这些差别对待是能够根据普遍的道德理念而获得辩护的。反过来也可以说，并非社会表现出来的无论什么样的多元与差别本身都应得到尊重，一般普遍原则对这种多元与差别施加了边界约束。❷

5.1.4 为什么罗尔斯需要一个奥尼尔式的普遍正义原则但又不能接受奥尼尔的建构

上述对罗尔斯及奥尼尔所建构原则的相互补充的解释，至多是表明了罗尔斯的建构主义及其建构出来的原则，可以与奥尼尔的建

---

❶ Thomas Pogge 把罗尔斯的建构主义的特征称为"语境主义的道德普遍主义"，之所以称为"语境主义"，是他的建构主义重视不同的正义问题语境下人们的情感、动机在正义理论的建构中的重要作用；但 Pogge 正确地观察到，罗尔斯的"建构论的情景主义"仍承诺了一种"不偏不倚"的观点，进而他的正义理论仍然是以平等主义奠基的"道德普遍主义"，这使得它区别于一种以情感或文化传统奠基的"情景"主义。参见 Thomas Pogge, "Moral Universalism and Global Economic Justice," *Politics, Philosophy & Economics*, Vol.1 (2002), pp.39-42。

❷ 罗尔斯认为，基本人权作为普遍正义原则的核心成分，其作用之一就是"对各人民之间的多元性施加限制"。参见 John Rawls, *LP*, p.80。

构主义及其建构结果无矛盾地共存。但这个解释并没有表明从罗尔斯的《政治自由主义》自身出发，罗尔斯是否的确需要一个稀薄但普遍的类似于基本人权的正义原则来作为其理论的一种补充。在本小节中，我希望表明，罗尔斯的正义理论内部存在着一些问题，使他确实需要一个奥尼尔式的普遍正义原则来作为补充。

首先，从自由民主社会内部来看，虽然罗尔斯与奥尼尔的两种建构是相容的，但奥尼尔的批评在如下问题上仍然是有力量的：除非政治自由主义理想化地假设，那个封闭的自由民主社会所有人都分享一个政治同一性，否则政治自由主义就必须面对那些处于同一社会里不分享那个政治同一性的少数派和边缘人，而政治建构主义并没有把他们纳入伦理考量，对这一点，政治自由主义能给出什么解释吗？只是因他们不是主流政治文化的拥趸吗？❶这个少数派不服从问题显然被罗尔斯归为有待一种非理想理论要处理的问题。但这里涉及的不分享那个政治同一性的少数派问题，又不属于罗尔斯在非理想理论部分提到的公民不服从（civil disobedience）问题。因为按照罗尔斯的看法，少数公民不服从的行动，即使是对现政策和法律不满，但仍然诉诸这些少数派与其他人共享的一个公开的正义观。他们似乎更对应罗尔斯在非理想理论部分提到的激进分子（militant），因为他们反对现存的政治制度，不承认现存的政治制度是一个近似正义或合理的政治制度，认为现制度是在追求一个错误的正义观。罗尔斯首先肯定激进分子的反抗行为在某些场合肯

---

❶ Onora O'Neill, "Constructivism in Rawls and Kant," p.353. 拉兹分享这个批评，他质疑在自由社会里"这些持有不合乎情理观点的人生命和福祉和其他人一样，都在受到政治权威的影响"，"尚不清楚的是，如果合法性的确取决于同意，为什么它仅仅取决于那些持有合乎情理观点的人的同意？"参考 Joseph Raz, "Disagreement in Politics," *American Journal of Jurisprudence*, Vol.43(1998), p.33。

定是正当的，但他说在此无法讨论此问题。❶ 当然，说这些人是激进分子并不必然意味着他们在现实中时时刻刻威胁着政治制度的存续；而重要的是从辩护的意义上说，现存制度没有资格要求他们的全部忠诚，至少在他们看来是如此。既然是一个辩护的问题，罗尔斯怎可以不讨论？罗尔斯的支持者也许会认为，即使在这些少数派看来，"作为公平的正义"的制度安排无法获得道德正当性或政治合法性，这并不等于"作为公平的正义"不能有辩护地将一种服从的义务施加给他们。因为"作为公平的正义"只要满足了最低度的、一般性的正义标准，就可以要求那些不认同自由民主的价值的人在民主社会里负有至少不推翻此社会的正义合作的"正义的自然义务"（natural duty of justice）。❷ 这种回应当然是有道理的，但问题是罗尔斯需要提出这个最低度的、一般性的正义标准是什么，并表明"作为公平的正义"确实满足了它。

第二，我认为，在罗尔斯的理想理论与非理想理论（至少某些部分）的关系处理上，罗尔斯其实需要承诺一个普遍性的规范，否则有可能导致循环论证的问题。举例来说，在《万民法》中，法外国家（outlaw state）的问题被认为是非理想理论的一部分，在自由人民与正派的人民制定万民法条款时，法外国家是被排除在外没有发言权的。排斥他们是因为法外国家不遵守基本人权条款以及对外侵略。但是，那个基本人权条款又是自由人民与正派的人民各自在原初状态中同意（制定）的。❸ 这显然构成了一个循环论证。因此，除非罗尔斯为基本人权的普遍性和重要性提供一个独立的论证，否则，法外国家违反自由人民和正派人民都同意的那个人权条款，这

---

❶ John Rawls, *TJ*, pp.321-323.
❷ Ibid., p.99. 这种义务是"自然"的，意味着它的存在不取决于人们是否接受或同意。
❸ John Rawls, *LP*, pp.80-81.

本身就不能构成自由人民和正派人民去干涉法外国家的正当理由。❶与这里的问题相关，这样一个循环结构在《政治自由主义》中同样出现：不分享自由民主政治同一性的少数派一开始被排斥在政治建构考量范围之外，因为辩护总要从某些共识开始。在理想理论得出了那些分享同一政治认同的人们都可以同意的正义原则后，再到非理想部分处理这些少数派的"不正义"行为，他们是不正义的是因为他们不遵守前面得出来的那个正义原则。罗尔斯要跳出这个循环，就要表明上述那个共识中有某些核心的东西也是可以得到普遍性证明的。

那么，既然罗尔斯的正义理论本身需要这样一个低度且普遍性的、类似基本人权的正义原则，那么他可以直接吸纳奥尼尔的这种普遍建构过程，以提供那样一些普遍原则来应对上述理论问题吗？我认为不能，理由有二。

第一，在奥尼尔这里，实践理性的建构或道德原则的建构，预设了一种康德的"构成性自律"（constitute autonomy）❷的立场。在奥尼尔看来，（实践）理性或理由，其实是我们赋予"引导我们思想和行动的最有权威的那些东西的名字"。❸因此，一个建构性的标准即"所有相关行动者或推理者都能够理解遵循"，很自然地就从对实践理性的这种规范理解中推导出来。一旦相关行动者的特征能够界定出来，那么适用于这些行动者的道德规范就能从这个实践理性的观念中推导出来，也就完成了从对实践理性的建构转到对伦理

---

❶ Charles R. Beitz, "Rawls' Law of Peoples," pp.685-686. 另一个循环在本章的5.1.1小节中已经阐述过，也就是在对为何要宽容和接纳正派人民的论述中出现的循环，对这个循环的解决同样要求对基本人权做出独立的论证。

❷ John Rawls, *PL*, p.99.

❸ O'Neill, *Towards Justice and Virtue*, p.60；另参考 p.53。

原则的建构。托马斯·贝斯奇（Thomas M. Besch）对此有疑问：为什么奥尼尔宣称一旦实践推理必须预设多元、相互联系以及能力有限的他者的存在，那么"在确定伦理考量范围时，人们就不能融贯地否定这些预设"，❶也即一旦我们进入实践推理或计划实践活动，就必须赋予具有以上特征的人一种伦理地位（ethical standing）？贝斯奇实际上是想质疑奥尼尔从一种实践活动必须预设的推理主体特征的描述，到给予具有这些特征的人一种伦理考量，这其中基础或连接点究竟在哪里？❷在我看来，如果奥尼尔把实践理性的观念理解为道德规范的源泉的话，这没有什么不好理解的：对实践理性是构成性的原则，就是实践活动必须预设的那些根本性的东西，也就是道德考量必须视为前提规范的原则。用来定义实践理性的"可理解可遵循"标准，也就是如同康德的定言命令，其功能是排除那些不能通过此标准测试的原则如强制、欺骗等，并将之作为正义原则的禁止性原则。因此，在奥尼尔这里，康德道德建构主义中的"构成性自律"——认为道德来自实践理性本身，或者说是实践推理活动的产物——这个因素被保留了下来，这是罗尔斯的政治自由主义的理论立场不能接受的，理由在上一章4.2.2.2小节已经论述过。

第二，我们说过，奥尼尔的实践理性观念深受康德的理性的公共运用的思想影响，某种意义上，它类似于罗尔斯的公共理性的理念，因为两者都强调推理必须是所有相关的人都可以接受或理解的。但是，罗尔斯区分公共理性与非公共理性，并且将所有人可理解可接受的公共理性的严格标准，限于宪政根本以及基本正义的问题的推理上。至于其他领域的推理应该遵循什么要求，政治自由主

---

❶ O'Neill, *Towards Justice and Virtue*, p.100.

❷ Thomas M. Besch, "Constructing Practical Reason: O'Neill on the Grounds of Kantian Constructivism," *The Journal of Value Inquiry*, Vol.42 (2008), pp.55-76.

义应该保持沉默。公共理性只有一种,非公共理性可以多种多样,它们在一般意义上也都可称为实践推理。而奥尼尔认为:在诸多自称为"实践推理的"观念中,只有一种推理能称得上是真正的实践推理,除此之外无他。这种真正的实践推理的标准,不仅在正义问题的推理上应该得到遵循,而且在道德德性与美德的推理上也应被遵循。这样一来,根据罗尔斯政治自由主义的基本立场,即使这种推理不预设一种形而上的基础,但它也必定是(部分)整全性的,因而也不能为政治性的自由主义所用。

我不排除如下可能性:奥尼尔的普遍建构在经过对包括上述两点在内的修改后,能够被罗尔斯的《政治自由主义》接受。但鉴于上述两点对奥尼尔的普遍建构的重要性,以及奥尼尔的建构主义使用的各种理念、观念与罗尔斯的政治建构主义的差别,即使在做了这种修改之后能够提供一个为《政治自由主义》接受的最低度但普遍的正义原则,我们也不清楚从什么意义上是在罗尔斯的正义理论资源的基础上产生出来的。因此,我将从另一个路径切入,运用罗尔斯自己的理论资源,提供一个对最低度但普遍的正义原则的说明,以应对本小节一开始提到的罗尔斯的正义理论面临的问题。

5.1.5 政治自由主义如何提供对普遍正义原则的说明

由亚马蒂亚·森所开创的能力进路(capabilities approach),是在平等问题研究中对"关于什么的平等(equality of what)"的一种回答。它旨在弥补由效用主义以及由罗尔斯、德沃金等人所坚持的依照效用满足、福利或资源为尺度来衡量人们的生活质量或生活标准的缺陷。玛莎·纳斯鲍姆极大地发展了这一进路,但纳斯鲍姆的关注点与森有些不一样,她不仅仅认为在处理分配正义问题时要将之作为衡量人们生活质量的指标,而且希望开列出一个最低度的但具有普遍性的人类能力清单。任何政治体，如果它有资格可称为保障基本人权的或具有最低度正义的，就必须平等地保障所有公民具备清单上开列的能力。纳斯鲍姆在 2006 年出版的《正义前沿》❶这本她称为纪念罗尔斯的著作中，却严厉地批评罗尔斯契约主义的正义理论：认为它在处理社会残障、全球不平等以及与非人类物种的关系等问题上存在重大缺陷和盲区，而她提供的能力进路却可以对上述问题给出恰当的说明。但其实，自 2000 年前后以来，以《妇女与人类发展》❷这本书出版为标志，纳斯鲍姆在对她的能力清单的目的、角色、基础以及开列方式等问题的说明上，已经完全被罗尔斯的《政治自由主义》中"政治的"方法折服。她甚至认为："在现代世界里，如果存在一种有吸引力的普遍主义的话，它必定是某种形式的政治自由主义。"❸具体来说，在纳斯鲍姆这里，第一，开列人类能力清单的目的是政治性的，也就是为基本的宪政条款提供道德基础。它当然是一个道德观念，但不是整全性的，其角色是限于在政治正义问题上设立一个最低度的门槛。所有能够称为正义以及尊重人权的政治体，都必须保障这些使得人成为一个真正的人（truly human）的基本能力。第二，这个清单的开列方法，是诉诸人们对自己作为人类的反思性理解，也即通过问"如果要使人们过上一种真正的人类的生活、有人的尊严的生活，哪些能力是不可缺失的"？这是一个罗尔斯式的反思平衡的过程，通过此过程，纳斯鲍姆最终希望生活在不同种族、文化和政治传统里的人都可以在一

---

❶ Martha Nussbaum, *Frontiers of Justice: Disability, Nationality, Species Membership* (Cambridge: Harvard University Press, 2006).

❷ Martha Nussbaum, *Women and Human Development: The Capabilities Approach* (Cambridge: Cambridge University Press, 2000).

❸ Martha Nussbaum, *Sex and Social Justice* (Oxford: Oxford University Press, 1999), p.9.

个人类能力清单上达成一种重叠共识。第三,这个清单的基础,并不建立在任何有争议的宗教、道德、哲学的观念之上。一般认为,纳斯鲍姆的人类能力清单的开列,是建立在亚里士多德关于真正或充分人类生活的观念的基础上。在《亚里士多德论人性与伦理学的基础》❶这篇对纳斯鲍姆的能力进路极为重要的文章中,她认为亚里士多德把"社会性(sociality)"❷以及"实践理性"看作人之为人的两个构成性要素。但在这里要注意,纳斯鲍姆认为亚里士多德对人类本性的说明,是一种自立的观念,可以脱离亚里士多德的形而上学而存在。它是通过邀请我们每一个伦理生活的参与者去反思如下问题得到的:我们认为哪些东西对我们作为一个人而言是本质性的?我们可以把这种方式看作对人性本质特征的一种建构性说明,它不需要诉诸任何的形而上的学说。纳斯鲍姆认为,对上述问题的反思会使我们得到一个和亚里士多德看法类似的结论:人的社会性以及实践理性能力对于人而言是本质上不可或缺的,否认社会性的只会是如亚里士多德所言的"非神即兽",反正不是人类;而没有实践理性能力的,只不过是如亚里士多德所言的"自然的奴隶"。

不过,对这种方法的质疑是:第一,它承诺了本质主义(essentialism)的立场,而这与政治自由主义的精神格格不入:因为追求一种辩护意义上中立的政治自由主义,不打算申认或批评任何合乎情理的整全性学说;而对人性的某种本质主义的说明,可能与其他合乎情理的整全性学说或世界范围的不同文化、宗教和传统处于

---

❶ Martha Nussbaum, "Aristotle on Human Nature and the Foundations of Ethics," In *World, Mind, and Ethics: Essays on the Ethical Philosophy of Bernard Williams*, ed. J.E.J.Altham and Ross Harrison (Cambridge: Cambridge University Press, 1995), pp.86-131.

❷ 纳斯鲍姆后来用合群性(affiliation)来指代这种社会性,而"实践理性"在此的意思,其实是等于"rationality"所表达的意思,也即罗尔斯所谓形成、修正和追求自己善观念的能力,参见 Martha Nussbaum, *Frontiers of Justice*, pp.76-77。

激烈的对抗之中。纳斯鲍姆认为，这种对人本质或真正的人类的构成要素的说明，某种意义上的确是本质主义的；但它不是形而上的实在论的本质主义（metaphysical-realist essentialism），它没有宣称人本质是以一种独立于人类的历史、经验和自我理解的方式，由一些先在和独立的形而上的实体来决定的；相反，如果非得把这种说明方式归为本质主义，它也是内在于人类视角的本质主义：它要求我们在人类历史经验和自我认识的基础上，以一种类似于罗尔斯的"反思平衡"的方式来思考，什么东西对于我们人之为人是构成性和本质性的。这种思考，其过程和结果都不依赖不攻击任何合理的哲学、宗教、道德学说或各种历史文化传统：因为无论他人信仰什么、有怎样的社会文化背景，我们依然认为他们是"人"。我们此处的问题只是：当我们这样说的时候，这个"人"究竟应如何理解？❶

第二，这种关于人性本质的判断的反思过程，有什么东西能够保证这种反思及其结果的确是对真正的人性的反映；或者即使它正确地说明了真正的人性，但从其他观点来看，也只是诸多同等正确但也许相互冲突的观点中的一个；如此一来，基于这种对人性的说明而对那些不同意这种说明的人或持有与这种说明相左观点的人作伦理评价或道德批判是如何可能的？❷纳斯鲍姆认为，当批评者提

---

❶ Martha Nussbaum, "Human Functioning and Social Justice: In Defense of Aristotelian Essentialism," *Political Theory*, Vol.20, No.2 (May 1992), pp.223-229；以及参考 Martha Nussbaum, "Aristotle, Politics, and Human Capabilities: A Response to Antony, Arneson, Charlesworth, and Mulgan," *Ethics*, Vol.111, No.1 (October 2000), p.119。

❷ 这些问题是伯纳德·威廉斯提出来的，参见 Bernard Williams, *Ethics and the Limits of Philosophy, with a Commentary on the Text by A. W. Moore* (London: Routledge, 2006 [1985]), pp.39-46, 51-52；但纳斯鲍姆认为 Williams 之所以有这些疑问，是他错误地认为亚里士多德从一种外在视角出发对德性以及人性本质加以说明，也即把人性本质的东西看作一种自然科学的事实。参见 Nussbaum, "Aristotle on Human Nature and the Foundations of Ethics," p.88。

出上述问题时,他们是从一个外在的视角来提问的,而在确定哪些特征我们认为是人性本质的东西这个根本问题时,只能且必须从具有根本重要性的、被广泛共享的人类生活以及实践的经验、观念出发回答;不存在也不需要一个外部视角,它可像科学研究将人性当作一种客体来加以研究,然后将结论告诉我们。❶我们从内部反思得到的结论,如果保证了反思的广泛性与普遍性的话,它是自我确证的(self-vindicating)。假如你反对上述反思的结论,这必定意味着你要从一种人类生活中撤出来的。❷如果伦理学与政治学研究的是如亚里士多德所言的属于人的善(human good)的话,那么人类作为伦理生活参与者,他们在根本道德问题上的反思性认识就是终极性的。终极性不意味着反思结论一经得出就是固定不变的,我们可以充分运用罗尔斯所谓普遍而广泛的反思平衡来往复修改以吸纳不同的观点与诠释;终极性只是意味着我们无法卸除我们要从人类自己的观点出发,去确定什么是对人而言具有根本道德重要性的特征的负担。这种方法被纳斯鲍姆称为亚里士多德对人性给出说明的"一般方法"(general strategy)。❸综合上述几点,这使得人类能力清单如同罗尔斯的"作为公平的正义"一样,不依赖任何整全性的学说或社会习俗、文化传统而获得辩护,但可以作为一种独立的"模块"(module)嵌入它们当中去且与它们相容。纳斯鲍姆以政治自由主义的精神来说明和开列这个清单,目的就是保证清单具有普遍的价值以及普遍的应用性(universal in reach)。

接下来,我希望表明,罗尔斯在《政治自由主义》中同样有资源,以纳斯鲍姆开列人类能力清单相类似的方式提供一个对普遍的

---

❶ Nussbaum, "Aristotle on Human Nature and the Foundations of Ethics," pp.121-122.
❷ Ibid., p.98.
❸ Ibid., p.90.

最低度正义要求或普遍的基本人权的说明。❶

首先，我们在此的目标上是和纳斯鲍姆一致的，即不打算提供一个对正义问题的整全说明，而只是提供对一个正义的最低标准的说明，它可以和各种更厚实的正义观相容，只要后者满足上述标准。第二，如前所述，在纳斯鲍姆那里，清单开列方式是通过一个思想实验，即邀请人们反思我们作为一个人有哪些东西是不可或缺的？而这种反思不要求接受任何外在或先在的关于人性的观点。在我看来，这种方法与罗尔斯的政治建构主义的思想是一致的，也即原则的客观性与权威性是根据建构的推理主体的观点来理解和确立的，而不需受制于所谓的外在视角。但即使人们可以合理地接受纳斯鲍姆的"内在的视角"的观点，但从"人性"、"人类尊严（human dignity）"或"真正的、充分的人类生活"这类抽象的理念到具体的人类能力清单的开列，这个过程总是很难摆脱对直觉的依赖，这也是所有试图为基本人权提供哲学论证的努力所遇到的困难，纳斯鲍姆也承认这一点。❷我认为，通观罗尔斯的《正义论》和《政治自由主义》，有可能把上述过程变得更少地依赖直觉的方式，是在上述思想实验中不要求每个人去设想人性和人类尊严这类抽象的理念要求什么，而是思考每一个人自己如果要过一种有自尊（self-respect）的生活，其前提条件是什么？人的自尊的理念在《正义论》和《政治自由主义》都扮演着重要的角色，在罗尔斯

---

❶ 社会最低度地要坚持的那些东西，究竟是通过以权利话语经由基本人权来表达，还是将之看作最低度的正义义务，或视为社会有义务保障的公民的基本能力，这是理论家们持续争论的一个复杂问题。可参见 Martha Nussbaum, *Women and Human Development*, pp.96-100；以及 Onora O'Neill, *Towards Justice and Virtue*, pp.129-133。在此，为了论证的简明，我将忽略这些差别，笼统地将它们都看作表达了一个有道德正当性的社会体系需要持守的最低度标准，行文中可能交替地使用上述几个表述。

❷ Martha Nussbaum, *Frontiers of Justice*, pp.70, 82, 173-176.

看来，人要能过上有自尊的生活，取决于两点：a. 能够形成自己的生活计划，并且相信自己有能力去执行它；b. 自己的生活计划及其价值能够取得他人的认同，认同的层次从家庭、熟人圈子、社区团体直至最广泛的政治社会层面。❶这两点其实对应着罗尔斯关于人作为理性的（rational）人以及合乎情理的（reasonable）人的两个要求，尽管这两个理念是因应自由民主社会里的公平的社会合作而制定的，但它们是具体化了以下两个一般性的理念：人的作为能动性（agency）以及相应的责任（responsibility）的统一体。❷我们看到，从思考"保证自尊的前提条件"出发的思想实验中得到的"能够形成和执行自己的生活计划"以及"能够取得他人的认同"这两点，和纳斯鲍姆得到的"实践理性"以及"社会性"或"合群性"这两点是一致的。

从人的自尊理念及其两个构成性要素出发推导出一个保障人的尊严的社会要满足那些最低度要求的过程中，罗尔斯并不是要求我们思考如果我们每个人要完成自己各种各样的生活计划或在生活中职业上获得广泛声誉和认同，那么我们要为个人提供哪些资源这样的问题；会使得反思的结果充满不确定性，并且会被一些"昂贵的趣味"（expensive taste）所胁持。我们要做的是从社会背景正义角度出发，思考为了保障每一个人过上有自尊的生活，至少要求制度满足哪些前提条件，这是一个类似他在处理平等问题上所坚持的制度与个人的"劳动分工"的思想。❸罗尔斯以"自尊的社会基础"（social bases of self-respect）来表达这个理念，这基础包括基本制度的特征以及人们之间相互的公共期望：

---

❶ John Rawls, *TJ*, pp.386-387.
❷ John Rawls, *CP*, p.357，以及 *PL*, p.108。
❸ John Rawls, *PL*, pp.268-269.

自尊依赖于社会基本制度的某些公共特征,并为后者所鼓励:如这些特征相互结合起来的运作方式,以及那些接受这些制度安排的人们是如何彼此看待和对待的。❶

为此,罗尔斯将"自尊的社会基础"列为最重要的基本益品,一如纳斯鲍姆把实践理性与合群性列为两种最核心的人类能力一样。❷尽管在此我无法详尽地开列一个保障人们尊严的制度应该满足的条件,但根据罗尔斯人的尊严的理念及其构成性的两个要素,这些保障条件至少应该包括以下几个方面。

A. 保障身体的健康、安全以及完整性。

B. 保证发展人的实践理性能力的基本物质需求,以及保障实现生活计划的基本通用手段(all-purpose means)是平等地可得的。

C. 形成和执行自己生活计划的自由:这包括消极意义上的人身不受强制、价值认同、社会职业选择、迁徙等方面的自由等。

D. 与人的社会性及寻求认同相关的自由权项,包括某种程度的结社、言论、良心自由等。人们有权利去寻求与自己志同道合的人分享自己认为有意义的东西,在共同兴趣团体中得到他人的肯定会增加一个人的自尊感。当他们在某个团体中感到不受待见或意向不合,他们可以退出并选择加入另一些团体;甚至在自己成为少数派时,能够将自己的"异见"发表出来以说服他人或引起共鸣,至少不能被制度性地排挤和边缘化。

E. 规范上述物质以及权利分配的基本正义原则的公共性。正义原则是社会制度如何运转的主导性原则,反映的是政治社会的成

---

❶ John Rawls, *PL*, p.319.
❷ Martha Nussbaum, *Women and Human Development*, p.82.

员在关于他们的社会制度如何安排问题上的共同意志，归根结底反映了政治社会成员之间的相待之道。我们上面提到，罗尔斯认为自尊的社会基础的一个重要方面，就是政治社会的成员们是如何彼此看待和对待的。因此，确保了正义原则的公共性，也就保障了在最广泛的政治社会层面，政治社会的成员们的自尊都能得到他人的平等尊重。联系到 D 点来看，即使一个人不被社会任何社群和团体接受，在政治共同体里，只要他的行为符合上述最低度的正义的原则，正义原则的公共性将确保将他作为一个平等的政治成员来看待，这样就为他的自尊提供了最底线的保障。

罗尔斯认为，一个可以算是拥有一种正义观念的社会，这种正义观念必须满足这类条件，否则，我们不可能拥有一个社会，它只能是别的某种东西。❶上述列举的五个条件，如果人们感到熟悉和毫无新意，这是好事，因为这恰恰说明人类在这个问题上的反思中有一些共同的、成为常识的东西。这些条件可能列举得不完整，但我相信已经涵括了一个可称为满足最基本正义的政治体必须保障的最基本条件。这些基本条件也是一个程度性的概念，比如政教合一的国家并不认为终极的宗教价值是可以选择的，这个意义上这些国家在满足 C 和 D 的条件上程度比较低，但条件 C 和 D 并不因为它们允许满足程度上的差异，就变得没有规范性了：如在制度性地对异教徒进行迫害的政教合一的国家，不可能被认为满足了条件 C 和 D；还有，分点列举这些条件并不表明它们可以这样确切地划分开来，它们之间都是相互联系的，例如条件 C 和 D 就是一个相互关联的条件的好例子。

和纳斯鲍姆一样，这种从罗尔斯的人的自尊理念出发所开列的

---

❶ John Rawls, *PL*, pp.109-110, n.15.

普遍的、最低度的正义要求或最基本的人权清单，它并不建立在任何整全性学说之上，能与任何合乎情理的学说相容，因此能够与罗尔斯自己的政治哲学立场相容。而且，这些条件的开列和说明，并不是像罗尔斯在《万民法》中将之视为建构主义的自由主义观念的扩展结果，也不是产生于自由人民和正派人民在经过原初状态几次运用之后所订立的那个契约（万民法）。借鉴纳斯鲍姆开列人类能力清单的路径，从罗尔斯的人的自尊的理念出发对最低度的正义条件（或换个角度，它们其实也就是基本人权清单）进行的独立论证，不仅避免了第5.1.1、5.1.4小节提到的对基本人权论证的不自洽（一个自由权利大大缩减的清单为何能被看作自由主义观念的扩展）和循环论证（自由人民和正派人民都会同意那个人权清单，因为根据定义它们是尊重人权的）的问题，而且还应对了上述在自由民主社会内部出现的少数派的不服从问题——通过政治建构主义建构出来作为自由主义的正义观念的"作为公平的正义"，满足（且是高标准地满足，这是很明显的）上述独立制定出来的普遍的基本正义条件；因此可以正当地要求那些生活在自由民主制度之下但不具有自由民主的政治认同的人，至少负有不推翻这种正义制度的自然义务。

在结束本小节讨论前，让我们考虑几个对我提出的罗尔斯式的普遍的、最低度的正义条件的论证反驳：

首先，有什么东西能够保证罗尔斯对人的自尊及其两个核心要素的理解是合理和普遍的？我的回答是，除了人类自己的反思性认肯之外，没有任何其他可以保证这一点。这一点我在解释纳斯鲍姆援引亚里士多德的"一般方法"来回应伯纳德·威廉斯（Bernard Williams）提出来的类似问题（本书第202页注2）时已经阐述过。对这种从"内部视角"出发的理解的反对，可以以如下的几种方式提出来：❶ a. 关于人的自尊及其核心要素的理解，存在与罗尔斯不同的更好的理解。对于 a 的反驳，我们只需强调这种反思是一个反思平衡的过程，我们的反思结论永远对更好的理解保持开放，如果它的确存在的话。b. 从其他理念而不是自尊出发列出基本正义的条件或人权清单更为合理。对此 b 回答是：依据其他理念来开列这些最低度的清单是可能的，但我可以合理地推断清单最后的内容及反映的价值，与从罗尔斯的自尊出发开列的清单没有本质差别，纳斯鲍姆的人类能力清单就是一个例子，两者都将人的实践理性以及社会性视为人性或人的自尊感中最本质的东西。如果反对者认为从其他路径开列的清单更为合理，而且其清单与罗尔斯的清单在内容上有本质差异，那么就要论证表明为什么实践理性以及社会性并非对人过上一种有尊严的生活而言是最本质的东西。或者论证存在比上述两者更为本质的理念，而且论证的负担是落在反对者身上。我很难看到这个论证有成功的可能性。

第二个最有可能出现的反驳，是认为上述开列的最低度正义的条件，体现的仍是根深蒂固的自由主义的个人观念及相关的自主性理想，这会激起各种各样的反自由主义以及非自由主义的担忧与批评。

首先，我要指出我们在本小节的论证并不试图表明自由主义的公民观念及由此视角出发建构出来的正义原则的普遍性，无论把普遍性理解为价值上的还是应用方面的。我们是借助《政治自由主义》的精神、理念和方法，为普遍和最低度的正义条件提供了一个独立的论证。当然，依循上述方法开列出来的普遍和最低度的正义条件，如果包含了一些被认为是自由主义的观念和理念，那它们也

---

❶ 这个开列反对路径的框架参见 Martha Nussbaum, "Aristotle on Human Nature and the Foundations of Ethics," pp.108-109。

并不是因为它们是自由主义的而被包括进去的，而是得自对保障人类自尊的一个普遍而广泛的反思。假如我们对人的自尊及其两个要求的两个根本要素的理解是合理且普遍的，那么由此得出的最低度的正义条件就从论证基础上摆脱了非自由主义者关于最低度正义条件或人权清单偏爱自由主义的指控。而这个问题一直困扰着罗尔斯《万民法》，因为它试图把包括基本人权清单在内的万民法条款解释为建构主义的自由主义观念扩展的结果。

其次，最低度的正义条件，是一种辩护意义上的最低度（justificatory minimalism），❶而不是像《万民法》那样，人权清单之所以要削减许多自由主义的观念从而保持内容上的最低度，是体现对非自由但正派的人们的宽容与尊重，将他们纳入万民法体系。辩护的最低度条件，并不预设自由人民与非自由人民的差别，而是从对"保障人的尊严所需要的最低度的、门槛性的社会条件是什么"这个问题的反思中，开列出那些最低度的条件。这使得最低度正义条件或人权清单，能够避开 5.1.1 小节提到的那些强硬的自由主义者关于最低度人权清单的开列是否为了宽容非自由主义但正派的人民，而作了没有辩护的妥协与交易的质疑。

最后，我们考察上述开列出来最低度的正义条件的一些具体内容，看它们是否的确表现出了对非自由主义政治观念和政治安排方式的排斥。我在此只考虑一些对自由主义的典型的反对。例如社群主义会担心建基于个人主义观念上的原则会对社群价值造成损害，但事实并非这样，因为我们看到罗尔斯其实也认为人的自尊的获得和保障很大部分取决于人的社会面向，即他们参与进他们生于其中

---

❶ Joshua Cohen, "Minimalism about Human Rights," *The Journal of Political Philosophy*, Vol.12 (2004), p.192.

的或选择加入的团体社群,并努力获得社群成员的认同。另一个担心是罗尔斯在《万民法》中提到的,在组织有序的正派社会里,人们在政治参与中首先将自己看作属于阶级、社团和联合体,而不是作为自由主义意义上的个体,由这些集团代表其成员的理性利益来参与政治协商过程。这样的社会没有一人一票的观念,如黑格尔提到的那样,他们可能认为这样的理念错误地表达了一种个人主义的观念,使得公民的兴趣日渐狭隘并集中于其私人经济方面,这不利于共同体。❶以条件 E 为例来讨论,我们提到正义原则的公共性将确保把每个人作为一个平等的政治成员来看待。这是否正是反对者所指责的对自由主义的个人主义的偏爱?答案取决于怎样理解上述异议。其实上述开列的最低度的正义条件,并没有规定政治的参与者应该首先将自己看作个体还是团体的一员。正义原则的公共性的要求,可理解为自由主义公共辩护意义上所要求的公共性,即要求正义原则是每一个合乎情理的公民个体都可以同意的,而具体政治制度安排上设计诸如"一人一票、每票等值"等民主制度来(部分地)体现这个公共性理想,这的确是如黑格尔指出的将政治生活的参与者首先看作个体;❷不过,公共性的保障并不必定要依照自由主义的路径来进行。罗尔斯提到,自由主义之外的其他的社会正义观很可能是建立在某种宗教学说或哲学学说基础之上的;这些正义观的公共性,可以按某种方式理解为这种正义观的确在推进那个社会的共同善(common goods)。这样的正义观要求对社会中成员的根本利益作综合的考量,统治者与被统治者之间建立起一种真正的、相互尊重的相互性(reciprocity)关系。❸而如此理解正义观念

---

❶ John Rawls, *LP*, p.73.
❷ 参见罗尔斯对充分公共性条件的讨论,John Rawls, *PL*, pp.66-71。
❸ John Rawls, *LP*, pp.67, 73-74, 以及 John Rawls, *PL*, pp.109-110, n.15。

的公共性，与具体制度安排上的采纳协商代表制是相容的，这种制度正是将政治活动的参与者首先看作属于各种团体而不是个体的。当然，无论把社会最低度的东西理解为基本正义的门槛性条件还是基本人权，它的确要求从结果意义上保障每个个体的自尊的社会条件；个体利益作为人权考虑的最终单位，是所有希望对基本人权进行思考的政治哲学都必须遵循的，否则就是在讨论群体权利或国家主权的问题了。如果是在此意义上说体现了"个人主义"，我觉得应该承认；如沃尔德隆指出的那样：这些权利关心的肯定是个人的利益，无论这些利益是诸如安全、财产这样的私人（private）利益，还是根据平等的条款参与社会政治生活的利益（如各种政治权利）。但从内容和应用上，我们都不能说这些权利体现了原子式的个体与集体或共同体的对抗，因为很多权利必须在集体和（政治）共同体中才能实现。并且，对这些权利的保护和落实，也不是传统自由至上主义所要求的那种守夜人政府就足够了。❶

5.2　对公共视角的内部批评

罗尔斯将其政治自由主义称为以观念为基础（conception-

---

❶ Jeremy Waldron, "Communal Goods as Human Rights," In his *Liberal Rights: Collected Papers 1981-1991* (Cambridge: Cambridge University Press, 1993), pp.341-344. 另外，即使 Charles Beitz 认为罗尔斯找到了一条与自然权利进路以及契约进路不同的、对人权观念进行概念化的新路——根据它所扮演的国际性的公共理性角色，以及作为决定什么样的国家才有资格可以加入国际对话合作和有辩护地拒绝外来干涉的角色来确定人权观念的性质、地位和内容，但在如何证明这种进路所确定的观念的规范性问题上，还是（部分地）要诉诸对个体利益的保护。参见 Charles Beitz, *The Idea of Human Rights* (Oxford: Oxford University Press, 2009), pp.96-103, 112-113, 131。

based)或以理想为基础(ideal-based)的理论:它以从自由民主社会的公共文化中阐发出来根本性政治理念——包括社会作为公平合作体系的理念、作为自由平等的人的理念,以及组织有序社会的理念——为自己的理论根基和出发点。❶民主社会的公共文化,被认为这些基本理念和原则的共享储备库(shared fund);而政治哲学的任务,就是澄清与阐明那些被认为潜在于人们共享的常识、直觉、确信中的观念与理念,将之以一种有序化、体系化的方式(正义原则)表述出来。我们希望借助这样的原则,去处理我们政治生活中出现的一些根本政治价值(如自由和平等)间的冲突。

这种以观念为基础的政治理论,将那些它称为公共或共享的出发点和前提视为既定的,对这种设定的外部批评我们在5.1节已经讨论过。在本节我们要考察一种内部批评:之所以称之为内部批评,因为它们不反对可以从潜藏于自由民主社会公共文化中的核心理念出发来构造正义原则,但它们认为罗尔斯并没有正确地阐发自由民主公共文化中的核心理念;或者认为罗尔斯的自由平等的公民理念只是诸多根本性理念之一;又或者承认自由平等的公民是自由民主文化的核心理念,但他们并不同意罗尔斯对自由、平等所做的实质性解释。❷这些内部批评同样指出:罗尔斯确立的那个公共视角其实并不像他想象的那样"公共",这会直接影响到罗尔斯的正义原则能否担当起作为自由民主社会政治讨论

---

❶ John Rawls, *PL*, pp.8-9, 38.

❷ Ronald Dworkin, "Foundations of Liberal Equality," in *Tanner Lectures on Human Values* XI (Salt Lake City: University of Utah Press,1990), pp.31-34. Leif Wenar, "Political Liberalism: An Internal Critique," *Ethics*, Vol.106, No.1(1995), pp.50-51. George Klosko, "Political Constructivism in Rawls' Political Liberalism," *American Political Science Review*, Vol.91, No.3 (1997), pp.640-641.

的基础的角色。而前面 4.1.4 小节中也提到，罗尔斯对所谓不对称性指责的回应，很大程度上依赖于这个政治性视角的公共性和共享性。

罗尔斯对这个问题的回答是模糊的。他一方面宣称：这个问题取决于"作为公平的正义"是否正确地建立在更为核心的基本理念之上，却没去论证这一点。❶另一方面，他似乎认为，自由民主社会根本理念的不同理解孰优孰劣的问题，只能交给实践去检验，"它们之间长期有序的竞争，乃是寻找哪一种理念最为合理的——如果有的话——最为可靠的方式"❷，这样的说法当然有其合理性。但对于一种以观念为基础的理论而言，严重的问题是：如果它所依赖为基础和出发点的那些理念和观念，被认为没有全面准确地反映自由民主社会公共文化的核心要素；或反映自由民主社会公共文化的核心要素，不过是诸多这类观点中的一个，那么就如罗纳德·德沃金所言的，它就并不具备一种定言力量（categorical force）❸去表明：在涉及基本正义和宪政本质的问题上，当两种正义观念所指示的方向发生冲突时，公民应该依照这种正义观念而不是别的同样是根据反映自由民主社会公共文化的核心要素的理念而发展出来的正义观念而行动。这样一来，罗尔斯的正义观念就很难担负起为政治辩论提供一个公共基础这种社会角色。

在考虑罗尔斯应该怎样去捍卫其观点之前，我们应澄清一些误解和排除一些不恰当的批评。首先，罗尔斯的理论所依赖的根本理念，是被认为潜藏在民主社会的公共文化中的，是从包括立宪制度及其解释的历史传统（如美国最高法院的历次释宪）、政治上

---

❶ John Rawls, *PL*, pp.167-168.
❷ Ibid., p.227.
❸ Dworkin, "Foundations of Liberal Equality," pp.33-34.

成为常识的历史性文本和文件（如美国的《独立宣言》或林肯总统的《葛底斯堡演讲》等）中概括和诠释出来的。❶所以如乔治·克劳斯科（George Klosko）的批评认为，罗尔斯所依赖的根本理念并非"各种不同的整全性观点所共有的"，或得不到实证民意调查的多数支持。❷这种反对是无效的，因为他混淆了罗尔斯着力区分的公共文化与市民社会的"背景文化"❸，因此没有观察到罗尔斯强调这些根本理念是人们作为公民而共享的，而非各种整全性学说中所共有的；❹而且更加不恰当地把一种对自由民主根本理念的规范理解等同于民意调查。第二，要弄清楚我们目前所讨论问题的性质和核心。如前所述，虽然作为政治自由主义理论基础和起点的公民观念和社会观念，可以看作从潜藏于民主社会的公共文化中一些直觉性确信中阐发出来的，但这些观念和理念从根本上说并不是概括描述意义上的。它们是面向已有民主社会生活经验的公民提出来的、对"成为什么样的公民以及追求什么样的社会"这个问题道德化诠释和规范化的理解。因此，根本的问题，主要不是罗尔斯事实上有没有客观正确地概括了民主社会公共文化的核心理念，也不是从实证调查意义上公民是否事实上共享罗尔斯提出的理念，而是罗尔斯诠释出来的这些理念，自由民主社会的公民在经过反思平衡

---

❶ John Rawls, *PL*, pp.13-14.

❷ Klosko, "Political Constructivism in Rawls' Political Liberalism," pp.640, 641.

❸ John Rawls, *PL*, p.14. 这个区分，也是罗尔斯理论所诉诸的"实践理性的理念"，与社群主义所诉诸"社群价值"的区别所在，社群价值一般不预设这个区分。

❹ 罗尔斯在谈论重叠共识的深度（depth）时认为，潜藏于公共文化中的这些根本理念，及从这些理念出发通过建构程序开出来的正义观念，都是各种整全性学说达成的重叠共识的对象。如果各种整全性观点从自己的宗教、哲学、道德理据出发的反思性认同，达至了根本理念层面（而不仅仅是从这些根本理念开出来的正义观念），那么这个共识就足够深、足够稳定了。但罗尔斯并没有说，这些根本理念是一开始就在这些整全性学说中存在着的，是各种整全性观点共有的。

后，是否有理由认为上述实践理性观念所描绘的公民理想和社会理想符合他们深思熟虑的信念，并且是值得他们追求的政治理想和蓝图。第三，要弄清楚我们目前所讨论的问题的层次。我们要区分作为政治（道德）人的自由（free）和平等（equal），与作为公民权利的各种自由权项（liberties）和平等权利或资格（equality of ...）。在罗尔斯所使用的基本理念中，最核心的便是自由平等的公民理念。当罗尔斯在根本理念层面谈自由平等的公民时，他是在界定一种政治性的道德人格，也即公民作为独立的、对自己目的负责的以及作为各种有效主张的自生之源（self-originating sources of valid claims）的人（公民作为自由人的方面），以及他们凭借他们拥有正义感和善观念这两种道德能力而成为平等的人（公民作为平等人的方面）。所以罗尔斯对公民的自由和平等两方面的界定，并非涉及自由主义内部关于自由权利哪个优先，或关于平等的福利、资源或能力平等之争，而它只是界定了接受这些不同的自由或平等观念均需要预设的公民主体。而作为公民权利的自由权项和平等权利，只有在具体正义原则制订过程中才能确立。第四，罗尔斯在其后期思想中已经倾向于承认：这些公共文化及其核心理念并不指定唯一的对自由权利和平等权利的安排方式，特别是在处理社会经济平等方面。罗尔斯认为，对于哪个（系列）原则（或者其细节）最好地反映这些公共文化及其核心理念，合乎情理的公民们可能存在合理的分歧，因此有可能存在多个合理的正义原则，"'作为公平的正义'无论有多少优点，它都只是其中的一种"。但罗尔斯仍坚持认为在自由社会里所有合乎情理的正义诸观念是一个家族，必须具有以下三个特征：

第一，一套确定的基本权利、自由权项和机会；第二，赋予这些权利、自由权项和机会以特殊的优先性，尤其是对于有关整体利益和完善论价值的主张方面的优先性；第三，采取措施，确保所有公民拥有有效的通用手段来行使其各种自由权项。❶

在这里我们看到，罗尔斯并没有将"作为公平的正义"两原则的第二原则包括进来，也即表明罗尔斯认为容许有不同的对经济社会平等的处理方法，而这些方法都有可能与那些根本性理念相容。但这三个特征是由罗尔斯所谓的"相互性标准（criterion of reciprocity）"来制约的，所有有资格称得上合乎情理的自由主义的正义观念，必须接受相互性标准的制约和采纳以上三点正义要求。但我们要进一步追问，为什么只有符合"相互性标准"的正义原则才可以算得上一个合乎情理的自由主义正义原则？罗尔斯的答案是相互性的标准表达了宪政民主制度中政治关系的本质：一种公民间的友谊关系，"它适用于自由而平等的公民之间，而这些公民本身又被视为既合乎情理，又合乎理性"。❷也就是说，相互性标准的规范性力量仍然来源于一个自由平等公民的政治理想与政治关系。问题又绕回到诸多评论家对自由平等的公民理念是否准确全面地反映了宪政民主社会的核心要素的问题上来了。因此，我们看到，罗尔斯要捍卫其对何为"合乎情理的自由主义的正义原则"的界定，他必须捍卫包括自由平等公民的理念在内的那些他视为政治自由主义前提和出发点的根本性理念。

为了考察是否可能或如何回应这个内部批评，我们来做一个

---

❶ John Rawls, "The Idea of Public Reason Revisited," *The University of Chicago Law Review*, Vol.64, No.3 (1997), pp.773-774.

❷ Ibid., pp.771, 774.

最佳案例情形（the best-case scenario）分析：以一直被罗尔斯视为其政治自由主义最强劲对手的效用主义来做一分析。如果罗尔斯能够在这个最佳案例情形中做出有力回应，那么我们也就可以说罗尔斯能够合理回应这个内部批评。德沃金把这个例子提了出来：和纳斯鲍姆一样，德沃金也认为，在对人类道德、政治和法律事务提出观点和诠释时，对诠释的"外在怀疑论"不是一种有意义的挑战，因为在这些实践的人类事务上，不存在一个外在于对象的客观事实可供参照来判断对错，但一种"内在怀疑主义"——对最好诠释的争夺——是值得认真对待的；❶因为——

> 为两种不同的、有争议的政治决定作辩护的两种不同的政治观念，可能每一个都同等地与一个共同体的政治历史的记录和修辞很好地相符合。例如，罗尔斯的"作为公平的正义"能够为"〔美国政治传统中〕这样一些确定的信念提供辩护：如宗教宽容和对奴隶制的拒绝的信念"……但效用主义可能比"作为公平的正义"与传统的其他部分更为符合：如它很好地解释了为什么美国多数人仍然把高度的不平等当作可接受的。❷

那个内部批评的确是以类似于德沃金的这种方式提出来的，但在我看来效用主义可以提出的最有力的挑战并不是德沃金提到的这一点。撇开美国大多数人是否真的乐意接受高度不平等不论，政治自由也不是一个主张均贫富的理论，"作为公平的正义"的差别原

---

❶ Ronald Dworkin, *Law's Empire* (Cambridge, MA: Harvard University Press, 1986), pp.70-83.
❷ Dworkin, "Foundations of Liberal Equality," p.33.

则同样能够解释为什么自由社会存在一定程度的不平等并不是不正义的。关键在于，效用主义对于自由民主社会及其公民的理解，均与政治自由主义迥异。首先，在社会观念方面，"效用的原则是与平等互利的社会合作观念冲突的，也不符合隐含在一个组织有序的社会概念中的相互性观念"。因为效用主义拒绝上述相互性的标准，将社会合作本质上视为一个如何有效地管理社会资源，以最大限度地增加一个社会所有成员的满足的净余额的问题。❶第二，自由平等的公民观念在效用主义那里并没有得到特别强调，效用主义在一般意义上把人理解为追求其个人理性欲望或偏好的最大满足的人。第三，罗尔斯所使用的第三个根本性理念——组织有序社会的理念，更与效用主义相冲突。组织有序社会要求政治原则和政治制度满足充分的公共性条件（full publicity condition），❷每个人都确认且也知道其他人也同样认肯相同的正义原则，以及也相互确认基本政治制度的确满足这个原则；而在效用主义这里，如西季维克认为的那样，效用主义最好保持为一种"隐秘的道德……限于已经启蒙的少数人知道就最为有利"，❸也就是将效用主义原则用于规制社会结构和社会关系的同时，但又不让社会公众知道。因为如果每个人的每一次具体特定行为都严格地遵循效用原则，效用主义最大化的目标是无法达到的；同时如果每个人清楚知道效用主义的核心教义其实是牺牲少数个体的利益去达成最大多数人的最大幸福的目的，那些因此处于（或害怕跌入）不利地位的人都倾向拒绝效用主义。我们看到，效用主义对自由文化中的核心理念理解与政治自由主义的理解存在着上述根本性的分歧，那么罗尔斯如何回应这个内部

---

❶ John Rawls, *TJ*, pp.13,23,29.
❷ John Rawls, *TJ*, p.115; *CP*, p.538.
❸ Henry Sidgwick, *The Methods of Ethics*, 7th ed. (Indianapolis: Hackett, 1981), pp.489-490.

挑战?

如前所述,内部挑战所提到的那些问题,指向的既不是对事实概括得是否客观准确问题,也不是是否事实上符合了大多数人当前认识和信念的问题,而是一个诠释问题:经由哲学家诠释出来的这些理念,自由民主社会的公民在经过反思平衡后,是否有理由认为上述实践理性观念所描绘的公民理想和社会理想符合他们深思熟虑的信念,并且是值得他们追求的政治理想和蓝图。由此,对潜藏于自由民主社会公共文化中的常识、直觉和信念的诠释之优劣比较,就必须兼顾如下两个维度:如德沃金所言,诠释者首先要对作为一个整体的实践提供一种解释:包括使得此种实践成为一种独特的实践的特征性要素如何概括,为什么这种实践以这样方式而不是另一种方式发展延续下来,等等。第二个维度是:诠释者提供的诠释能够为此种实践提供一个可欲的远景目标和未来发展蓝图。❶

以被视为自由民主典范之一的美国为例,效用主义的政治哲学在解释自由资本主义社会经济迅速发展壮大这个进程上的确占据显要地位,因为如前所述,效用主义把人和作为一个整体的社会都看作最大程度上追求理性欲望或偏好的满足的主体。既然最大限度地满足一个人的欲望或偏好体系对个人而言是道德上合理的,那么最大限度地增加一个社会所有成员的满足的净余额,也是一个正当的社会目标。效用主义的教义因此便是如何最有效率地推进社会总

---

❶ Dworkin, *Law's Empire*, pp.44-45, 230-231. 德沃金将诠释的任务比作几个人一起接力写一部多篇章的小说,每人负责一章,每一位作家既是创作者也是诠释者。当他着手他负责的那一章写作时,既受到前面的人所创作的前面章节内容的限制,也会影响排在他后面的作者。因此他必须首先保证他构思的人物情节发展与前面的章节是大约符合的;其次,必须确保他的诠释符合整篇小说的立意和目的,以使得后面的作者能接续下去。

的功用，这在相当长时间内指导着自由社会经济发展，甚至持续至今。但罗尔斯正确地观察到：两种政治制度（如自由民主制与威权主义）间的本质区别，主要不在于社会财富的生产效率（尽管也重要），❶而是公民与公民的关系、国家与公民的关系；而根本的政治关系是由社会的正义原则来界定的。毫无疑问，个人主义（个体作为伦理考量的最终单位），包括政治自由（如核心的一人一票民主选举权）、良心、言论和信仰自由在内的各种自由权利，平等的公民资格和机会公平等这些界定自由社会政治关系的要素，都被公认为自由主义制度区别于其他制度的特征。政治自由主义认为，将社会视为公平合作体系、将公民视为自由平等（在上述界定的意义上）的人的诠释，能够很好地解释自由社会上述政治关系安排的实践（包括其历史起源、发展和现实）及其价值之所在，整个《政治自由主义》的论证最根本目的就是证明这一点。罗尔斯认为，它的原初状态推理过程之所以要支起一个厚重无知之幕，就是要使得原初状态设计和原初代表选择，只遵循这些理念所代表的价值的要求，而不受其他因素影响；如此一来就能向公民展示出依照上述方式诠释的社会理念和公民理念，与自由社会根本的政治安排之间的清晰联系。❷所以，根据广泛的反思平衡的方法，即使有些公民一开始不太认同罗尔斯从自由社会公共文化中概括出来的关于社会和公民的基本理念，但一俟这些理念被清晰地表达出来，而且通过原初状态的可靠推理，向公民公开地展示出这些理念导致的"结论是

---

❶ John Rawls, *TJ*, pp.5-6.
❷ "一个更加厚实的无知之幕是更值得偏爱的，因为它使这些原则与自由平等的道德人的联系更加清晰。假使我们让各派知道关于社会的一般性制度特征，我们就是在允许那些关于社会的历史的结果的特殊信息，如此一来，就模糊了被选择的原则与那个人观念之间的关系的密切程度。" John Rawls, *CP*, p.336.

如此具有综合性和如此诱人,以至说服人们同意它们的前提所表达的观念的合理性"。❶

效用主义可能会抗议说,它们的根本教义同样毫无困难地可以解释上述被视为自由民主制度核心特征的要素,因为上述那些实践的安排,一般而言就是最大化整个社会效用的最佳途径。❷但罗尔斯指出,效用主义为了作人际比较,必须通过一个不偏不倚的旁观者的同情性鉴别(sympathetic identification)得到一种"共享的最高阶偏好",❸基于这种偏好,就可以对人们总体境况进行一种共享的评估。但这种共享最高阶偏好的理念预设了一种备受社群主义批评的"赤裸裸的人"(bare persons):这种人,只要可以达致一种具有更大的总体满足或福祉的生活,他们随时准备考虑接纳任何新的信念与目的,甚至放弃他们的情感依恋和忠诚也在所不惜。阿罗(Kenneth J. Arrow)和罗尔斯都认为这恰恰意味着人的"个性"(individuality)的丧失❹,而"个性"却又是密尔认为自由社会应该珍视的核心价值。扩展开来说,除非为效用主义对公民理性欲望的说明加上一种道义论的限制,以及放弃那种最大化效用的主张,否则上述那些被视为自由民主制度核心特征的要素,对效用主义而言只不过是达致最大功用的手段。假如效用主义坚持上述对人的理解,它就没有一种原则性的基础来坚持那些对自由民主制度而言是构成性的原则及实践安排,因为"将限制或压制某些人的基本权利

---

❶ John Rawls, *TJ*, p.508, 以及 *CP*, 306。

❷ 参见 John Stuart Mill, *Utilitarianism*, in *On Liberty and Other Essays* [Oxford World's Classics], edited by John Gray (Oxford University Press, 1991), 第 II 章最后两段, 第 V 章最后 3 段。当然,也正是因为这一点,罗尔斯认为功利主义还是能成为重叠共识的一方,支持政治自由主义持有的政治性的正义观念。

❸ John Rawls, *CP*, p.380.

❹ Ibid., pp.382-383.

视为最大化总福利（或平均福利）的最好方式，这样的情况总有发生的可能"。而这一点使得效用主义无法在原则上坚持自由主义的标志性立场——个人主义。❶

另外，政治自由主义采纳组织有序社会的理念，明确正义观念的社会角色就是提供一个所有合乎情理的公民们就他们的根本政治关系进行相互审察的基础。所有人明确知道规制他们政治关系的根本原则的内容和基础，也即明白他们接受此种道德约束的真正理据。一个组织有序的社会，是一种不需要意识形态的透明秩序；❷但如前所述，效用主义主张公民拥有自由制度下为人们熟悉的种种权利，其实只是将这些权利看作达成最大化社会功用的有用工具，且对这个目标最好"秘而不宣"，从而避免一种自我挫败的直接的行为效用主义（act utilitarianism）。这种"间接"效用主义的策略，使得公民对规制他们政治关系的正义原则的认识建立在一种幻觉（illusion）之上，让公民以为他们自由权利本身就有内在价值和道德重要性，实则不然。❸在这个意义上，这是在关涉政治根本原则问题上的一种"操纵"行为，在一种幻觉、谎言（即使是一种"高贵的谎言"）的基础上操纵公民，这与自由主义社会的特质和追求都是格格不入的，与意识形态控制的极权主义和威权主义却有某些相似性。

综上所述，我已经表明，在这种内部的批评中，如果政治自由主义最强劲的对手效用主义，由于它持有的"人观念"和社会观念的缺陷，它对自由民主实践最基本理念的诠释也不优于罗尔斯的诠释；那么对于那些同情、倾向或进一步发展了罗尔斯立场的解释，

---

❶ John Rawls, *CP*, pp.433-434, 以及 *TJ*, pp.25-26。
❷ John Rawls, *CP*, p.326, n.4.
❸ John Rawls, *TJ*, p.25.

（如前所述）罗尔斯的诠释更具有足够的空间和弹性来容纳它们。因此，依据上述评判不同诠释的好坏两个维度来看，罗尔斯的自由平等的公民理念、社会作为公平合作的体系的理念，不仅能很好地解释自由社会的政治实践，也能给该社会提供一个更加值得追求的目标；所以，罗尔斯将它们界定为自由民主社会的公共文化中最基本、最具代表性的理念，是可以得到捍卫的。

第 6 章

充分辩护与公共辩护

本章继续考察罗尔斯分阶段辩护的第二阶段辩护工作：从自由社会中合乎情理的社会成员的个人视角出发，审视在第一阶段依照那个统一的公共视角看来暂时是有辩护的正义观念，看它是否的确是可以接受的。如前所述，这一部分包括充分辩护（full justification）以及（狭义的）公共辩护（public justification）阶段，也即重叠共识阶段。罗尔斯认为，从自由社会里合乎情理的社会成员的个人视角出发，对个人而言最重要的东西（如生活方式的价值、生命的意义、信仰、安身立命之道等），主要地是由他们（有意或无意地）承诺的各种各样合乎情理的整全性学说表达出来的。因此，这一阶段的任务，就是考察在前一阶段（特定辩护阶段）所得到的政治性正义观念，能否在各个合乎情理的整全性学说那里获得充分的辩护；并且考察诸种合乎情理的整全性观念能否在该正义观念上达成重叠共识。在 6.1 节，我们先讨论为什么罗尔斯会认为：政治哲学必须就正义原则对内格尔所谓的"个人立场"做一次辩护。这涉及罗尔斯所言的"稳定性"问题。我将澄清罗尔斯所谓的"稳定性"问题关注的对象，它所要达到的目标及实现途径。在

6.2节，我们将回顾、分析《正义论》中的稳定性论证——正义与善的"契合论证"（congruence argument）为什么会失败。我指出，这与罗尔斯在《正义论》中对"作为公平的正义"这种正义观的说明无法满足他自己一贯坚持的公共辩护的要求有关："作为公平的正义"作为一种整全性的观点，无法在合理多元的社会里取得自由平等公民的合理接受。我们关心《正义论》中稳定性论证失败的原因，在于这极大地影响了罗尔斯在《政治自由主义》中所采纳的稳定性论证策略。理解这一点，是理解公共辩护的第二阶段辩护所要做的工作的关键；而这正是我在6.3节要着重分析的。6.4节集中关注罗尔斯的分阶段辩护策略会给其在《政治自由主义》中提出的新的稳定性论证带来一个严重问题：充分辩护阶段的"定言力量"缺失的问题——对政治自由主义的正义观念的充分辩护能否完成，单向度地取决于合乎情理的整全性学说是否可以接受它；而政治自由主义的正义观念对那些拒绝接受它的合乎情理的整全性学说，缺乏规范力量去要求它们应该接受。我将提出论证说明罗尔斯在什么意义上和多大程度上能回应这个困难。在最后的6.5节，通过分析罗尔斯和哈贝马斯的著名论争，来表明为什么重叠共识阶段不仅仅是对政治性正义观念被各种合乎情理的整全性学说"接受"这一事实的简单确认。毋宁说，它和充分辩护一起，都是对该正义观的"可接受性"的进一步辩护。哈贝马斯认为重叠共识阶段之所以不能成为对该正义观的"可接受性"的进一步辩护，是因为不存在经由公民平等商谈及理由交换后在相同的公共理由之上形成的共识。我将表明为什么重叠共识阶段并不要求公民必定要以相同的理由支持那个重叠共识，并且这不影响重叠共识所扮演的"进一步辩护"的角色。因为它的完成表明：那个政治性的正义观念，不仅自由平等的公民从公共视角看来既是合乎情理的又是理性的；并且人们从其个人生活中所承诺的合乎情理的整全性学说出发，也能找到支持它的理性的根据。政治性的正义观念在公民实践理性的完整不可分割的两个方面（合情理性与理性）都获得了辩护。

6.1 "稳定性"问题

不同于纯粹的形而上学，罗尔斯认为作为实践哲学的道德哲学和政治哲学必须关注稳定性问题，"不管一种正义观念在其他方面是多么有吸引力，如果道德心理学原则使得它不能在人们身上产生按照它的要求行动的欲望，那么这个观念就是有缺陷的"。❶但除非我们清楚了解罗尔斯所谓的"稳定性"问题关注的对象（什么东西的稳定），阻碍稳定性实现的因素（什么使得我们关注的东西变得不稳定）以及所要实现的稳定的性质（追求什么样的稳定）和实现途径（如何实现这种稳定），否则无以进行深入分析。

根据我的理解，罗尔斯的稳定性论证所关注的问题，比较准确地应表述为：一个由公共的正义观念规制（regulative）之下的组织有序社会的稳定性。详细解释一下：首先，稳定性关注的对象不是现实中社会的稳定性，而是组织有序社会的稳定性。❷我们日常生活中关心现实社会、国家的稳定或安全——如政治统治力量是否更迭频繁，社会经济合作是否能有序展开，法纪是否得以维持，等等，这些东西取决于规范理论无法处理，也不应该考虑的许多偶然

---

❶ John Rawls, *TJ*, p.398.
❷ John Rawls, *CP*, p.479, n.12.

因素。一个组织有序的社会，假定这个社会的基本结构已经被一个公共的正义观念有效地规导着；社会成员们都具有一种与那个正义观念相应的有效正义感；且"制度已经满足那个正义观念的要求"和"成员都具有正义感"这两点已经成为此社会的一种公共认识，所有人都知道并相互确认这一点。所以像德国魏玛宪法因法西斯势力的兴起阻挠而无法实施，或一个社会没有足够的政治、行政力量或社会资源来实施正义原则而导致的国家、社会的不稳定，不是罗尔斯的稳定性论证要关注的问题，尽管这些问题在现实中是重要的。第二，罗尔斯的稳定性也不是关心每一个现实个体的正义感的稳定性问题，而是关注一种正义观念一旦制度化和公共化后，这种正义的制度是否具如下趋势：在按照此正义观有序地组织起来的社会中成长起来的人们，是否能够产生出对此制度的足够忠诚；也即这些人能否发展出足够强的正义感，并且具有稳定持续地按照正义原则的指示去行动的倾向。❶有了这两点解释，我在下面就可以将稳定性问题关注的对象简单称为正义观念的稳定性或组织有序社会的稳定性，这两者是统一的：因为我们考察正义观念的稳定性，就是看它在受其规制的社会成员身上能否产生出有效的、稳定的正义感的问题；一旦答案是肯定的，一个按照这种正义观念有序地组织起来的社会（组织有序社会）也是稳定的。❷

第二个问题，什么因素会使得一个正义观念倾向于不稳定呢？我们可以把社会合作看作一个多次重复博弈的情景。罗尔斯认为，当所有人都倾向选择保持正义感并按照正义原则行动时，合作的博弈就达到了一种均衡（equilibrium），正义的合作计划就会保持稳

---

❶ John Rawls, *TJ*, pp.119, 154.

❷ Ibid., p.398. 因此，我将依照语境交互使用"正义观念的稳定性"或"组织有序社会的稳定性"这两个说法。

定。❶从每一个个体理性的观点来看，当他发现依照正义行事并不是对其他人的行动的最好回应时，他就会打破这种均衡。这包括两种情况：第一，当他发现他可以搭便车时。在别人严格依照正义行事的情况下，他却在每当有很大利益可图时就违反正义原则，或逃避分配给他的负担（偷税漏税、逃避兵役等）。第二，当他无法确定他人是否会依照正义行动时。在别人都搭便车，而你却严格依照正义原则行动时，大部分的合作负担都会转移到你这样守规则的人身上。此时理性的人同样会选择不按正义准则行事。❷

罗尔斯认为，第二个不稳定因素即相互确认的问题，可以通过设计一种公共制度来解决（如严格的纳税制度），确保社会成员在这一点上具有稳定的相互期望。这就是为什么组织有序社会要特别假定"制度已经满足那个正义观念的要求"和"成员都具有正义感"这两点已经成为此社会的一种公共认识。但第一个因素即搭便车问题，无法通过一个组织有序社会的设定来将之打发掉，因为即使社会成员具备正义感和有确定的相互期望，但从"个人利益的观点"❸出发，当正义感与理性生活计划中包含着的、我们想要追求的诸多目的和希望满足的众多欲望发生冲突时，前者未必可以处于一个优先和规制性（regulative）的地位。解决搭便车问题的直观思路，第一是使得搭便车者行动的机会或是能够得到的收益大大减少，第二是使人们耻于获取、认可这种收益。罗尔斯认为霍布斯式的稳定策略采取的是前一种思路，即接受一个拥有全部权力约束所有人但自己不受约束的主权者来监督和惩罚搭便车者；霍布斯的稳定计划仿佛将"主权者作为一种机制，添加入一种合作计划中，没

---

❶ John Rawls, *TJ*, pp.434-435.
❷ Ibid., pp.295-296.
❸ Ibid., p.295. 这并非等于自私自利或利己主义。

有它这种合作就会不稳定"。❶不过，这并不是罗尔斯所追求的正义合作计划的内在的稳定（inherently stable）。内在稳定性，就是一个制度能够产生出一种自我支撑（generate its own support），它不需要依赖正义合作计划之外的力量来达致稳定——如霍布斯的主权者这样的额外添加进合作计划的稳定机器，它约束所有正义计划的合作者但自己不受正义计划约束。内在的稳定性，简单地看可以说是采取了第二思路，罗尔斯希望塑造一种人，他们在公共生活、社团活动以及私人友谊中，都能够抵制获取（由正义原则所界定的）不正义利益的倾向，而不是在每一个具体的正义情境中都要一一考虑再决定（decide case-by-case）行不行正义。❷因此，当按照正义的要求而行动的欲望与我们其他欲望相冲突时，人们能否把那种正义感肯定为其自身的善并将之置于优先地位的问题，就是内在的稳定性要解决的核心问题，也是罗尔斯的正义与善的"契合论证"（congruence argument）的焦点之所在。❸以上就是罗尔斯所追求的稳定性的性质及实现途径。

6.2 《正义论》中的契合论证及其问题

如前所述，一个根据一种公共的正义观念有序地组织起来的社会，当参与其中的成员能够获得一种有效的正义感，并且有一种确定的倾向会按照正义原则及其制度的要求行事时，这个组织有序社会就是稳定的。换言之，稳定性要求那个社会的公共正义观念所培

---

❶ John Rawls, *TJ*, p.435.
❷ Ibid., pp.436, 411-412.
❸ Ibid., pp.350, 398.

育的正义感能够压倒人们不正义的倾向。这关涉两个方面的问题，第一，在一个组织有序社会里，正义感是否能以一种符合人类本性倾向的方式逐渐培养出来。罗尔斯在《正义论》第八章中主要处理这个问题，并给出了肯定的答案；这些道德心理学的内容本书在此略过不论。❶第二，就是正义与善的契合问题。罗尔斯在《正义论》的前半部分已经论述过了"作为公平的正义"如何从一种原初状态中被选择出来，在后半部分要说明的是正义与善的契合问题。为了分析此问题，就要先对何为一个人的"善"（good）做出说明。

6.2.1 理性的善

契合论证不可能对每一个人的善与正义感是否契合做出说明，也不可能探究每一个人在每一次具体的正义情境中正义感与他的善是否契合，这会使得契合论证变得没完没了（inconclusive）。为了解决这个问题，罗尔斯在对何为人的"善"的说明中认为：一个东西对某个人来说是善的，当且仅当这个东西拥有某些属性，而这些属性是这个具有理性生活计划（rational life plan）的人所向往的。人们具有根据其善观念，以深谋远虑的合理性（prudential rationality）来组织一种系统的生活计划的能力。因此人们的行动（至少有重要意义的那些行动）决定，并不是在每个行动情境中孤立地做出的，而是受其系统及长远生活计划的规导的。而理性生活计划有两个构成要件：一、人们的选择服从理性选择原则。理性选择原则采取最普通的经济学的定义，也就是采取最有效手段达到目的。二、充分的慎思理性（full deliberative rationality），也就是假定当事人清楚自己的需求、计算推理无错误、对环境条件相

---

❶ John Rawls, *TJ*, pp.397-449.

关事实以及事情的可能结果都进行了正确全面的估价。简单地概括，一个人的善，就是在特定的理想慎思条件下那个人所理性欲求的那些东西，因此罗尔斯将之称为"作为理性的善好"（goodness as rationality）。❶ 确立了充分慎思理性这个体现"个人利益"的视角，那么对罗尔斯而言，在进行契合论证时，他就不用一个个地考察对拥有不同目的的人来说，正义是否都是一种善；因为判断的标准是相同的——把正义感纳入生活计划中，如果对于一个服从充分的慎思理性的人来说是理性的，那么对所有人来说都是理性的。❷

6.2.2 善的充分理论与单薄理论

但从充分的慎思理性视角出发来理解的欲望，包括了人类所有的理性欲望，当然也包括依照正义本身而行动的欲望（the desire to be just for its own sake），罗尔斯把包括这种欲望的善理论称为善的充分理论（full theory of good）。充分理论就是我们已然有了正义原则在手，然后来界定什么是善的东西。我们知道，罗尔斯的契约理论坚持一种道义论的立场：正当优先于善，什么是好的（不管是在一般意义上还是在道德意义上）要受到正当原则的限制和规定。依照善的充分理论，当我们说一个东西是一个人的理性的善的时候，这里的"理性的"是已然受到正义原则本身规导了的。在这种情况下，组织有序社会成员实际上已经把依照正义本身而行动的欲望置于有效的、最高的规制地位，所有与此欲望相冲突的欲望价值都被贬低（disvalued）以及被有效地抵制。他们在其生活中被塑造成了具有正义感并稳定地将之置于优先地位的那类人。这样一来，正义

---

❶ John Rawls, *TJ*, pp.350-372.
❷ Ibid., p.499.

与善是契合的，稳定性问题也得到了解决。但罗尔斯正确地认识到，从善的充分理论出发论证契合问题，"答案是显而易见的"并因此变得"琐碎无价值"（trivial）。❶从善的充分理论出发论证契合问题，与其说解决了问题，还不如说把要论证目标重新描述了一遍，因为我们正想知道：正义感是如何以一种与人们的善相契合的方式而稳定地处于优先地位的。因此，当问及"一个人的正义感是不是一种善的时候，这个重要问题很明显是由善的单薄理论（thin theory of good）来界定的"。❷单薄理论与充分理论的区别就在于：当我们说珍视、欲求某个东西是理性的善时，我们可以从很多观点（如宗教的、形而上的、世俗的观点）出发来解释为什么欲求它们是理性的；但必须除了从正义原则本身的观点出发去解释，也即不预设因为正义本身的善好而追求正义。如果从单薄意义上的善出发能够表明，人们在组织有序社会里也能稳定地维持他们的正义感，那么契合论证就不会显得"琐碎无价值"了。所以，"契合的真正问题在于：我们设想一个人，他只有在正义感能与由善的单薄理论界定的理由相关联起来时，才会赋予正义感重量，这种情况下会发生什么呢"？❸

为了考察从善的单薄理论出发，组织有序社会中的人们是否能够自然地发展出一种正义感并有足够的理由维持这种正义感，我们首先要知道善的单薄理论中包含着些什么要素。当然，每个人的目的都不同，也会形成不同的人生计划，但罗尔斯认为人之为人都有一些自然的欲望、兴趣和情感。任何称得上善好的生活，都会具备一些共同的要素，这些都是落入单薄理论范围的善，即无须诉诸正

---

❶ John Rawls, *TJ*, pp.498-499.

❷ Ibid., pp.348, 350.

❸ Ibid., p.499.

义原则本身，从充分的慎思合理性的观点来看，就是所有人理性地向往和希望实现的。它们能够在一个其基本结构满足"作为公平的正义"原则要求的社会中自然地发展出来，包括：❶

　　a. 由"亚里士多德原则"所指示的善："在同等条件下，人们以运用他们已经获得的能力（天赋的或从教育获得的能力）为乐，能力越是得到实现，或所实现的能力越是具有复杂的形式，这种快乐就越增加。"❷人类发展和实现自己的潜能，是一种主导性的人类善，这是一个"自然的事实"。不仅如此，此原则还有一个伴随性效应："当我们目睹了他人运用他们的训练有素的技能时，这些表现使我们得到享受，并唤起一种欲望——我们自己也应当能做同样的事情。"❸

　　b. 社会交往（sociability）的欲望："人事实上分享着最终目的，他们把他们共同的制度和活动看作自身就是善的。我们彼此都需要作为合作者的对方，共同参与到一种基于其自身原因而采纳的生活方式中去。"我们在合作中得到了单个人无法获得的善，没有社会合作，我们的潜能也无法有效地发展起来并得以实现。因此，我们也同样乐见其他社会成员的潜能的发展和实现，"他人的成功和享乐对我们自己的善是必要的、有益的"，亚里士多德原则的伴随性效应解释了这一点。❹

　　c. 对友爱关系的向往：在一个组织有序社会里，人们在同伴、

---

❶ 在概述这些单薄理论范围内的善时，我极大地得益于 Samuel Freeman, *Justice and the Social Contract: Essays on Rawlsian Political Philosophy* (Oxford: Oxford University Press, 2003), pp.149-162；以及 Paul Weithman, *Why Political Liberalism? On John Rawls' Political Turn* (New York: Oxford University Press, 2011), pp.103-118。

❷ John Rawls, *TJ*, p.374.

❸ Ibid., pp.376-377.

❹ Ibid., pp.458-459.

邻里、学校等群体相互交往。由于正义原则保障了背景正义，人们在各种组织社团里交往能够以一种符合正义的方式互相受惠，因此人们逐渐学会"以友爱的情感对待他人，以及信任和信心"，希望以一种相互性的（reciprocal）方式维持这种关系，并享受互信、互助、互爱的乐趣。一旦人们在互动中逐渐明白自己的社会角色、责任，这种情感和关系会使得他们以欺骗、伪善和逃避责任为耻。❶

d. 表现我们作为康德式道德人的本性的欲望：我们都有表现我们作为理性而又合乎情理的、自由和平等的道德人的本性的欲望。❷

e. 基本社会益品：任何人追求其理性的生活计划都需要的社会条件和通用手段（all-purposes means）。

6.2.3 契合论证

正义与善的契合论证是要表明：根据善的单薄理论，个人把正义感纳入其生活计划是理性的（rational），对个人来说是一种善。罗尔斯在《正义论》里给出了至少三个主要的契合论证：

Ⅰ. 共同体的善论证。"正当和善的契合在很大程度上取决于一个组织有序社会是否能获得共同体的善。"根据上述 a、b 两点，我们都希望参与社会合作，并在与他人合作中充分发展自己的潜能，也乐见他人的潜能的实现。"作为公平的正义"规制下的良序社会，创造了一个诸多社会联合体的社会联合（social union of social unions）。在这里，不仅使得人们正义合作和表现康德式道德人本性成为可能；而且"作为公平的正义"非目的论的性质使人类多样性潜能得以在各种联合体中体现和繁盛。根据

---

❶ John Rawls, *TJ*, pp.409-413, 499-500.
❷ Ibid., pp.390, 462, 503；以及 *CP*, pp.319-321。

a 点亚里士多德原则，组织有序社会保障人们的能力和潜能得到最大限度发挥，因此肯定正义感为人们理性生活计划的一部分，这是理性的。❶

Ⅱ．友爱与承诺的约束（strains of commitment）论证。根据上述 c 点，在组织有序社会里，背景正义的实现为人类友爱和互信关系的发展提供了条件；这使得搭便车式欺骗与伪善的各种成本经常很高，做不正义的事是不理性的。而且行正义之事和投入去爱一样，人类不会因为在爱的过程可能会遭遇痛苦伤心而放弃了爱。同理，一个正义的人也不会因为行正义过程中因为接受正义原则约束不当欲望而放弃行正义。❷

Ⅲ．康德式的论证。我们观察到，即使论证Ⅰ与Ⅱ是成功的，也只是论证了正义感是一种理性的善，它们没有充分回答我们上面提到的"契合的真正问题"——正义感与人各种理性欲望发生冲突时，前者为何处于一个规制性、优先性地位？只有论证Ⅲ是完整的论证，它既论证了正义感是一种理性的善，又论证了正义感的规制性、优先性地位。因此，要知道罗尔斯的契合论证是否成功，我们只需也只能分析论证Ⅲ康德式的论证是否成功。

康德式的论证仍依赖一个亚里士多德式"潜能—实现"的思想作为前提，①认为人的本性的实现和表达是理性的，是人类的一种主导性的善。②根据康德式的解释，人的本性乃是作为理性而又合乎情理的自由平等道德人。③展现一个人的本性，就要求按照那些体现其本性的原则而行动，而不是依照那些以道德任意的因素为根据的原则而行动。④在无知之幕屏蔽下的原初状态中推导出来的正

---

❶ John Rawls, *TJ*, pp.462-464.
❷ Ibid., pp.409-413, 499-502.

义原则，体现了作为自由平等道德人的本性。⑤因此，按照这种正义原则行动的欲望，即正义感，是人的本性的实现和表达，属于人们的理性的善。⑥表达作为理性而又合乎情理的自由平等道德人的理想，必须不能根据偶然的、碰巧具有的欲望来行动才能实现。⑦当正义感与其他欲望发生冲突时，正义感必须处于一个优先和规制性的地位，否则就不能体现作为理性而又合乎情理的自由平等道德人的理想。其中①—⑤论证了正义感是理性的善，⑥⑦论证了正义感这种善的优先和规制性地位。❶

6.2.4 "自相矛盾"问题

罗尔斯在《政治自由主义》导论中谈到，促使他在20世纪80年代前后做出"政治性转向"（political turn）的考虑是："《正义论》第三部分关于稳定性的解释与全书的总体观点相矛盾。"罗尔斯接下来解释道："合理多元的事实表明，我在《正义论》中所使用的'作为公平的正义'的组织有序社会的理念是不现实的。这是因为，它与其自身的原则在可预见的最佳条件下的实现自相矛盾（inconsistent）。因此，《正义论》第三部分关于组织有序社会的稳定性解释也是不现实的，必须重新解释。"❷罗尔斯说的"自相矛盾"究竟指的是什么问题，为什么说《正义论》中关于"稳定性"的说明是不现实的？

首先，我们要明白，罗尔斯所谓"其自身的原则在可预见的最佳条件下的实现"指的是"作为公平的正义"的两个正义原则的实现。罗尔斯认识到，在理想条件下，满足"作为公平的正义"的第

---

❶ John Rawls, *TJ*, pp.499-505. 更详细的分析可参考 Paul Weithman, *Why Political Liberalism?* pp.183-233；以及 Samuel Freeman, *Justice and the Social Contract,* pp.158-159。

❷ John Rawls, *PL*, p.xix.

一原则的制度是一种自由的政治制度。在人们的各种权利和机会得到充分保障的情况下，人们之间在关于"人类生活、个人美德和品格中什么是有价值的"观念上必定会出现分歧；而且这种分歧是由于人类运用理性遇到的各种负担的情况下自然出现的，是合乎情理的分歧。在自由制度下克服这种深刻而恒久的分歧的唯一办法，只能是压迫性地使用国家权力。在此特别注意，这种导致合理多元状况的自由制度，它恰恰是"作为公平的正义"的正义原则（尤其是第一原则）自身所要求及致力实现的。❶

其次，为什么说"作为公平的正义"这种观点与它的原则的实现带来的结果即合乎情理的多元事实，是自相矛盾的呢？主要是因为罗尔斯在《正义论》中是把"作为公平的正义"当作一种整全性的观点呈现出来的。所谓整全性的观点，意味着它涵括了对人类生活价值的说明和关于个人品格、友谊、家庭和社会联合体的理想，这些价值和理想意图指导我们的整体生活的大部分思想和行为。❷"作为公平的正义"把实现一种作为理性而又合乎情理的自由平等道德人的充分自律（full autonomy）理想视为人类占主导地位的善，而组织有序社会的公民要实现这种充分自律理想，只有通过在日常生活中按照在原初状态设置——这个设置的方方面面都体现了自由平等的道德人本性的要求——中会被一致同意的正义原则行事时，才能实现。❸换言之，人们都按照正义原则所表达的理想来规范他们的理性的生活计划，依照它的理想来指导自己的政治生活、经济社团、友谊关系等等，尽可能充分地表现作为一个自由平等的理性存在物的本性，从而实现自我统

---

❶ John Rawls, *CP*, pp.489-490.

❷ John Rawls, *PL*, p.13.

❸ John Rawls, *CP*, pp.308, 315.

一(the unity of the self)。❶由于"作为公平的正义"承诺了一种关于人类价值和个人品格理想的伦理观点,并意图指导我们的整体生活(而不只是公共生活),所以它本身的确是一个部分地整全的观点。

这样一来,我们就能明白第三个问题:为什么说《正义论》第三部分对"稳定性"的说明是不现实的。我们知道罗尔斯的"内在稳定性"希望表明,"作为公平的正义"一旦制度化和公共化后,它能够在实践它的那个社会的成员身上,产生出相应的正义感,以及持续稳定地按照正义原则的指示去行动的倾向。它实际上是以一种整全性的观点来塑造某一种人,这种人以运用他们已经获得的能力为人类主导性的善(亚里士多德原则),以成为一种理性而又合乎情理的、自由平等的道德人为人生理想(康德式的道德人)。但这些对康德式的契合论证至为关键的前提,在一个以合理多元事实为特征的自由制度下(这种自由制度又恰恰是"作为公平的正义"本身所要求的),不可能为所有理性而又合乎情理的公民认同。充分的慎思理性的确会使得一部分人认同康德式的道德理想,但充分的慎思理性不指定康德式的道德理想是唯一的、最值得追求的、最高的理性的善。虔诚的天主教徒可合理地认为他们的宗教理想,比康德式的道德理想更值得追求。康德式的契合论证要成功,必须一方面坚持"作为公平的正义"的原则(尤其是第一原则)是真确的正义原则,另一方面又要假定在这个原则规制下的组织有序社会里,充分运用他们慎思理性的公民们,仍共享"作为公平的正义"这个观点背后所体现的那些道德理想和伦理价值。罗尔斯正是认识到,"作为公平的正义"本身

---

❶ John Rawls, *TJ*, pp.491-492.

所要求的自由制度下生活的人们，由于理性的负担必定自然而然地在关于人类生活根本性目的与价值上产生合理的分歧，因此希望康德式契合论证获得成功是不现实的；又由于我们说过康德式契合论证是稳定性论证至关重要的环节，因此，不难理解罗尔斯认为其在《正义论》第三部分对组织有序社会稳定性的解释是不现实的和不成功的。

6.3 新的稳定性论证策略与罗尔斯的"双重论"

如前所述，在《正义论》中，罗尔斯是将"作为公平的正义"当作一种整全性的伦理观点来加以阐发的。而他的"稳定性论证"希望表明，这种整全性观点一旦制度化后，这种制度就会在公民身上塑造出与此观点相应的持续稳定正义感；每个人从其理性的善观念（由善的单薄理论界定）出发都会把这种正义感肯定为一种善且将之置于优先的规制性地位，从而实现了正义与善的契合。但罗尔斯后来认识到，满足这种正义原则的制度，也即自由权利得到充分保障的制度，也许的确会使得许多人认肯这种观点所承诺的那些价值和目标——自由平等的道德人、充分自主性的理想、以实现人的本性和潜能为人类主导性的善等；但严重的问题是：在那种正义原则所要求的自由的制度下，实践理性的自由运用同样会使得许多公民认同与上述那些价值和目标相冲突的宗教、道德和哲学观点，而这些观点同样是合乎情理的，并且压制它们是不合乎情理的，希望它们不会出现以及很快消失是"不现实"的。因此，罗尔斯在《正义论》中论述的正义观念的"内在稳定性"实际上是无法自我维持的，一种自我支撑的稳定的组织有序社会的希望也化为泡影。

由此，我们看到，假定自由社会里出现的合理多元的事实为真，那么任何试图重复《正义论》里的"契合论证"来表明作为一个整全性观点的"作为公平的正义"的稳定性的论证都将归于失败。或者更准确地说，只能在那些认同那个整全性正义观所承诺的伦理价值和人生理想的公民那里才能成功。但组织有序社会的稳定性是要表明，至少该社会里政治上表现积极的大多数公民都能支持该正义观。所以，罗尔斯要在《政治自由主义》里找到一条新路来论证组织有序社会的稳定性问题。

罗尔斯的新论证设想是这样的：既然将"作为公平的正义"作为一种整全性观点呈现出来，无论如何都会导致"稳定性论证"的失败；那么唯一的替代就是将之作为一种自立（free-standing）的观点呈现出来（我们在第4章已经详述过），而"契合论证"则交由各种合乎情理的整全性观点各自去完成。为表明此种正义观念的稳定性，我们只需论证：作为一种自立观点的"作为公平的正义"，一旦制度化和公共化后，就能得到组织有序社会里各种不同的但同样是合乎情理的整全性的哲学、宗教和道德观点的支持，并在这种自立的政治性正义观上形成一个"重叠共识"。

但在此首先要交代的问题是：这种观点是如何实现"自立"的？因为我们知道，如许多社群主义者所坚持的那样，我们的整全性的观点当然包括我们对公共政治生活的看法，包含着我们对"何为正义"的根本认识，我们不知道正义观念在什么意义上是可以独立于我们的整全性学说的。罗尔斯在此处引入了他所谓的"双重论"（dualism），也就是我们在前面第2章提到的"两种立场"或"两种观点"的区分："在不同的情况下我们可以无矛盾地设定关于人的不同的观点，只要当情景要求时，能够确保这些观点相互融洽在一起就行了。"❶罗尔斯设定了关于人的两种不同的观点：作为自由民主公民的观点，以及作为合乎情理整全性学说的拥护者的观点。罗尔斯认为，尽管从后一种观点看，没有哪一种具有根本重要性的善观念能够得到一致认肯；但从前一种观点看，一些政治性的善，能够得到一致的认同，这样就保证了从这个观点出发来制定一个自立的政治性正义观念（political conception of justice）的可能性。当这种观念置备在手之后，罗尔斯要做的工作就是"只要当情景要求时，可以确保这些观点能相互融洽"。我们知道，这种"当情景要求"的情况必然会出现，因为正义观念能够暂时"独立地"被制定，是由无知之幕来保障的——在政治建构程序中，选择正义原则的各方单单被视为代表着（represented solely as）理性而又合乎情理、自由平等的公民。❷但组织有序社会的公民是如我们这样"有血有肉"的人，他们除了从自由民主公民的观点看问题外，还有许许多多其他非政治领域的承诺和价值追求。所以最后的"确保相互融洽"的任务，其实就落在对政治性正义观念的充分辩护（full justification）阶段。罗尔斯要表明：组织有序社会里的成员所持有的各种合乎情理的学说所表达的非政治价值，都能够与正义原则所表达的政治价值"契合、支持它或不与之相冲突"❸。而当所有（或至少政治上积极的大多数）合乎情理的公民各自完成了对那个共享的政治性正义观念的充分辩护，我们就可以说此正义观念得到了公共辩护（public justification）；

---

❶ John Rawls, *CP*, p.332; *PL*, p. xxiii. 我将"dualism"翻译成"双重论"而非"二元论"的理由，其实就是我在第3.4节所交代的：如内格尔所认为的那样，人们是同时占据这两种立场和观点的。

❷ John Rawls, *CP*, p.310. 当然，在《道德理论中的康德式建构主义》这篇文章中，罗尔斯还是强调原初状态中选择正义原则的代表，单单被视为代表着理性而又合乎情理、自由平等的道德人；在政治性转向后，"道德人"被"公民"取代。

❸ John Rawls, *PL*, p.140.

组织有序社会的所有合乎情理的公民成员都有一个公共认识，那就是尽管公民同侪承诺不同的整全性观点，但这些整全性观点都在一个相同的政治性正义观上达成了"重叠共识"。

6.4 "双重论"之下充分辩护的困境

6.4.1 充分辩护任务的实质

在《正义论》的契合论证中，我们主要考察从善的单薄理论（包括 6.2.2 的 a-e 项）出发，组织有序社会中的人们是否能够自然地发展出一种正义感并有足够的理由维持这种正义感的规制性地位。但在开列这些善的单薄理论要素的时候，罗尔斯采纳的是一个整全性的观点，预设了（至少包括）康德式的道德人和道德自主的理想。在《政治自由主义》中，给定合理多元的事实，人们充分运用其慎思理性，必定会在"什么是他们所欲求的最高的善"这个问题上产生分歧。这样一来，从单一的整全性的视角来为所有人指定和开列最高的理性的善的方法，就不再可用。这也就是为什么罗尔斯在《政治自由主义》不再提正义与善观念间的"契合论证"的原因，转而以"重叠共识"取而代之，也即论证每种合乎情理的整全性学说从各自的整全性观点所规定的善出发，去支持那个正义观念。但罗尔斯认为：尽管对于不同的整全性学说的拥护者，我们不能为他们指定一些人生理想和价值为最高的共享目标；但是从自由平等的公民的观点出发，有一些政治性的善，是所有自由平等的公民都向往的，至少包括下列五种：❶

---

❶ 参考 John Rawls, *PL*, pp.174-206。

A. 理性的善。民主社会的公民具有（至少在直觉上具有）一种合理的生活计划。他们能够根据理性（目的—手段推理意义上和深谋远虑意义上）形成、修正和追求其善观念。

B. 作为平等合作体系的组织，有序社会本身是一种善。它有利于及保障自由而平等的公民两种道德能力的自由发挥，确保他们享有正义的善好，以及自尊的社会基础。

C. 政治美德。参与社会合作美德，宽容的美德、合情理性和公平感。

D. 民主公民的理想。成为理性而又合乎情理、自由而又平等的公民是其最高阶欲望。

E. 基本益品。包括那些对公民掌握、践行他们的道德能力以及追求他们的终极目的而言通常是必需的社会条件和通用手段。

一旦我们把此处的 A-E 项与 6.2.2 节关于单薄善理论内容的 a-e 项作比较，我们就会发现：大体上，在《正义论》中以一个整全性视角来规定的善的单薄理论的核心要素 a-e，在使用一个公民的视角将之重新限制为一些政治性的理念 A-E 后，又"重返"❶至《政治自由主义》的稳定性论证中去了。当然，存在的一个疑惑是：持守"正当优先于善"义务论立场的政治自由主义，为何可以使用这些善观念？在这里，我们要注意，道德哲学中义务论和目的论的区别，不在于其理论是否依赖于人类价值和善好作为其理论基础（不建基于任何人类价值的道德哲学和政治哲学是无法想象的），而在于义务论不寻求将"正当"解释为最大化某种善。❷并且这些善是"政治性的善"，意味着它们能够为自由平等的公民所共享，且不以

---

❶ 参考 Samuel Freeman, *Justice and the Social Contract*, p.195。
❷ John Rawls, *TJ*, p.26.

任何特殊的充分（或部分）整全的学说为前提。

因此，《政治自由主义》的稳定性论证的充分辩护阶段，首先要表明：一旦政治性的正义观念，例如"作为公平的正义"制度化和公共化后，它就能够在这样的社会里的公民身上培养出与此正义观相应的正义感（上述A、D两项是正义感的核心内容）。其次，就是要去衡量由罗尔斯的"双重论"所制造出来的两种类型的善或价值：公民观点所规定的政治性的善或政治价值（公民正义感所包含的内容），与由整全性学说所承诺的那些非政治价值和理想。罗尔斯需要去考察当两种价值发生冲突时，前者能否一般而言总处于一个优先和压倒性的地位。❶如前所述，从公民观点出发开列的、由那个政治性的正义观念（或此观念的一个家族）所表达出来的那些政治价值是确定的，但整全性学说所承诺的那些非政治价值则是纷繁复杂的，其中不乏疯狂和反人类的学说。为避免对政治性的正义观念的充分辩护屈服于这类不合理的学说和现实势力，罗尔斯将充分辩护的对象限制为合乎情理的整全性学说所承诺的那些非政治价值，也即只寻求合乎情理的整全性学说对那个政治学正义观念的接受。合乎情理的整全性学说的特征：第一，它们是人类运用理论理性和实践理性对人类生活各方面价值作系统和融贯的说明。第二，尽管它们在一段时期内相对稳定，但不是确定不变的，而是依照其视为好的和充分的理由而缓慢地作改变。第三，它们承认合理多元的事实并愿意承担由之带来的后果，能够被合乎情理的公民以合乎情理的方式予以认可。❷合情理性的规范对这些学说施加的伦理限制主要体现在第三点中，罗尔斯主要是希望排除那些不合乎

---

❶ John Rawls, *PL*, pp.139-140.
❷ Ibid., pp.59-60.

情理地要求以国家权力来强制推行自己教义的整全性学说。罗尔斯说，对合乎情理的整全性学说的界定，故意给出一个比较包容性的定义，以避免"武断专横的危险"。因为政治自由主义如果将自由民主社会里许多为人们所熟悉的和影响重大的学说斥为不合乎情理的，这很显然是不妥的。所以，对政治性的正义观念的充分辩护的核心任务，就是考察合乎情理的整全性学说是如何与那个政治性的正义观念契合、支持它或至少不与之相冲突，使得政治价值一般性地处于一个优先和压倒性的地位。

6.4.2 "定言力量"的缺失

如上所述，充分辩护要表明：在一个依照政治性的正义观念良好地组织起来的社会里，持有各种不同的、相互之间有冲突但又都是合乎情理的整全性学说的公民，从这些整全学说自身观点出发来看，能否以"契合、支持或至少不与之相冲突"的方式将此政治性的正义观念肯定为一种理性的善；并且当政治价值与非政治价值发生冲突时，信奉这些整全学说的公民，是否有理由把罗尔斯在特定辩护阶段得出来的正义观念置于优先地位。

罗尔斯认为答案是肯定的，他提出了两个理由来论证：第一，政治价值是一种非常重大的、不可轻易逾越的价值；第二，由于政治正义观念是以一种自立的方式制定出来的，它和非政治价值之间的冲突就大大减少。❶但批评者认为这两个回答是不能令人满意的，回答一似乎只是重复了问题，因为我们问"从整全性学说自身的观点出发，当政治价值与非政治价值发生冲突时，为什么它们要把政治价值置于优先地位"时，罗尔斯只是断言"就是因为它们是重大

---

❶ John Rawls, *PL*, pp.139-140, 156-158.

价值"。回答二当然表明了，由于那种自立的政治正义观并不把自身看作真确的，也不去攻击和批评整全性学说，所以它们之间的冲突、摩擦大为减少。但批评者显然是坚持质问当无可避免的冲突发生时，罗尔斯有什么规范性理由去论证表明合乎情理的整全性学说应该将正义观念肯定为一种理性的善并将之置于优先地位。❶

人们也许认为，上述批评对罗尔斯并不公平；因为上述批评没有注意到，在回答政治价值为何优先的问题上，罗尔斯其实还有规范性资源可以利用：因为他的政治性正义观并不要求得到所有整全性学说的接受，而只是合乎情理的整全性学说的接受。合乎情理的限定足以表明，在政治价值与非政治价值发生冲突时，它们要把政治价值置于优先地位，否则它们就是不合乎情理的，我们并不需要向它们做出辩护，只需"遏制它们，以使其不损害社会的统一与正义"❷。但如此一来，罗尔斯及其支持者将要面对如下几个严重的问题。

（1）假如罗尔斯将此规范要求（在政治价值与非政治价值发生冲突时，要把政治价值置于优先地位）注入称得上"合乎情理"的整全性学说的定义中，使得这些学说与正义原则的冲突在概念上变得不可能，那么，一如巴厘（Brain Barry）所言：罗尔斯对稳定性的讨论完全是多余的。❸正是因为这些整全性学说有可能与正义的要求发生冲突，稳定性的讨论才有必要。而且，那样从概念上定义的"合乎情理的整全性学说"，是一个很强的要求，这不符合罗尔

---

❶ 相关批评可参见 Fabian Freyenhagen, "Taking Reasonable Pluralism Seriously: an Internal Critique of Political Liberalism," *Politics, Philosophy & Economics*, 02(2011), pp.7-11。

❷ John Rawls, *PL*, pp. xvii-xix.

❸ Brain Barry , "John Rawls and the Search for Stability, "*Ethics*, Vol.105, No.4 (2005), pp.898, 910.

斯在《政治自由主义》中故意给出的一个比较包容性的定义,以避免"武断专横的危险"。实际上,罗尔斯认为,政治自由主义会尽量将许多为人们所熟悉的学说——宗教的、哲学的和道德的学说——看作合乎情理的。也只有这样,才可以实现政治正义观念与这些学说之间冲突就大大减少的目标。

(2)上述那种方式的定义即使排斥性不是太强,也不能为罗尔斯的"政治的"自由主义所用。因为如果政治自由主义所设定的"合情理性"这个规范性观念,具有指导政治与非政治这两个领域的价值的能力,它即使不带有形而上学色彩,也必定是一个整全性的观念。❶

实际上,在一些理论家看来,这些问题不仅仅反映出罗尔斯事实上没有提供足够理由来表明在政治价值与非政治价值发生冲突时,整全性学说会从它们自身观点出发就将前者置于优先地位;而且,更深层次的问题在于,一种宣称避免形而上学和认识论的所谓"自立"的政治自由主义,根本就没有一种"定言力量(categorical force)"❷来表明:存在着规范的理由可以表明人们应该使其"个人的观点"服从罗尔斯提出来的那种正义观。在这里,罗尔斯已经耗尽了他全部的规范性资源,他无法提供理由表明:为什么人们必定应该加入那样一个重叠共识中,以及赋予政治价值相对于非政治价值的优先性。罗尔斯从其理论本身最多能给出的理由就是为了社会秩序和和平的社会环境的延续,人们应该赋予政治价值优先性。

---

❶ Jürgen Habermas, *The Inclusion of the Other: Studies in Political Theory* (Cambridge, MA: MIT Press, 1998), pp.93, 99. 以及 F. Freyenhagen, "Taking Reasonable Pluralism Seriously: an Internal Critique of Political Liberalism," pp.7-8。

❷ Ronald Dworkin, "Foundations of Liberal Equality," in *Tanner Lectures on Human Values XI* (Salt Lake City: University of Utah Press, 1990), pp.31-35.

但如此一来，就不清楚那个重叠共识与霍布斯式的"临时协定"（modus vivendi）有什么区别，而这种区别又是罗尔斯要刻意强调的。正是为此，德沃金及其他一批自由主义的理论家都认为：一个完整有说服力的自由主义政治理论，必定是不能避免承诺一种整全性的道德观点的。

需要指出的是，此处说罗尔斯的正义理论在此阶段没有一种定言力量去主张相对于合乎情理的整全性学说的权威，这并不是说罗尔斯的整个正义理论是没有规范性基础的。我们之前已经提及（2.2.4小节）：我们必须认识到罗尔斯的正义理论是一种以观念为基础的理论或以理想为基础的规范理论，这里的观念当然就是指自由而又平等的公民观念、作为平等合作体系的社会观念。当然，这些规范性的观念或理想，都是一种政治性的观念或者政治理想。不过，与此处的讨论相关，正是由于罗尔斯将其正义理论的规范性基础看作源于及限于政治领域，因此它就没有指导政治领域之外的整全性学说的"定言力量"。

罗尔斯并不是没有意识到上述问题，这体现在：罗尔斯并没有采纳上述那种关于合情理性的强定义，也没有说政治自由主义在其自身框架内就能表明政治价值通常优先于或重要于人类其他领域的价值。罗尔斯也意识到，如果政治自由主义本身"作这样的论断的话，似乎就表达了一种整全性的道德观点"。❶罗尔斯一再提醒读者注意，在重叠共识阶段，当提到政治价值通常优先于或重要于人类其他领域的价值时，他是希望公民从他们自己的整全性观点出发去作这样的判断，而不是政治自由主义自身给出的判断："在这些问题上，正义观念之所以不提供任何指导，是它不谈如何考虑非政治价值的问题。这种指

---

❶ John Rawls, *PL*, p.392, n.29.

导属于公民的整全性学说。"❶所以罗尔斯认为他的政治自由主义不必是整全性的，甚至反问：他不太明白理论家们为什么说他的政治自由主义不能回避真理问题和关于人的形而上学预设。❷

这样一来，双方的分歧就清楚了。我们看到，罗尔斯认为，他没必要在政治自由主义自身框架内去表明政治价值通常优先于或重要于人类其他领域的价值。当他谈论这一点时，是在假定重叠共识已经达成的情况下，由公民自己通过其个人的整全性学说作出的判断。但前面那些批评者的问题正是：罗尔斯的政治自由主义究竟有没有提供一种规约性的理由（prescriptive reason）说公民所持有的各种合乎情理的整全性学说应该达成那个共识，而不只是从描述意义上说，它们可以或将会加入那个重叠共识中去？共识如果达成了，当然就表明公民们接受了在政治价值与非政治价值冲突时，他们愿意把优先性赋予前者，但先于这个问题的问题是：政治自由主义自身能不能提供规范的理由表明为什么那样一个共识是可欲的，或者为什么这个共识就是该正义观念具有一种道德上的有效性（validity）的标志？为什么公民个人应该将政治价值置于优先地位？对于那些不打算拥抱罗尔斯的政治性正义观的合乎情理的整全性学说，政治自由主义还有什么话可以说吗？正是因此，哈贝马斯才认为罗尔斯不能依赖于一个单薄的合情理性的概念，而必须从更深厚的哲学和形而上学中汲取规范性资源。❸

6.4.3　政治性正义观念的自我支撑力以及弱意义上的规范力量

德沃金所谓"定言力量"缺失的观察，某种意义上是有道理

---

❶ John Rawls, *PL*, pp.386-387.
❷ Ibid., pp.154-158, 395.
❸ Jürgen Habermas, *The Inclusion of the Other*, pp.93-94.

的。根据我们上面的分析，在《正义论》的契合论证中，罗尔斯的确可以提供一种"定言力量"要求组织有序社会成员在正义感与其他理性的善相冲突时，将前者置于优先地位。因为根据《正义论》中善的单薄理论，组织有序社会成员充分运用他们的慎思理性，都会把康德式的充分自律的理想视为最高阶的欲望，而且这种欲望是一种原则依赖（principle-dependent desire）的欲望：❶唯有通过认肯和践行原初状态——其设置充分且只是体现作为理性而又合乎情理、自由平等人的道德本性的特征——中会被采纳的那组正义原则来行动，才能满足那个欲望。因此，给定实现充分自律的理想被视为自由平等的道德人的最高阶利益，那么我们将与上述正义原则相对应的正义感置于优先地位，并将之作为日常生活❷一切行动的规制性理想，这就是一种道德上应当或命令；《正义论》中契合论证的"定言力量"就体现于此。这种"定言力量"表达的是一种强意义上的道德应当，理由在于：成为自律的道德人的最高阶欲望不仅是原则依赖的欲望，而且这些正义原则要求的满足服从罗尔斯所谓的终极性条件（the condition of finality）：

> 表达我们作为自由平等的理性存在物的本性这一欲望，只能通过按照具有优先性的正当和正义原则去行动才能满足。这是终极性条件的一个结果：由于这些原则是规制性的，按照它们去行动的欲望，仅在它对其他欲望同样是规制性的这种意义上才得到满足。按照这种次序上的优先性做出的行为，表达着我们的区别于偶然性和巧合事件的自由。因此，为实现我们的

---

❶ John Rawls, *PL*, p.84.
❷ John Rawls, *CP*, pp.308, 315. 着重号为本书作者所加。

本性，我们除准备保持我们的正义感使之调节我们的其他目标之外，别无选择。这种正义感如果被与其他目的妥协与平衡，成为与其他欲望并列的一个欲望，它就不可能得到实现。……如果一种生活计划只把正义感看作一个要相对于其他欲望来权衡的欲望，我们就不可能依靠它来表达我们的本性。因为，这种正义感体现着我们作为人本身，损害它就不是在为自我争得自由的统治，而是让步于世界的偶然性和巧合。❶

成为正义的人的这种最高阶欲望的满足，只有永远将它置于欲望体系的优先规制地位时才能得到满足；根据一时、一事的变化而计算该不该行正义的人，永不可能实现我们作为自由平等道德人的本性。那些放逐正义感的人，就是放逐我们作为自由平等的理性存在者的本性本身。因此，之所以说这是一种强意义上的道德应当，是因为罗尔斯在《正义论》里的契合论证把正义感的优先性与人作为道德人的本性或个人同一性（personal identity）的维护联系了起来。这种规范要求的力量有多强呢？按克里斯汀·科斯伽德的说法，"在大多数情况下对人类的大多数而言，唯一和死亡一样坏或比这更糟糕的事情，只可能是一个：那些使得我们等于死亡的东西——我们再也不是我们自己了"。❷

而在《政治自由主义》中，尽管罗尔斯把《正义论》中善的单薄理论里所包含的伦理价值和理想，经过重新阐发后以一种"政治性的善"的形式放进稳定性论证中，但罗尔斯只坚持说充分自律的理想是"政治性的而非伦理的"，是组织有序社会成员作为公民在

---

❶ John Rawls, *TJ*, p.503.

❷ Christine Korsgaard, *The Sources of Normativity* (New York: Cambridge University Press, 1996), pp.17-18.

政治生活而非前述的日常生活所有领域的最高理想和欲望。❶给定合理多元的事实,从充分慎思理性出发,政治自由主义无法指定任何最高理想和欲望,它们是组织有序社会成员在其日常生活(包括政治领域与非政治领域)都共享的。重叠共识只希望表明:组织有序社会成员从其各自的、合乎情理的整全性观点出发,都能够支持那个政治性的正义观念。因此,在《政治自由主义》中,一种统一的、能够横跨政治领域与非政治领域的,从而能指定人生的最高理想和价值整全性观点的缺失,或说能够在更高阶层次上指导和评估罗尔斯的"双重论"之下的公民观点和合乎情理的社会成员的个人观点的"第三种观点"❷的缺失,使得罗尔斯缺乏上述意义上的"定言力量"去表明:合乎情理的整全性观点都应当肯定那个政治性的正义观念,并将之置于优先地位。

那么,罗尔斯如何回应"定言力量"缺失的问题?在我看来,这取决于如何回答以下几个相关的子问题:合理多元的事实是否是政治哲学需要严肃对待的?以独立于各种整全性学说的方式制定出一种正义观念是否是可欲的、必要的?进一步,因此而造成的"定言力量"的缺失,对于一种正义理论而言是否是一个问题?接下来,我们基于罗尔斯的政治哲学文本,分析罗尔斯应该怎样设想和回答这些问题。

对于合理多元的事实的问题,罗尔斯这方面的批评者如德沃金和哈贝马斯都承认,现代世界里的多元性,并不是一种人类生活的灾难或不幸。道德哲学家和政治哲学家在构造自己的理论时,必须以恰当的方式为多元及相互冲突的生活方式留下余地。

---

❶ John Rawls, *PL*, p.77. 着重号为本书作者所加。

❷ Habermas, *The Inclusion of the Other*, pp.86-89.

但德沃金和哈贝马斯并不认同罗尔斯所谓的政治性正义观念"自立"(free-standing)的处理方式：要求正义观念以一种独立于所有合乎情理的整全性学说方式制定出来。在德沃金和哈贝马斯看来，有另外的一些方式，在尊重多元性的同时，又能保持对各种合乎情理的整全性观点的"定言力量"。在德沃金那里，他认为政治自由主义只有通过对"何为好生活"做出说明从而成为一种伦理的自由主义，才能克服"双重论"之下两种观点间的"断裂"进而提供"定言力量"。然而对"何为好生活"的说明，不必承诺一阶意义上的实质性的好生活观念，如他主张的"挑战模式"(the challenge model)❶的生活观就是如此。这种生活模式认为每个人都有自己的生活要过，生活中有各种挑战需要面对、回应，而人类生活的价值就在于对此任务的出色的践履和完成(skillful performance)。德沃金认为对人类生活伦理价值的这种理解模式，比另一种所谓的"影响模式"(the impact model)——认为人类生活的价值在于对事态的客观价值的影响——更为合理及优越；并且认可此种对好生活的理解模式的人，具有强的理由去支持自由主义的各种道德、政治原则：如自由、平等、反家长主义原则等等。而哈贝马斯认为，罗尔斯所缺失的"定言力量"，如果能找回来的话，努力的方向就存在于罗尔斯的"合情理性"那里。因为毕竟罗尔斯要求所有的整全性学说必须是"合乎情理的"，但问题是罗尔斯不愿意赋予合情理性一种认知的内涵，只是把合情理性主张为一种公平感和反省态度；而这样定义的规范性太过薄弱，无法推出一个"为所有人共享的道德观点"。在哈贝马斯看来，在一个多元的社会里，那个不偏不倚的、对各种"世界观"都具有

---

❶ Ronald Dworkin, "Foundations of Liberal Equality," p.111.

"定言力量"的道德观点,简单地说(在下面的6.5节再详述)是采纳一种后形而上学(post-metaphysical)的进路来塑造的:认为在现代世界,理性已经无法借助任何特定形而上学权威的力量来命定对我们而言是真确的道德或政治准则,它们只能在一种平等商谈中确定。当然,这种商谈程序必须符合一些使得人类为寻求共同理解的对话得以展开而无可避免要预设的哲学和认识论前提。因此在这种商谈程序中,获得所有人一致支持的不偏不倚的观点,它没有来自任何既定形而上学立场,而又对所有实质性的宗教道德和哲学观点保有一种规约力量。

罗尔斯对这两种解决方案都持怀疑态度。尽管罗尔斯没有评论过德沃金的这个提议,但根据罗尔斯的理论立场,我们不难推断:罗尔斯认为德沃金的解决方式,并没有实现一种高阶的无偏倚性,没有把宽容应用到哲学本身,而是表达了对某种生活方式的偏爱。因为一来即使德沃金的论证的确使我们认为对人类生活价值的"挑战模式"理解优于"影响模式",但他并没有表明在挑战模式之外,就不再存在另外同样合理的,却是不同的对人类好生活的理解方式。❶这些理解方式可能同样支持自由主义,却不同意德沃金对自由主义的政治原则的基础的说明。在罗尔斯看来,如果为自由主义的正义观念指定一个(即使是具有某种程度的合理性的)基础,这对那些对人类好生活持有另外的理解方式的人而言是不尊重和不公平的。哈贝马斯的方案也存在同样的问题❷:许多合乎情理的公民并不认可哈贝马斯所谓的"理性不能够径直地向我们揭示普遍的道

---

❶ 参见 Richard J. Arneson, "Cracked Foundations of Liberal Equality," In Ronald Dworkin & Justine Burley (eds.), *Dworkin and His Critics: With Replies by Dworkin* (Blackwell Publishing, 2004), pp.82-83。

❷ 可参考 John Rawls, *PL*, pp.376-380。

德准则,而必须在理想商谈中确定"的说法。公民们认可各种各样的关于真理、意义、道德准则来源及理性的地位和作用的学说:例如有些公民认为道德准则是上帝意志的体现;人们在理想条件的对话商谈也许能最终认识到这些准则,但这种程序本身无论如何也没有产生或制造道德准则。因此,和德沃金的方案一样,哈贝马斯的方案也没有实现一种高阶的无偏倚性;而这种高阶的中立性和宽容是政治自由主义所追求的,也是能实现的。

在拒绝了这些替代方案后,罗尔斯最终要面对他们所提出的"定言力量"缺失的问题。我们知道,只要政治自由主义坚持所谓的"自立"立场,它将肯定提供不了上述意义上的"定言力量";但罗尔斯的"政治自由主义"认为:至少在使得立宪民主政体成为可能的有利条件下,实践政治哲学的目的不应该也不可能是提供那种强意义上的"定言力量"来表明一个正义观念的可欲性与稳定性:

> 政治的善,无论它有多么重要,并不总是能一般性地压倒那些可能与之相冲突的超验价值(某些宗教、哲学和道德价值)。我们没有主张过这样的理念。❶

罗尔斯对这个问题的解决,有两个背景性的基本设想,是需要我们提前了解的。

1. 在充分辩护阶段,也就是考虑各种合乎情理的整全性学说对获得特定阶段辩护的那个正义观念是否接受时,考虑的是这样一个问题:设想当该正义观念被组织有序的社会采纳后,它得到严格服从后所产生的制度效果、它所创造的那个社会世界,在多大程

---

❶ John Rawls, *CP*, p.471.

上可以得到各种合乎情理的整全性学说的认可？在这一点上，哈贝马斯的观察是非常准确的，也即罗尔斯期望的这种"认可"，只是一种我们希望它发生的事件（events that happens），❶而非政治自由主义理论本身就已然表明或规定好了的。请注意，我在上面用了"严格服从"这个表述，这表明这种检验仍然是在一个理想理论的框架内进行的，而非把获得特定阶段辩护的那个正义观念抛进一个现实社会里，让其接受现实社会中各种势力的掂量和偶然事件冲击后看看结局是什么。设定严格服从是出于这样一个考虑：即使根据该正义观念有序地组织起来的那个社会，最后被证明是超出了人类道德心理的承受范围而变得不稳定，我们也能知道这种不稳定是该正义观念本身所带来的，因此我们要运用反思平衡的方法退回去修改该观念。如果不设定严格服从，我们可能会误把现实状况中不合乎情理、势力过于强大或各种偶然事件导致的社会不稳定归咎于该正义观念本身，而这本不应是它要负责的。不过在此，有点令人困惑的是：既然设定了严格服从，那还怎么检验各种合乎情理的整全性学说认不认可？简单地说，这两者并没有矛盾，因为只有设定了严格服从，才能有针对性地检测该正义观念本身是否带来要求过分（over-demanding）的问题；如果该正义观念得到严格服从后所产生的社会效果，被一个社会多数合乎情理的整全性学说认为是无法接受的，那么我们就可以认为该正义观念本身是有缺陷的。

2. 如果1的理解是正确的，那么罗尔斯作为这种正义观念的倡导者，他为这个问题的解决所能提供的理由，就肯定不是"定言力量"意义上的理由，而主要是这样一种性质的理由：政治自由主义的

---

❶ Jürgen Habermas, "'Reasonable' versus 'True', or the Morality of Worldviews", in his *The Inclusion of the Other: Studies in Political Theory* (Cambridge, MA: MIT Press, 1998), p.90.

这种观念自身有什么特性和优势，使得各种合乎情理的整全性学说基于各自的理由说将会（would）认可它本身及它得到严格服从后所产生的那个社会世界。简单地说就是：这些理由是用来表明它是凭什么赢得合乎情理的整全性学说对其的忠诚，从而产生出一种自我支撑（generate its own support）。具体地讲，罗尔斯提出的这类理由如下。

第一，合乎情理的整全性学说，在运用慎思理性进行"理由的平衡"后，倾向从它们各自的观点内部出发支持那个政治性的正义观念。因为在衡量"政治价值"与"非政治价值"的天平上，罗尔斯已经将更重的砝码放置在了政治价值这一端。上面 6.4.2 提到，罗尔斯提出论证政治价值优先的第一个理由即"政治价值是极其重要的价值"。这其实并不是如反对者所言的仅仅是一种"断言"（assertion）。理由是：我们在 6.4.1 提到，在《正义论》中，我们希望从善的单薄理论出发，运用慎思理性判断是否应该将"作为公平的正义"作为一种善纳入我们的生活计划并赋予其规制性地位，从而实现"正义"与"善"的契合。要观察到在《正义论》中，善单薄理论里包含的那些善好生活的要素（6.2.2 中开列的 a-e），在对"正义"与"善"作衡量时，全被放在"善"这一端，也即在不预设正义本身的好的情况下，我们从充分慎思理性的观点出发都欲求善好。在《政治自由主义》中，由于合理多元的分歧的存在，尽管我们无法再说：从充分慎思理性的观点出发，人们都欲求的上述那些善好；但罗尔斯将这些善好重新阐释后，将之全部归入政治价值这一端，即所有人从公民观点出发都会欲求的"政治性"的善好（6.4.1 中开列的 A-E）。❶这就是我说罗尔斯已经将更重的砝码放置

---

❶ 关于"自由主义的正义观念，究竟是凭借什么样的政治价值赢得公民对它自身的忠诚"的问题，更具体的解释，可参见 John Rawls, *CP*, pp.442-444。

在了政治价值这一端的原因。❶所以，罗尔斯有理由认为，合乎情理的整全性学说充分慎思理性的观点出发，"它们会认为不可能产生任何这样的价值冲突——这种冲突可以为它们反对作为一个整体的正义观念的行为作辩护，或为反对诸如良心自由、平等的政治自由权或基本公民权利这类根本性权利的行为作辩护"。❷

第二，以上是从政治价值与非政治价值天平中"政治"的一端来表明，为什么两类价值冲突时，天平会倾向"政治"一端。接下来，罗尔斯考虑了表达非政治价值的合乎情理的整全性学说本身的一些特征，并解释这些特征有利于它们契合、支持那个政治性的正义观念，或至少与之不冲突。这包括两点：其一，罗尔斯认为并不是所有人的合乎情理的整全性学说都是充分地整全的，而是指部分地整全的，也即这些学说只包含了一些非政治的价值和德性，且表述得比较松散。这种有限的范围和松散性，为接纳"自立"的政治性正义观念留下了空间；就如同把一个独立的模块插进模具的空间中。其二，罗尔斯认为，许多公民是在没有意识到政治性的正义观念与他们自己的整全性观点之间的任何这样那样的特殊联系的情况下，就认肯了那个共同的正义观念。政治性的正义观念，允许各种各样的整全性学说在组织有序社会里繁衍。而在正义的制度下成长起来的人，并不总是考虑政治性的正义观能不能从自己的整全性学说中推导出来，才去接受它的。对这两者的接受都是一个社会化过程，很有可能公民们因为感受到政治性正义观念在民主社会里所带来的公共善（包括允许人们认肯任何合乎情理的整全性学说），所以首先认肯的是那个正义观念。如果在此之后，他们发现正义原则

---

❶ 得到这一结论，我得益于 Samuel Freeman 对罗尔斯稳定性的一个评论，参见 Samuel Freeman, *Justice and the Social Contract*, p.195。
❷ John Rawls, *CP*, p.438.

与他们整全性学说之间存在冲突,"那么他们很可能会去调整或修正这些学说,而不是去拒斥那个正义观念"。❶

总之,在罗尔斯看来,面对自由民主社会的合理多元的状况,政治自由主义所做的是一种调解(reconciliation)工作:为对公民的生活具有重大意义的、不同的、相互之间有冲突但又都是合乎情理的整全性学说,提供一个可以让它们相安无事地共同繁盛(flourishing)下去的政治条件。❷这对正确地理解罗尔斯在《政治自由主义》里的稳定性论证要达到的目的非常重要。通过上面的分析,我们已经很清楚地看到,《正义论》里对上述"定言力量"的追求,正是使得稳定性论证变得不现实和不成功的原因,至少在允许人们自由运用慎思理性的自由制度之下是如此。所以,对自由民主社会合理多元的状况的严肃对待、对政治哲学本身能力和定位的反省,使得罗尔斯认识到:"一种正义观念,最好地也只不过是一种慎思和反思的指导性框架,这个框架能够帮助我们至少在宪政根本问题上达成政治上的一致……如果它已经缩小了那些接受立宪政体之基本理念的人们所持有的各种正直确信之间的鸿沟,那么它也就达到了自己的实践的政治目的。"❸因此,一种政治性的正义观念应该内向用力,思考怎样呈现自身,才能使得合乎情理的整全性学说,从它们各自的观点内部出发,经过一种"理由的平衡"(balance of reasons)后,❹都能够与那个政治性的正义观念"契合,支持它或至少不与之相冲突"。当然,上述说法可能会给人错误印象,认为政治性的正义观念为了取得整全性学说的支持,就要去探

---

❶ John Rawls, *CP*, p.441.
❷ John Rawls, *PL*, pp.157-158, XXVII.
❸ Ibid., p.156.
❹ Ibid., p.169.

究现实中整全性学说的力量对比,以便修改好去迎合主导性的整全性学说来取得稳定。但一旦我们记起政治性的正义观念是一种自立的观点,是在无知之幕屏蔽了有关整全性学说力量对比的信息下获得(特定阶段的)辩护的,这种担心就烟消云散了。

不过上述评论最好也只是帮助我们理解了罗尔斯在《政治自由主义》里提出的理由的性质及其在什么意义上是合理的;但这对回答"定言力量缺失"及其带来的问题并没有太大的帮助。理由很简单:一种正义观自身很有优势、很有吸引力,并不能等于各种合乎情理的学说应该选择它。但在我看来,罗尔斯的确能在一种弱意义上表明这一点。

如前所述,德沃金认为自由主义只有通过对一种高阶意义上的"何为好生活"做出说明,它才不至于遭遇"定言力量"缺失的问题。在我看来,政治自由主义,在坚持不将正义原则建基于任何特定的整全性观点之上的同时,也的确在其作为政治性观点的框架之内、在一种高阶意义上提供了对所有合乎情理的好生活观而言都有吸引力的"好生活"安排:一种允许人们自由地选择、相互包容地追求不同的但又都是合乎情理的生活计划的安排。我认为,正是这一点体现了政治自由主义仍然是一种规范的道德观念:因为既然它认为公共辩护是尊重公民的必然要求,进而要求在不同的但同样是合理的好生活观念间保持不偏不倚,强调政治安排应当对它们都是有辩护的。那么,对这种公共辩护以及中立立场的承诺,必然会推导出特定类型的政治社会安排,也就是那种允许人们自由地选择、追求不同的好生活的政治安排,而反对那种使用国家强力推行某种整全性观点而压制另一些整全观点的政治安排。如果把"各种合乎情理的整全性学说在保持及弘扬自己的学说教义的同时又能够彼此相容地(mutual accommodation)生活在一种正义的制度框架下"这种状态称为一种好生活,那么说政治自由主义提供了一种对好生活的说明也未尝不可;但对这种"好生活"的说明始终是立基于政治的。

正基于这种规范性,它要求所有的整全性学说必须是"合乎情理的"、是能为合乎情理的公民所认可的,不合乎情理的学说及其主张与这种政治安排是根本冲突的;我们需要"如同对抗战争、扑灭瘟疫一样去遏制这些学说,以便不让它们推翻政治正义",❶毕竟,当正义自身赖以生存的基础岌岌可危时,正义并不要求人们袖手旁观。在此意义上,政治自由主义的政治性正义观念具有一种强的规范力量要求我们反对不合乎情理的学说。不过问题依然是,对于那些合乎情理的学说而言,为什么它们应该选择这种正义观?

我觉得要这样理解罗尔斯的设想:如前所述,在一个多元的自由社会里,只有政治自由主义提出的政治性的正义观念所规划的政治安排,❷才能提供一种政治条件,能让各种合乎情理的整全观点在能够弘扬自己学说教义的同时又能以一种相互融洽的方式相处。如果自由社会中大多数整全性的观点都是合乎情理的,也即它们都承认合理多元的事实、认为包括自己在内的任一观点都无法为公民的政治生活提供一个共享的基础,但又都希望自己所追求的价值、教义、理想在一个自由民主制度下具有实现的政治保障的话;那么,基于前述理由,政治自由主义的政治性正义观念就是它们应该选择的正义观。合乎情理的学说认识到,在自由社会的境况下,只有选择这种政治性正义观念作为公共生活的指导性观念,并由此确立一

---

❶ John Rawls, *PL*, p.64, n.19.
❷ 罗尔斯在《政治自由主义》里已经一再表明为什么其他自由主义者如康德或密尔的整全性的自由主义做不到这一点;本节前半部分还表明了罗尔斯认为他的自由主义同伴如德沃金及哈贝马斯也做不到这一点。

种让所有合乎情理的整全性学说都能彼此共容地存在下去的框架，自己的学说所主张的价值、教义、理想的实现才能得到一种必要的政治保障。即使初步省思发现该正义观念与自己的学说有冲突，它们会认识到，推翻这种正义观念，自己能得到的最多也就是让自己那种学说得以发展的权宜安排。更糟糕的是，自己的学说可能成为少数派而处于那些支配国家权力的其他整全性学说的压制之下。就此而言，政治自由主义仍具备一种弱意义上的规范力量去表明，合乎情理的整全性学说应该支持它，或至少不反对它。说这种规范力量是弱意义上的，因为政治性的正义观不积极地指定（也不可能指定）合乎情理的整全性学说要追求的最高（或全部）价值、理想，而只是指出无论它们追求的是什么合乎情理的价值和理想都需要的政治条件。

最后补充一点讨论：这种弱意义的规范力量如果真的存在的话，它到底是什么性质的？❶这个问题之所以重要，是存在两个疑惑：第一，这种意义上的"应该"是不是一种"当前环境下经过权衡后作最佳选择"？即当前状况下选择它最符合我的利益，所以我"应该"这么做。一旦各种学说力量对比出现变化，比如经过一段时期后，某种主流的学说发现自己人多势众力量大，因此应该转而选择那种对自己有偏爱的正义观而非这种不偏不倚的正义观？第二，我们在上一节（6.4.2）说过：如果一个观念具有指导政治与非政治这两个领域的价值的规范力量，它即使不带有形而上学色彩，也必定是一个整全性的观念；如果这种规范性力量的确来自这种整全性观念，那么它与政治自由主义的"政治性"品格就可能是格格不入的。

---

❶ 感谢北京大学哲学系李猛老师促使我澄清这个问题。

对于第一点，这种指责要是成立的话，这种"应该"的确就不是规范意义上的应该，而是深谋远虑后找到最佳行动策略意义上的。我们要注意到，一旦一种学说认为自己力量强大了就可以主张一种偏倚的正义观，并动用国家权力来压制其他合理的学说，那么它其实属于不合乎情理的学说。我们前面谈到：政治自由主义有强的规范性根据可以要求去遏制这种学说。不过，即使我们讨论合乎情理的学说，这种"应该"的性质也不是这样的权宜之计：按照罗尔斯的说法，一来，我们始终没有讨论人们根据其私人或团体利益的权衡来考虑接不接受这种正义观；而是讨论人们所持有的合乎情理的整全性学说，根据它们对于人类价值、人性完善、个人美德和品格、灵魂安顿的构想，来考察这种正义观念对它们这些关于"人应如何过其一生"的构想和主张有什么影响。因此，罗尔斯认为这些合乎情理的学说都是在"道德的"基础上作选择的。这里的"道德的"是什么意思我们稍后再谈。二来，作为选择目标的那个政治性的正义观念，它不是一个在力量均势之下妥协出来的临时协定，它本身也是"道德的"观念：因为如前所述，这种正义观念必然会承诺那种允许人们自由地选择、追求不同的好生活的政治安排，而反对那种使用国家强力推行某种整全性观点而压制另一些整全观点的政治安排。选择的根据和作为被选择的目标都是道德的，因此我们说"合乎情理的整全性学说应该选择这种正义观"，就不是一种在特定环境下对最佳行动策略的权宜。

但这里说这种正义观是"道德的"，究竟是什么意思？这就与上面第二个疑问有关了：如果它是道德的，那么它是不是整全性的？我们要理解，罗尔斯这里所说的"道德的"，其实是"规范的"（normative）的同义词；说一个观念是道德的，意味着该观念的内容是由某些理想、原则和标准所给定的，而这些理想、原则和标准

（也就是我们称为"规范"［norm］的东西）主张及阐明了某些（人类）价值。❶一个道德的观念，既可能是整全性的，也可能是政治性的：当这些规范主张及阐明的价值，涵括了人类生活中各种善好的观念、个人美德和品格的理念、灵魂拯救的观念等此类意图指导我们大部分非政治行为的东西时，此道德观念就是整全性的；当它表达的价值，只是一些政治性的价值并将作用范围严格限定在政治领域时，这种道德观念就是政治性的。我们需注意不要混淆，政治自由主义不是不能依赖道德的观念（不依赖道德观念的规范政治理论是不可设想的），而是不能预设和依赖于整全性的观念。所以罗尔斯经常说，"作为公平的正义"这种正义观是政治的，当然也是道德的。❷

总结一下，基于对政治性、中立性以及"把宽容应用到哲学本身"的承诺，罗尔斯拒绝了其他有可能克服"定言力量"缺失问题的替代方案。因此，他必须直面此问题。罗尔斯认为："作为公平的正义并非先在地就是合乎情理的，除非它能在其自身框架内，通过诉诸公民的理性，用一种恰当的方式赢得对其自身的支持。"❸我在本小节接下来讨论到：罗尔斯在《政治自由主义》文本中提出的那些理由❹，只是表明"政治性正义观自身具有吸引力，可赢得合乎情理的整全性学说对其的忠诚"这种性质的理由。不过这些理由无法表明，在此充分辩护阶段，罗尔斯提供了一种具有强意义上道德应当的"定言力量"来说明合乎情理的整全性学说必定应当采纳那种政治性的正义观念。最后，我提出理由表明，"定言力量"缺

---

❶ 参考 John Rawls, *CP*, p.423, n.2。
❷ John Rawls, *PL*, p.11; *CP*, pp.486, 610, n.1。
❸ John Rawls, *PL*, p.143.
❹ Ibid., pp.139-140, 156-158.

失的问题不必太过夸大,通过对由政治自由主义理论本身所承诺的那种"好生活"的合理解释,我们实际上仍可以说:政治自由主义仍具备一种弱意义上的规范力量去表明,合乎情理的整全性学说应该支持它。

6.5 对正义原则的"公共辩护":罗尔斯与哈贝马斯的论争

在对正义观念或正义原则辩护的最后阶段,也就是狭义的"公共辩护"阶段,罗尔斯要表明:经过上述的充分辩护阶段后,自由社会中所有(或大多数)合乎情理的整全性学说都基于各自的哲学、道德或宗教的立场认肯了政治自由主义的政治性的正义观念,并因此在这种正义观上达成了重叠共识。而哈贝马斯认为,这种经由各种整全性学说出于各自理由支持的"共识",即使能"幸运"地达成,也不能算作对该正义观念的进一步辩护,而仅仅表明"它被接受了"这个事实而已。处理哈贝马斯和罗尔斯在重叠共识问题上的论争,对澄清罗尔斯最后阶段辩护的意图及工作实质非常有帮助。为了理解哈贝马斯的这个批评的核心问题(6.5.3 节)以及罗尔斯可能有的回应(6.5.4 节),我们首先就需要在第 6.5.1 及 6.5.2 节了解:(1)哈贝马斯的实践理性观念是什么;(2)满足哈贝马斯的实践理性要求的程序该如何设置;(3)为什么只有如此设置,才能使普遍有效的道德或正义原则从该程序中产生。

6.5.1 哈贝马斯的实践理性观与道德判断的有效性

哈贝马斯和罗尔斯在有关正义原则辩护问题上的论争,被他们自己称为"家族内部的争论"。❶由于他们的论争涉及调和所谓"私人自主性与公共自主性"之间的矛盾或"现代人的自由和古代人的自由"之间的矛盾,所以将他们的论争归入"自由主义—民主主义"这一家族的内部争论,并无不妥。但这只是在比较低的层次上理解他们同属的"家族"。在一个更高层次上:首先,他们的理论建构都是对"现代境况"❷的一个回应。启蒙运动与现代实证科学的迅猛发展,带来的是一个自洽的目的论世界的解体,传统上由形而上学本体论的解释或宗教学说救赎论所担保的、以断言式陈述来主张为"真确"(true)的道德规范和道德判断,面临着权威性和有效性根源缺失的危机。现代自然科学领域的命题仍保留着其认知内涵,但这只是理论理性领域;涉及实践理性的道德命题是否还保留着其认知内容,怎样证明一个道德命题为真从而确立其有效性,这被哈贝马斯认为是他和罗尔斯共同面临的问题,尽管罗尔斯更关心政治道德问题。第二,作为回应,罗尔斯与哈贝马都承诺去为道德命题寻找一种客观的有效性(区别于种种的道德相对主义),但又都不认为这种有效性需要一些超验、神秘的道德实体来担保。第三,他们都深受康德的实践理性的观念(例如自由和自主性理念)影响,试图通过某种方式(罗尔斯的建构主义和哈贝马斯的商谈程序)发展被康德认为体现了实践理性本身要求的绝对命令程序,来为理性的公共运用——这种运用在道德领域以及政治领域产生的分别是道德规范和正义原则——确立一个框架。

罗尔斯的实践理性观念我们在前面已经详尽阐述过,在此,我

---

❶ Jürgen Habermas, "Reconciliation Through the Public Use of Reason," in his *The Inclusion of the Other: Studies in Political Theory* (Cambridge, MA: MIT Press, 1998), p.50.

❷ Jürgen Habermas, "'Reasonable' versus 'True', or the Morality of Worldviews," in his *The Inclusion of the Other: Studies in Political Theory* (Cambridge, MA: MIT Press, 1998), p.78.

们要考察哈贝马斯是如何理解实践理性的,以及通过什么方式来奠定道德规范和道德判断的有效性。这是理解哈贝马斯对罗尔斯的批评的前提,以及分析他们的论争的必要条件。

哈贝马斯希望捍卫一种拒斥道德实在论和道德主观主义、怀疑主义的道德认知主义,所以他反对将实践理性化约为工具理性,即仅仅根据人们的个人利益或情感来理解道德有效性,也反对寻求柏拉图式的客观理性来为道德的规范性奠基。既然道德认知主义仍然承认道德命题有真假值,那么道德命题的真确性究竟是如何获得的?哈贝马斯认为,如果现代社会的人们仍然共享一个期望:希望在公平和和平的条件下共同生活的话,我们必须就这种共同的道德(政治)生活条件究竟是什么进行道德对话,以期形成一个能够不偏不倚地处理我们的利益的道德观点(moral point of view)。我们每个人都有各自的利益体认,这是通过我们的伦理观念或世界观表达出来的。哈贝马斯意义上的这种"伦理"观念相当于罗尔斯的整全性学说,它表达着对个人而言是善好的东西。哈贝马斯认为,人们的伦理观念或世界观可靠性来自生活方式和传统的本真性,而不需付诸不偏不倚的审察,事实上人们也无法采纳一种假设性检验的态度来对待这些构成他们人格同一性的东西;也即严格地说,真确性的评价对于此意义上的伦理问题并不适用。❶但道德规范不同,由于道德的规范要主张具有普遍的有效性(universal validity),它的规范性内容必须具备认知意义上的真确(true)❷地位,也即表达这

---

❶ Jürgen Habermas, "Reconciliation Through the Public Use of Reason," p.67.
❷ 这里的"真确"当然不是符合论意义上的,然而哈贝马斯认为"道德真理"的主张或"规范的有效性"的主张可以类比"真理"的主张。参见 Jürgen Habermas, *Moral Consciousness and Communicative Action*(以下简称 *MCCA*)(Cambridge, MA: MIT Press, 1991), p.56。

些内容的道德命题是客观的道德知识。那么，从一种表达个人偶然的欲望、偏好、生活方式的伦理观点出发理解的利益，如果能被纳入有效道德规范的内容，就要转变为一种主体间共同承认的普遍利益，也就是要经历一个不偏不倚或可普遍化的程序测试过程。只有进入了"主体间共享的评价性的词汇表"里，这些利益才能摆脱第一人称视角的限制，取得一种论证的认知地位，从而使得以它为内容的道德规范具有约束性的规范力量。❶

哲学家在对规范原则的辩护中应该做且只能做的工作，就是阐明一种实践理性的观念，它能提供一种道德观点，根据这种道德观点设立一个程序性框架（如康德的定言命令程序、罗尔斯的原初状态以及哈贝马斯自己的理想商谈程序），以便不偏不倚地考察各种利益和价值。但哈贝马斯认为，哲学家提供道德观点不是提供实质性的道德原则和政治原则。道德观点其实是通过哲学先验的论证从而为一个纯程序式的商谈提供必要的预设条件，这些预设能够确保主体间的实践推理一旦遵循这些预设条件，其推理结果（道德原则或政治正义原则）就是普遍正当的、真确的。这一点，就是哈贝马斯开启与罗尔斯所谓"程序—实质"之争的根据。我们知道罗尔斯政治理论的起点依赖于民主社会中公民共享的实质性的政治观点（政治建构主义由之出发的"公共视角"），并通过建构程序建构出实质性的正义原则。而哈贝马斯认为，通过理性的公共运用推理出实质性的正义原则，这种工作不是哲学家要做的，道德哲学和政治哲学也无法胜任此项工作。因为在现代世界里，理性无法直接地命定一种正义观或一种善好生活；此项工作应该交由现实社会中的公民通过现实的民主慎议来决定。罗尔斯的做法是越俎代庖，从哲学

---

❶ Jürgen Habermas, "'Reasonable' versus 'True', or the Morality of Worldviews", pp.81-82.

家越界成为"哲学专家",代替公民开列实质性政治正义原则,以一种家长主义的方式剥夺了"公民太多的真知灼见"。❶ 哲学家要做的,仅仅是探讨公民民主对话的程序需要遵循哪些预设条件,其对话所产生的结果才可以宣称是道德上普遍有效的。

6.5.2 从先验实用的程序预设到不偏不倚的道德考量

哈贝马斯认为,人类的实践交往行动会遇到阻滞甚至中断,根本原因在于人们在"交往行为应遵循何种共同规范"这个问题上没有了共识。此时,如果武力解决不是可欲的、若人们也还不至于完全放弃对话的话,那么人们必定要回到一种对规范的实践商谈中来,以期修订旧规范、恢复共同理解或制定表达新共识的新规范。哈贝马斯认为,每一个称得上能够产生有效的道德规范(valid moral norms)的程序,都必须满足程序性预设或论辩规则(U):

> 所有相关的人都可以接受其结果,对规范的普遍遵循所产生的影响可期望符合每一个人的利益(与已知的其他可能的调节性规范所产生的结果相比,人们更倾向于接受这种结果)。❷

这个推理规则(U)指导人们如何从可行的论辩前提中得到更一般的道德原则或正义原则。哈贝马斯认为,论辩规则(U)可以由论辩的先验实用(transcendental-pragmatic)论证❸的论辩预设中推导

---

❶ Jürgen Habermas, *MCCA*, p.94; Jürgen Habermas, "Reconciliation Through the Public Use of Reason", pp.69, 72-73; Jürgen Habermas, "'Reasonable' versus 'True', or the Morality of Worldviews", pp.94-98.

❷ Jürgen Habermas, *MCCA*, p.65. 着重号为原文所有。

❸ Ibid., p.86.

出来，这些预设包括：a. 每个言行上有能力的主体都应该被包括到商谈中来；b. 每个人都允许表达自己的态度、欲望和需求，在对话中提出任何观点和批评任何观点陈述；c. 任何人不能被强行阻止行使上述 a 和 b 预设的权利。❶说这些预设是先验的，因为它不随论辩的经验性背景（如社会、文化背景等）变化而变化，而是任何论辩得以成为有意义的论辩不可避免地要预设前提；说它是"实用"的，意思是这些预设的意图并非在于保证论辩的语句在一种语义学（semantic）上有意义（这种"有意义"，一个人以一种独白式提出某些陈述也能满足），而是保证论辩者的相互理解、相互接受（这必须通过现实的对话过程来进行）。哈贝马斯认为：这些预设并不是人们协商出来的，而是任何人在进入商谈论辩前就必须认可的。否定这些论辩预设的人，会遭遇"践言矛盾"（performative contradiction）❷；因为任何人若通过"将某些相关参与者的意见排除"来使得其提议的"原则 P 获得辩护"❸，就必定遭遇践言矛盾，因为这种做法违反了使得一个"原则 P 就得到了辩护"必须预设的东西（a，b，c，在此尤其是违反了 a）。

需要注意的是，(U) 只是实践商谈的推理规则（rule of inference），其应用对象只是规则和原则，而不是处理利益冲突指导人们实践行动的道德规范（norms）。相反，它是一切从商谈程序中获得一致同意的那些规则、原则可以宣称具备道德真确性必须满足的前提。在这里，重要的是，哈贝马斯希望表明：在遵循了论辩规则（U）的论辩程序中，获得所有人一致认同的规则，就是一种

---

❶ Jürgen Habermas, *MCCA*, pp.86, 89, 92.
❷ 这种矛盾可理解为若践行说话者的言说的行为就会遭遇矛盾；它指的是说话者申述的命题内容，已经被他所表达的东西要预设的前提否定。
❸ Jürgen Habermas, *MCCA*, p.91.

不偏不倚地处理人们的利益的道德规则。因此，他必须论证"不偏不倚性的理念是根植于论辩程序结构本身，而不需从外部移植进来作为一个补充性的规范内容"。❶也就是要表明：论辩规则（U）所表达的那些要求本身，就会迫使论辩参与者不偏不倚地处理他们之间的利益主张，从而赋予他们所达成的协议（如果有的话）一种道德性。

要达成这个目标，关键在于论辩程序应该如何规定，即怎样使得商谈结果能够满足（U）中"所有相关的人都可以接受"或"符合每一个人的利益"？哈贝马斯认为，最可行的程序设置就是康德的绝对命令程序。但对于这个程序，有许多诠释方式，其中的一个方式，我们称为方式 A：要求每个参与者从自己的观点出发对自己欲采纳的行为准则进行普遍化的检验，每个人都可以意愿其成为一条普遍法则。这个检验过程必须遵循"己所不欲，勿施于人"这样一条金律（golden rule），即要求每个人自己反思：己所不欲，勿施于人。

但哈贝马斯不能采纳方式 A，理由有两个：第一，方式 A 无法表明"不偏不倚性的理念是根植于论辩程序结构本身"，也即无法从论辩规则（U）所预设那些要求本身推导出不偏不倚的道德要求。因为这种从各个个体的各自观点出发进行普遍化的检验，允许每个人以不同的实质性理由去支持一个协议（如果能达成的话）；在方式 A 这里，那些程序性的要求是不重要的，道德协议是否能达成，取决于参与者各自持有的非公共理由是否会出现"幸运的收敛"（lucky converge）。❷且即使能达成道德协议的话，不偏不倚的

---

❶ Jürgen Habermas, *MCCA*, pp.75-76. 着重号为原文所有。
❷ Jürgen Habermas, "'Reasonable' versus 'True', or the Morality of Worldviews", p.83.

理念是源自于各个参与者支持这个协议的不同的实质理由那里，而不是程序本身。第二，哈贝马斯认为这种方式对于形成一个具有认知内涵的协议或共识而言是不足够的。因为在这种从各个个体的各自观点（everybody from the perspective of each individual）出发进行普遍化的检验中，每个人支持这个协议的理由可能是不同的，或至少不存在一个共同的"我们"（we-perspective）的视角，❶不存在由相同的、共享的理由所支持的一种协议。这只能算作不同观点的收敛（converge）而不是所有人在主体间共享理由基础上建立的共识（consensus）。不同观点的收敛式的协议，对于每个参与者而言，其他人支持协议的理由是对他而言不透明、无法进入评估的（inaccessible）；因此每个人只能从自己的伦理观点出发肯定那个协议，但各人的伦理观点严格地说，又是没有认知内涵的，伦理观点不可能通过简单收敛的方式带来一个道德的观点。❷每个人只能以自己的诠释框架确认那个协议对所有人而言都是"真确"的，因此没有任何人获得关于那个协议已经得到了所有人的共同赞同这个知识，在此意义上说协议的内容获得了公共辩护，是误导性的；它也不能宣称是体现了不偏不倚的观点的道德真理。❸

因此，哈贝马斯认为，对康德绝对命令程序的诠释方式，必须超越从个体的观点出发进行普遍化的检验，从每个人都能无矛盾的意愿成为一条普遍法则，转到所有人都能以协议一致的方式同意其成为一条普遍法则（我们称之为方式B）。这个普遍化检验程序目的就是创造出一个"我们的视角"，担任将伦理观点转化成道德观点的桥梁。这种创造共同视角的检验程序本身"导致了一种合作性

---

❶ Jürgen Habermas, "Reconciliation Through the Public Use of Reason", p.57.
❷ 如果注意到6.5.1交代过的哈贝马斯对"道德"与"伦理"的区分，这一点就不难理解。
❸ Jürgen Habermas, "'Reasonable' versus 'True', or the Morality of Worldviews", pp.83-85, 91.

的论辩过程的理念",它要求一种"集体性的协议一致"(collective agreement),即所有人在相同的、公共的基础上达成协议。❶根据方式 B,每个人将自己视为对何为其最佳利益的寻求的最高上诉法庭,但这种利益体认又开放给所有其他人作批评。对于处理这些利益协议方案,每个人都同等地拥有否决权,要求理由和给出理由的论辩一直持续,直至所有人都能以共享的公共理由来支持一个协议。这样程序预设或说程序形式结构本身,就会"迫使参与者采纳不偏不倚的立场"。❷各人的伦理观点所给出的不同的非公共理由,无论是否体现了不偏不倚的理念,它们只有依照程序性要求,在商谈中与其他人的非公共理由一起塑造出那个"我们的视角"和公共的理由,才有可能进入有效道德规范的内容。如此规定的程序预设和程序结构本身成为一个挑选机制,它能筛选出各种非公共理由中的不偏不倚成分,而摒弃那些无法得到所有人认同的部分。一旦一个观点能够获得主体间在同一基础上的共同承认,每一个人都获得关于那个协议已经得到了所有人的共同接受这个知识,❸我们就在此意义上说得到共同接受的道德规则是真确的,其道德规范性力量和权威也正是源于此。

6.5.3 哈贝马斯对罗尔斯的公共辩护批评的实质

罗尔斯在最后阶段的辩护也即公共辩护时,希望所有合乎情理的学说都能在那个政治性的正义观念上达成一种重叠共识。我们说过,罗尔斯的重叠共识是允许不同的合乎情理的整全性学说以各自不同的理由来支持那个政治性的正义观念的。我们看到,罗尔斯达

---

❶ Jürgen Habermas, *MCCA*, pp.67-68.
❷ Jürgen Habermas, "'Reasonable' versus 'True', or the Morality of Worldviews", p.96.
❸ Jürgen Habermas, *MCCA*, p.67.

成重叠共识的模式，和上述方式 A 是一样的。因此，哈贝马斯对方式 A 不满的理由，也就是他批评罗尔斯的重叠共识的根据。❶扼要地说，哈贝马斯针对重叠共识的批评是这样的。

首先，在第一阶段辩护里，也就是在原初状态中，罗尔斯的问题，除了 6.5.1 所述的以"哲学专家"独白的形式代替公民现实的民主慎议来开列实质性的道德（政治）原则之外，还人为地割裂了政治价值和非政治价值。所以，尽管在原初状态中各代表的确是在相同理由基础上采纳那个政治性的正义观念的，但由于上述两个原因，原初状态的协议过程就并不能还原为上述程序诠释方式 B。

其次，罗尔斯希望通过充分辩护和公共辩护来完成特定阶段辩护没有完成的事情，也即掀起无知之幕让公民知道他们所持有的（合乎情理的）整全性学说的具体内容，再检验那个政治性的正义观念是否能得到它们的支持。但在后面这些辩护阶段，和上述方式 A 一样，程序性的东西在这里不再重要，因为没有共同的基础需要塑造。重要的是合乎情理的整全性学说都能从自己内部找到各自的理由去支持那个政治性的正义观念。这会导致两个后果，第一，由于重叠共识并不是在服从理想论辩的条件下，经由公民理性商谈后以相同的理由共同并公共地达成的共识（jointly and public reached consensus），它就不具有真理性质，共同接受并不意味着这种重叠共识的内容就是真确的。因此，"重叠共识也就只能成为有用性的指标，而不再是对该理论的正确性的确认"。换言之，公共辩护关注的不是道德（政治）规范内容的可接受性

---

❶ 这些批评集中体现在哈贝马斯的 "Reconciliation Through the Public Use of Reason: Remarks on Rawls' Political Liberalism" 以及 "'Reasonable' versus 'True', or the Morality of Worldviews" 这两篇文章中，均收录在 Jürgen Habermas, *The Inclusion of the Other: Studies in Political Theory* (Cambridge, MA: MIT Press, 1998)。

（acceptability）或有效性（validity），而仅仅在于它是不是能现实地被接受（actual acceptance）了。❶第二，在罗尔斯的双重论下，由于不存在更高阶的、可以同时对政治价值和非政治价值进行整合的"道德观点"，因此哈贝马斯得到了德沃金一样的结论，罗尔斯的理论没有规范性力量去要求：合乎情理的整全性学说体现的非政治价值，在与政治价值冲突时必然要让位于政治价值。哈贝马斯观察到，罗尔斯的理论中唯一能够连接政治价值和非政治价值的规范性要素，就是对"合情理性"的规定；因为在罗尔斯那里，公民以及整全性学说，都被要求必须是"合乎情理的"。但不幸的是，罗尔斯又不愿意赋予合情理性（reasonableness）一种认知的内涵，只是把合情理性主张为一种公平感和反省态度，而不是道德真确的。这样一来，即使公民以及整全性学说都依照"合乎情理的"来限定，但由于合乎情理地限定的公民以及整全性学说自反性态度和公平感，都不能推导出一个"为所有人共享的道德观点"。所以，能够赋予政治价值优先的、体现不偏不倚立场的"道德观点"，在罗尔斯那里始终是缺失的。体现道德观点的合情理性的塑造，只能来自在先验程序预设（它们是实践理性的要求）下公民的现实商谈，而不是像罗尔斯这样仅仅是根据不同的主题和对象而列举和设定的（enumerated and characterized in each case）。❷哈贝马斯认为，罗尔斯不能把合情理性直接指定给整全性的学说，将之看成这些学说的内容属性；它应该得自实践理性的要求，应该先于这些学说而确立，并且界定怎样才能够称得上合乎情理的整全性学说。只有这样，在这些学说与政治价值发生冲

---

❶ Jürgen Habermas, "Reconciliation Through the Public Use of Reason," p.62.

❷ John Rawls, *LP*, pp.86-88.

突时，才有"定言力量"要求这些学说必然要让位于政治价值。❶既然罗尔斯的合情理性并不能等同于上述意义上的"道德观点"，那么重叠共识的可能性，只能是罗尔斯所谓的一种有根据的猜想（educated conjecture）❷。但罗尔斯又提不出理由向所有整全性学说表明，这个事情的发生，从道德上讲是应该的。

综上所述，哈贝马斯认为：重叠共识，首先，称为"共识"是误导性的，因为不存在一个共同和公共的基础来支持它。其次，"共识"的出现，只能是寄希望于不同整全性学说在各自理由基础上达到一种"巧合的收敛"。哈贝马斯观察到，罗尔斯的理论中最有希望接近上述方式 B 的，就是他的反思平衡理论，但反思平衡过程只有在服从先验实用的程序性规则的情况下，才能塑造出实践性理性所要求的那种体现不偏不倚立场的普遍有效的"道德观点"。

6.5.4　罗尔斯最后阶段的辩护和对哈贝马斯批评的回应

关于罗尔斯的充分辩护和公共辩护缺乏强意义的"定言力量"的问题，我们在 6.4.3 节已经回应过。在这里，我们关注哈贝马斯和罗尔斯之争，主要是想考察罗尔斯应如何回应哈贝马斯的如下批评：罗尔斯的最后阶段的公共辩护，关注的不是政治规范内容的可接受性或有效性，而仅仅在于它是不是能现实地被接受；并且重叠共识只是扮演了一种工具性的角色：它只是根据对该理论的先前辩护来说明社会稳定的必要条件，而不是对政治性正义观念的进一步辩护。为回答上述问题，我们要从哈贝马斯在 6.5.2 提出的、对罗尔斯达成重叠共识的批评依据分析起。

---

❶ Jürgen Habermas, "'Reasonable' versus 'True', or the Morality of Worldviews", p.93.
❷ John Rawls, *PL*, p.15.

6.5.4.1 "集体性协议"的内在困难以及向"独白式协议"的转变

如前所述,哈贝马斯为了从论辩程序预设本身得到不偏不倚的道德要求,就必须对如何程序性地达到(U)所要求"符合每一个人的利益"的结果做出规定:要求一种"集体性的协议",每个人对那些未能不偏不倚地处理自己利益要求的方案都有否决权,直到所有人能在相同的、公共的基础上达成一致协议。哈贝马斯解释说,集体性达成协议的要求,能够"防止有人以个人视角扭曲他人的利益,正是在此实用意义上我们可以说,个体是判断何为其最佳利益的最高上诉法庭",❶但我们要追问,(U)为什么谈论符合每一个人的"利益",而不是谈论符合每一个人的"价值观"或罗尔斯意义上的人的主导性的"善观念"?一旦我们回想起哈贝马斯对表达各种价值的伦理观点的界定,那么哈贝马斯在(U)中只希望谈论"利益"就不难理解:因为由伦理观点所表达的各种价值之间是不可化约的。如果(U)要处理这些价值问题,那么人们的实践商谈在共同道德规范上达成协议就几乎是不可能的,而这正是哈贝马斯要着力反对的道德怀疑论者的观点:道德共识和道德协议是不可能的,道德议题上的争论归根结底总是以争论各方各自断言那些自认为正确的前提而告终。❷

不过,问题在于:哈贝马斯通过把"利益"而不是"多元且不可化约的价值"设定为(U)中的考量对象,以绕开达成协议困难的这个进路,却困难重重。许多理论家从不同角度提出了此处存在的问题。克里斯托弗·麦克马洪(Christopher McMahon)指出:尽

---

❶ Jürgen Habermas, *MCCA*, p.67.
❷ Ibid., p.76.

管（U）是有规范要求的，但它们所表达的要求是认知意义上的，也即一个论辩程序要满足什么条件，论辩得出的判断结论才是有效的。❶这些要求本身不可能是道德意义上的，因为我们说过（U）是试图表明任何有效的道德规范得以产生的程序性预设规则。如果它表达的那些要求就是道德意义上的，这会导致对程序性预设规则需求的向后无穷倒退。一旦从认知意义上去理解这些判断和主张，就会有两个问题需要处理：第一，哈贝马斯在强调个体是其最佳利益的最高法庭的同时，也强调要开放给所有其他人批评。但"集体性的协议"最终将优先性赋予了前者，因为个人（设想某个人P）拥有对其他人达成的协议的否决权，除非其他人能够说服P，使P认为那个协议也是符合他的利益。但其他人对P的利益的这种尊重，不可能由上述认知意义上的限制推导出来，而只可能是基于道德的理由：因为在认知意义上，一个论辩的参与者，即使是哈贝马斯强调的能力合格（competent）参与者，对与自己有关同时也关涉他人的利益主张和判断的确可能会出错。这种情况下，单从认知上考虑，没有理由要求其他人尊重P的错误的主张。而随之而来的第二个问题就是：如果说罗尔斯的共识取决于"巧合的收敛"，那么哈贝马斯的共识协议，从实践上讲似乎是不可能的事。因为坚持在相同理由基础上达成"集体性的协议"方式，赋予每一个认知能力健全的人对其他所有人的否决权。更重要的是，如托马斯·麦卡锡（Thomas McCarthy）观察到的那样：在实践中，很难把利益与价值分离开来，因为人们的价值观不仅会影响到对什么是自己的最佳利益的体认，而且也会影响到人们对待别人利益的主张的态度。

---

❶ Christopher McMahon, "Habermas, Rawls, and Moral Impartiality," In James Gordon Finlayson & Fabian Freyenhagen (eds.), *Habermas and Rawls: Disputing the Political* (New York: Routledge, 2011), p.208.

因此，人们持有的不同价值自然也会影响人们对（U）中关于道德规范如何才算"符合每一个人的利益的"的理解。如果现代社会的多元价值中有些是不可化约的，那么人们在商谈程序中就符合他们"每一个人的利益"的道德规范达成一致，的确也前景渺茫。❶约瑟夫·希斯（Joseph Heath）认为尽管哈贝马斯希望通过诸如符合人们的"普遍"利益、"共同"利益或要求"平等地"符合每一个人的利益来补充上述规定的模糊性，但除非对这些形式性的限定赋予实质性的内容，否则无助于解决哈贝马斯在此处所面临的问题。❷

为了应对这些问题，使得商谈程序达成协议既可欲又可行，哈贝马斯唯一能做的，就是对人们的利益主张加以合理的限定，也即有效的道德协议，只要求"合理"的人们的合理同意或提不出合理的反对即可。这里的"合理"只能是道德意义上的，因为诉诸认知合理性并不能解决问题。在某些情况下，要求一个人顺从认知上合理的提议，却可能在道德上是不恰当的，家长主义就是这样的典型表现。所以，哈贝马斯从程序预设本身推出不偏不倚的道德要求的设想，有其不可克服的内在困难。如此看来，不偏不倚的理念的确需要从外部移植进来作为补充性的规范性内容，道德的考量才得以起步（get off the ground）。罗尔斯对具有道德内涵的"合情理性"

---

❶ Thomas McCarthy, "Practical Discourse: On the Relation of Morality to Politics," in his *Ideals and Illusions: On Reconstruction and Deconstruction in Contemporary Critical Theory* (Cambridge: MIT Press, 1991), pp.191-192, 194-195；以及参考他的"Legitimacy and Diversity: Dialectical Reflections and Analytical Distinctions," *Cardozo Law Review*, Vol.17, Nos.4-5 (1996), pp.1088-1089。J. Donald Moon 指出了同样的问题，参见他的"Practical Discourse and Communicative Ethics," in Stephen K. White, ed., *The Cambridge Companion to Habermas* (New York: Cambridge University Press, 1995), p.151。

❷ Joseph Heath, *Communicative Action and Rational Choice* (Cambridge, Mass.: MIT Press, 2001), pp.231-234。

的预设，或斯坎伦对人们具有"就自己涉他行为向他人作辩护"❶的道德动机预设，都体现了这一点。如果哈贝马斯的程序预设本身的确需要添加一些无可避免的道德预设（例如采纳罗尔斯的"合情理性"对何为"合理"的利益作限定），才能导出不偏不倚的道德要求，那么商谈程序就再无坚持"集体性协议"方式的必要："集体性协议"意图迫使每个人以相同的理由接受那个协议，这个"相同的理由"已经由实质性的道德限制提供了。如此一来，罗尔斯在原初状态下的"独白方式"(monological fashion)❷就有了理据：因为道德原则规定的某种处理方式，如果对合乎情理的参与者 P_1 是可以接受的，对合乎情理的 P_2 直至 P_n，仅就他们是合乎情理的而言，必定也是可接受的。这种情况下，不偏不倚的理念的确是来自实质性的道德理想，而程序设置只是为了体现这个理想并得出实质性的道德原则。例如：罗尔斯的原初状态的种种设置，最突出的就是无知之幕，就是为了体现公平的理想，"作为公平的正义"由此得名。如果哈贝马斯认为采纳"集体性协议"方式的要点，就在于迫使人们在商谈中采纳不偏不倚的立场，进而确保协议（如果能达成的话）的道德性的话；那么，没有理由怀疑，罗尔斯的"独白方式"也能达到同样的效果，尽管罗尔斯拒绝把人们在道德领域达成共识的协议称为道德真理。当然，哈贝马斯会反驳说，如何保证那些实质性的道德理想的确体现了不偏不倚的理念？罗尔斯的答案是，如果承认实践理性在这些人类实践事务上的自主性与终极性，那么在这样的根本道德问题上，除了人类以反思平衡方式进行道德反思并加以确认外，我们不能指望其他东西。

---

❶ T. M. Scanlon, *What We Owe to Each Other* (Cambridge, Mass.: Harvard University Press, 1998), p.192.

❷ Jürgen Habermas, "Reconciliation Through the Public Use of Reason", p.57.

6.5.4.2 最后辩护阶段的意图和实质

根据上一节的论证，我们就可以明白：在《政治自由主义》中，当罗尔斯以"合情理性"来规范整全性学说后，他就能够以一种独白方式来表明：仅就它们是合乎情理的而言，❶什么是可以接受的。这涉及原初代表在原初状态中考虑稳定性的问题。稳定性论证的一部分工作的确可以看作仍然是在原初状态中以代表"独白"的方式完成的。❷在原初状态中，代表们要考虑它们所挑选出的正义观念是不是稳定的。我们知道，原初代表仅仅受"保障公民道德能力"这种最高

---

❶ 注意，说充分辩护以及公共辩护阶段，原初代表在原初状态中思考正义观念的稳定性问题，是考虑整全性学说"仅作为合乎情理"的方面；这不等于说在特定辩护阶段，原初代表在原初状态中选择正义原则这个契约过程，只反映或体现了自由平等公民的合情理性一面而忽略了理性的方面。在挑选正义原则时，公民的合情理性通过无知之幕的设计来体现，公民的理性方面是通过设定代表只关心最大限度地推进他们所代表的公民的利益来体现的。但要注意，在特定辩护阶段，原初代表理性地被驱动去保障的那些利益，是无知之幕屏蔽了代表们的善观念的具体内容后，仅仅从自由平等公民的政治观点出发所理解的利益：代表们要理性推进的最高阶利益，被设定为保障公民的两种道德能力；高阶的利益被设定为推进自己内容未知的善观念。在这里保障公民的两种道德能力，比推进他们各自的善观念具有更高的位阶。政治价值已经被设定有优先性，且此特定辩护阶段并不考虑政治价值与非政治价值的平衡问题。所以在特定辩护阶段，原初状态完成的工作是，从自由平等公民的政治性观点看，那个政治性正义观念既是合乎情理的，又是理性的。

但稳定性论证要考虑的问题，从作为组织有序社会成员（他们不仅仅是从那个公共视角看问题的自由平等公民，而且还是承诺了各种各样整全性学说的人）的观点看，将那个政治性的正义观念作为一种善纳入自己的生活计划是否也是理性的，政治价值与非政治价值发生冲突需要平衡时，前者能否占据优先地位。因此，原初代表对正义观念稳定性问题的考虑，就是仅从合乎情理的整全性学说是"合乎情理的"这方面出发考虑：它们在特定辩护阶段所选择的正义原则能否稳定。但在此阶段，原初代表无法思考的是，从整全性学说"理性的"方面出发考虑，它们在特定辩护阶段所选择的正义原则能否稳定。原因是存在合理多元的事实，这样对每个合乎情理的整全性学说而言，何为理性的善没有统一的标准；因此就不能像《正义论》所做的那样，以一个统一的善的单薄理论来规定所谓"作为理性的善"。这一点我们下面还会提到。

❷ 罗尔斯对稳定性论证的部分工作发生在原初状态中的强调，往往被研究者们忽视，参见 John Rawls, *PL*, p.140, n.7; p.143, n.10; 以及 *TJ*, p.398; *CP*, pp.491-492。

阶利益，以及"推进具体内容未知却是确定的终极目的"这种高阶利益驱动，去选择能够最大限度保障这两种利益的正义原则。原初代表知道，公民的终极目的可以看作由某一合乎情理的整全性观点来界定。给定无知之幕，尽管原初代表不知道他们所代表的自由平等的公民所持有的整全性学说的具体内容，但知道这些学说都是合乎情理的——因为它们所代表的合乎情理的公民，只会认肯合乎情理的整全性学说。因此，他们就可以根据整全性学说的合情理性这个方面来思考，他们所选择的正义观到底能不能稳定。我在前面6.4.3节所列的罗尔斯论证政治价值优先的那些理由，包括政治性正义观念作为"自立"的观点在多元社会的优势、"政治中立"的道德意涵、政治价值的重大意义等等，都可以由代表们根据整全性学说的合情理性这一点推断出它们会支持该政治性的正义观念。因此，仅就整全性学说是"合乎情理的"学说这一点而言，说它们在上述相同的理由基础上形成共识并支持那个政治性的正义观念也并无不妥，但这些只是达成重叠共识的初步理由，是政治性正义观念"在其自身框架内"❶能向作为合乎情理的整全性学说表明的全部东西。

　　罗尔斯正确地认识到，合情理性（reasonableness）只是实践理性的一个方面，对仅仅作为合乎情理的整全性学说所做的辩护，只是一个政治性正义观念获得辩护的必要而非充分条件。因为必须进一步从实践理性的另一个方面，即理性（rationality）方面考虑：决定公民善观念的整全性学说，从其学说本身出发理性地思考，是否也能接受那个政治性正义观念呢？当然，也许有人会问，为什么原初代表不能以"独白方式"继续思考作为"理性"的整全性学说会不会把此政治性正义观念"作为理性的善好"（goodness as

---

❶ John Rawls, *PL*, p.143.

rationality）来接受？原因我们已经反复交代过：罗尔斯在《政治自由主义》中认识到合理多元事实的存在，他无法像在《正义论》中一样对单薄的理性的善好给出一个统一的说明，原初代表也就没有了"独白"思考得以进行的基础。因为每个整全性学说运用其理性能够认同的善是不同的，如此一来，原初代表并不能重复它在《正义论》中所做的工作，也就是宣称：把正义感纳入其中的生活计划，如果对于一个具体的整全性学说来说是理性的，那么对所有学说来说就都是理性的。❶

这就导致了第二部分工作，罗尔斯要寻求的进一步辩护，也即充分辩护以及最后的公共辩护。他希望表明，作为合乎情理的整全性学说，在其表达的非政治价值与政治价值冲突时，合情理性要求赞同的那个政治性的正义观念并赋予政治价值优先性，这并不是虚幻的、没有道德根基的、不适合人类本性的，而有理性根基的、政治性的正义观是整全性学说可以将之肯定为自身的理性的善好的。

既然理性的善好没有统一的标准，那么整全性学说肯定政治性的正义观为自身的理性的善好方式，也只能交由整全性学说各自去完成。对于这种可能性，罗尔斯用对自由民主社会具有"典型示例"（model case）❷意义的三种学说来分析：第一类是诸如康德和密尔的整全性的自由主义学说，康德的整全性自由主义把那个政治性的正义观念看作直接来自实践理性的要求；密尔的自由主义，将之看作实现效用主义实践理性所要求的目标——最大多数人的最大幸福——的必需制度条件来加以认肯。第二类就是认同"信仰自由"的宗教学说；对于宗教学说来说，严格地说，它们并不是从它们教

---

❶ John Rawls, *TJ*, p.499.
❷ John Rawls, *PL*, p.145.

义自身发现支持那个"自立"的政治性观念的理性基础，因为宗教本身就是非理性的。它们支持那个政治性观念可以说是理性的，因为它们相信如洛克所言的，宗教并不能强制，因此支持一个保护宗教自由、对合乎情理的宗教学说保持中立的政治性正义观念，对于他们实现宗教目标来说是理性的。罗尔斯将第三种称为"多元论的观点"，也即这种观点包括一个多元的观点家族，其中一些观点界定政治的价值和德性，而另一些观点界定生活其他部分的价值和德性；但这些观点都是有其独立的基础而非相互推导或衍生的。罗尔斯说，这种观点从其本身出发就认为政治价值在有利条件下压倒非政治价值，并因此会支持罗尔斯的政治性的正义观念。因为政治性观念所界定的那些自由权利（特别是如良心自由、言论自由、宽容等）及其优先性，对这种珍视人类目的与价值的多样性的多元论的观点本身而言就是重要的。❶

一旦所有认肯该正义观念的人都从他们自己的整全性观点出发，并基于其整全性观点所提供的宗教根据、哲学根据和道德根据（工具性地或内在地）来引出自己的理性的结论，达到与该正义观"契合，支持它或至少不相互冲突"，那么就可以说他们将该政治性正义观念肯定为理性的善好。一旦所有合乎情理的整全性学说都能够在理性的基础上将政治性正义观念作为一种理性的善好纳入其生活计划，并在政治价值与政治价值冲突时赋予其优先地位，我们就可以说一个重叠共识达成了。政治性正义观念不仅对作为合乎情理的公民而言是有辩护的（特定阶段辩护），而且对作为理性的公民而言，他们也能从各自的整全性的宗教、道德和哲学学说中发现支持这种正义观念的理性基础（充分辩护与公共辩护）。

---

❶ John Rawls, *PL*, pp.145-146.

6.5.4.3 罗尔斯面向公民的完整统一的实践理性为正义原则所作的辩护

完整地理解了罗尔斯的分阶段辩护的策略和意图后,我们最后就可以直接地回应哈贝马斯的批评。

我们要明白,为什么哈贝马斯坚持认为重叠共识应该扮演一个"认知的角色"❶,进而要求各方以相同的理由来支持这个共识?原因在于我们上面交代过的、哈贝马斯对于实质道德(政治)原则的有效性的来源的判断。他认为道德原则要有"类似真理般"❷的规范性和有效性,必须来自在先验实用的程序预设下人们在平等商谈中以集体性协商一致的方式(因此程序预设本身能强迫人们采纳不偏不倚的观点)达成共识。由于哈贝马斯认为罗尔斯的原初状态存在种种缺陷(最主要是哈贝马斯认为原初状态的无知之幕对信息的限制,致使论辩变成了哲学家的"独白"而非公民的民主参与)而不能正确地模拟这个程序,❸所以他认为正义原则奠定有效性的工作就必须留待充分辩护及重叠共识阶段来完成。一旦我们明白哈贝马斯把"对〔正义〕理论正确性的确认"的任务赋予了重叠共识阶段,那么根据他的商谈理论,对罗尔斯的重叠共识的达成方式的不满,就很容易理解了:罗尔斯的重叠共识允许各种合乎情理的整全性学说以不同的理由来支持那个共识,它们只能在自己的学说范围之内确认那个正义理论的真确性,而无法看穿别人的学说是否也如此。这样一来,那个正义理论取得的这种"共识",就失去了哈贝马斯心目中那种为正义理论奠定真确性的认知功能:这种"共识"无法表明那个正义理论是道德真理,该正义理论的有效性与规范性没有

---

❶ Jürgen Habermas, "Reconciliation Through the Public Use of Reason", p.60.

❷ Jürgen Habermas, *MCCA*, p.56.

❸ Jürgen Habermas, "Reconciliation Through the Public Use of Reason", pp.51-59.

也不可能被这种"重叠共识"确立。

综合罗尔斯的最后阶段辩护的意图和哈贝马斯的批评，我认为：哈贝马斯首先低估了在特定辩护阶段，原初状态在为正义原则奠立道德正当性（或用哈贝马斯的术语：道德有效性）方面所起的作用，理由我们在上一小节（6.5.4.2）分析为什么罗尔斯的"独白式"论证能够收到和哈贝马斯的"集体性协议"一样的效果时已经给出过。原初状态能够保证所挑选出来的正义原则可以不偏不倚地对待自由平等、理性而又是合乎情理的公民。而且我的分析还表明了，哈贝马斯的"集体性协议"模式自身存在内在的困难，而有必要转化成罗尔斯的论证模式。

其次，哈贝马斯误解了充分辩护和公共辩护这两个阶段的目标和作用。这两个辩护阶段并非扮演"根据对该理论的先前辩护来说明社会稳定的必要条件"工具性和实用性的角色，而的确可以说是"对该理论正确性"的进一步确认。罗尔斯认识到，"'作为公平的正义'并不是先在地就是合乎情理的，除非它能在其自身框架内，通过诉诸每一个公民的理性，用一种恰当的方式赢得对其自身的支持"。❶这就是为政治性的正义观念所做的全部辩护工作的主旨。在这里，作为整个辩护工作对象的公民，不仅仅指作为政治人的公民，还有作为组织有序社会一员的人；他们不仅仅具有公民这个政治身份，而且也是拥有由各种各样的整全性学说决定着其生活计划的人。我在前面一小节（6.5.4.2）中交代过，在特定辩护阶段，罗尔斯完成的工作是：单从自由平等公民的政治性观点看，那个政治性正义观念既是合乎情理的，又是理性的。在正义观念的稳定性问题上，原初代表在特定辩护阶段的原初状态中仍能完成的工作，就是仅仅考

---

❶ John Rawls, *PL*, p.143.

察从合乎情理的整全性学说"作为合乎情理的"这方面出发考虑：这些学说是否能够接纳代表们在特定辩护阶段所选择的正义原则。而在此特定辩护阶段，原初代表所不能完成的工作，就交由充分辩护、公共辩护阶段也即重叠共识的论证去继续完成。这种进一步辩护的主要工作，是从合乎情理的整全性学说的观点看，将那个政治性的正义观念作为一种善，且当政治价值与非政治价值发生冲突需要平衡时，赋予前者优先地位，这样做是否也是"理性"的？一旦重叠共识能够达成，那么经历所有辩护阶段的那个政治性正义观念，不仅单从自由平等公民的政治性观点看，此政治性正义观念既是合乎情理的，又是理性的；而且从要在组织有序社会中度过一生的、有着各种政治和非政治承诺的社会成员的观点看来，它同样既是合乎情理的，也是理性的。归结起来，罗尔斯希望表明，从一个组织有序社会的公民成员的实践理性观点看，政治性正义观念是有辩护的。但罗尔斯的辩护采取了分阶段策略，重叠共识的达成，补充并完成了之前对政治性正义观念的特定阶段辩护暂时未能完成的、面向实践理性的"理性"方面的辩护，从而使政治性正义观念面向公民完整统一的实践理性观点（合情理性与理性两方面）所作的辩护得以完成。所以，从这个意义上说，没有理由否认重叠共识所扮演的角色，是对该理论"正确性"的进一步确认。

　　第三，当然，哈贝马斯会认为，无论如何，罗尔斯的契约程序都没有体现人类实践理性所要求的"道德观点"。关于这一点，我们在前面对比哈贝马斯的"集体性协议"的商谈程序与罗尔斯的"独白式"的契约程序时已经作了部分回答。在这里，我们主要关注这个问题：要求公民以相同的理由支持那个重叠共识是否是必要的？我们可以改造一下前文第三章3.2节高斯提到的关于"辩护的真诚性"那个例子来探究一下这个问题：设想在一个组织有序社会里，公民们在一个政治性的正义观念（以"作为公平的正义"为例）上达成了重叠共识。假定这个社会只有两个自由平等的公民 Alf 和 Betty，他们都知道或认可：（1）从各自不同的整全性学说出发，支持"作为公平的正义"是理性的；（2）重叠共识已经达成的事实：知道对方是以自由、理性的方式支持"作为公平的正义"。他们相互之间不知道的是：对方是以何种方式或根据什么基础把"作为公平的正义"看作一种理性善的。

那么，追求一个正义且稳定的组织有序社会，是否要求 Alf 向 Betty 表明（当然 Betty 也同样要向 Alf 表明）：他将"作为公平的正义"肯定为一种理性的善的方式，对 Betty 而言也是有辩护的？让我们看看，不这样做的话，可能会导致的两个问题。

第一，既然对于一个组织有序社会而言，每个人都接受并知道其他人也在相同的正义原则上达成重叠共识是重要的，但罗尔斯在充分辩护和重叠共识中都不要求公民去"透视"别人的整全性学说，以便观察其他人是以什么方式接受那个正义原则的，那么对"重叠共识已经达成"这个事实的公共认识（public knowledge）从何而来？在我看来，罗尔斯更多地将这个"发生过程"问题的解决看作实践层面的问题，而不是希望通过概念设定或提出一个规范主张来解决的问题。如前所述（6.4.3 节），政治自由主义要做且所能做的只是：在其自身框架内"通过阐明'作为公平的正义'这种正义观、并展示它可能获得支持的那种方式"，然后做出一个"有根据的猜想（educated conjecture）"[1]和捍卫一个"合乎情理的信念"[2]：在使得一个多少是正义的立宪民主政体成为可能的合理有利的条件

---

[1] John Rawls, *PL*, p.15.
[2] John Rawls, *CP*, p.448.

下,所有合乎情理的整全性学说都将会(would)接受这个正义观念。至于重叠共识如何达成以及这一点如何成为公共认识的,罗尔斯描述了这个过程可能发生的方式,❶并认为公民这种相互确信是从政治合作实践中得出来的:正义合作长期稳定成功的实践,使公民感受到正义的善,同时也可合理相信其他人也在理性的基础上遵循这些正义安排。❷每个人都接受并知道其他人也认肯相同的正义原则这一点,也逐渐成为社会的公共认识。

第二,假如 Alf 和 Betty 是在不同的哲学、道德或宗教基础上将"作为公平的正义"接纳为一种理性的善的,那么当他们要在公共论坛中根据此正义观念就一些基本正义和宪政根本问题展开对话和讨论时,他们可能会把各自整全性学说的"不可调和性"复制和转移到公共议题上来,从而导致公共生活的对抗和政治对话的破裂。罗尔斯非常清楚他所坚持的重叠共识的达成方式所带来的这方面问题。为了补上这一缺环,他强调在涉及基本正义和宪政根本问题的讨论中,我们必须遵循公共理性的限制(the constrain of public reason)。在重大政治问题的讨论中,只有由合乎情理的政治性正义观念家族所提供的政治性理由,才能在公共讨论中算作恰当的公共理由。仅仅是基于自己的整全性学说,以此为理由对其他公民提出要求或主张,这是违反自由主义合法性原则和不尊重自由平等公民理想的表现。当然,这并不意味着,对于重要政治议题的讨论都要求公民完全抛开他们的整全性学说,因为公共理性的限制"仍然允许我们随时把我们整全性的宗教或非宗教学说引入政治讨论之中,只要我们在恰当的时候给出严格的公共理由去支持我们的整全性学

---

❶ John Rawls, *PL*, pp.158-168.
❷ John Rawls, *CP*, p.445.

说所支持的原则与政策"。❶

　　以上分析表明了，要求公民在相同的基础上支持重叠共识，对于追求一个正义且稳定的组织有序社会而言是不必要的。其实，更直接地回应这个问题，罗尔斯会认为，要求 Alf 向 Betty 表明：他将"'作为公平的正义'肯定为一种理性的善的方式，对 Betty 而言也是有辩护的"这个辩护工作是不可能完成的，至少在允许人们自由运用理性的自由民主制度下是这样。因为合理多元事实的存在表明，不存在一个共享的基础，在此基础上，人们可以就如何处理他们合乎情理学说之间分歧的问题达成一致。正因为这种不可能性，要求 Alf 和 Betty 就自己的整全性学说如何接受"作为公平的正义"向对方作辩护，以求形成一个共同的理由去支持重叠共识也是不可欲的。因为这会不必要地把宗教、哲学和道德领域恒久而又具有分裂性的议题，引入政治议程，严重削弱社会合作之基础。

　　总结一下 6.5 节：罗尔斯的实践理性观，包含着合情理性与理性的两个方面。在为政治性的正义观念作辩护的过程中，始终要面向作为一个完整的实践理性作辩护。在原初状态中完成的特定辩护阶段，与哈贝马斯设想的不同，体现伦理学中不偏不倚理想的那些实质性的理念（如平等尊重具有两种道德能力的公民），的确是预设和从外面移植进程序中的；它不是从程序当中产生的，反而指导整个原初状态的设置。这样一来，从作为辩护起点的"自由平等的公民观念"、"公平合作的社会观念"出发，经由体现实践理性所有相关要求的原初状态从而推导出正义原则；这种正义原则无疑可以被看作体现了不偏不倚这个基本道德要求的原则。但此阶段毕竟是一种不完整的辩护：一来因为特定辩护阶段已经设定了正当优先性，不

---

❶ John Rawls, *CP*, p.584.

对政治价值与非政治价值孰轻孰重作比较。代表们被要求只从作为政治人的自由平等公民的公共视角出发考虑问题,他们不知道代表公民的合乎情理的整全性学说的具体内容是什么,原初代表理性地要推进的利益,被设定为首先推进和保障公民的两种道德能力这种最高阶利益,其次才是他们确定的但具体内容未知的整全性的善观念。二来,原初代表只能根据整全性学说的合情理性方面考虑,他们所一致同意的那个正义观是否具有稳定性。鉴于合理多元事实的存在,原初代表无法根据一个统一的理性标准来考虑,各种合乎情理的整全性学说接纳那个正义观念是否也是一种理性的善。这些进一步辩护的任务都要留待充分辩护和狭义的公共辩护阶段也就是重叠共识阶段来完成。后面这些阶段的辩护任务,不是哈贝马斯所认为的要在相同理由基础上塑造一个共同的"我们"视角,以便不偏不倚筛选出真确的道德或正义原则问题。与之相似的任务,罗尔斯已经在特定辩护阶段完成了。后面所谓的重叠共识阶段,的确不是要哈马斯上面所设想的那种在相同理由基础上形成"共识";而是要检验获得特定阶段辩护的那个政治性正义观念,在持有不同的哲学、道德、宗教学说的人类个体那里,是否亦是一种理性的善。由于罗尔斯的重叠共识阶段的论证目标、意图与哈贝马斯所设想的不同,因此,在此阶段,各种合乎情理的整全性学说在不同的基础上达成这种共识,不仅是可以的,而且考虑到合理多元的事实,这种做法也是必要的。毫无疑问,它是对该正义观念的进一步的辩护,并且此后阶段的辩护任务的完成,也标志着政治性正义观念面向一个完整统一的实践理性观点(公民的合情理性与理性两方面)所做的辩护得以完成。综上所述,有理由认为罗尔斯的重叠共识所扮演的角色,是对其正义观念的道德有效性或正当性的进一步确认。

第 7 章

结　语

7.1　一种辩护的政治

亚里士多德很早就观察到：要识别不同的城邦，最重要的就是要考察其政体运行的奠基性原则是什么；它是一个城邦的德性的标识，这个根本原则变了，那么城邦也就变成了另一种类型的城邦。而且，正确没有蜕变的政体都是依据严格的正义原则来构造的，不过人们对于正义与公正的看法并不一致。❶

如果罗尔斯后期所主张的政治性自由主义的政体可以在人类社会中实现的话，❷那么这种政体最独特的德性又是什么呢？罗尔斯

---

❶ 亚里士多德，《政治学》，1278b1-5，1279a15-20，1280a10-15。
❷ 至于这种政体是否已经稳固地存在或者未来是否将会实现，这类问题政治哲学无力回答，因为答案取决于规范理论无法说明的许多偶然性因素（contingent factors）。在我看来，政治哲学家只需确保两点：第一，他的规范理论是具有实践可能性的，在人类社会有利的条件下是可以（could）实现的；这一点我们在 4.2.3 节分析罗尔斯的政治建构主义时，已经表明了罗尔斯的正义原则的建构是"实践"的。第二，他有责任要非常清晰明确地阐明自己的理论，以便当这种理论（有幸）流入竞争性的观念市场变成众多流行观念中的一员并开始现实地影响公众时，不易招致误解，防止谬种流传。

曾不止一次地谈到，他所提出的正义观念，单就内容看来，是为人们熟悉的，并没有太多新奇独特之处；而且其正义原则的某些内容在康德、密尔、H.L.A. 哈特的思想中亦有相类似的表述。❶建基于"作为公平的正义"这种政治性正义观念之上的自由政体，与其他自由政体相比，如果说有什么独特性的话，那并不在于它主张一种强调自由、平等的正义原则，而在于它主张一种以能够获得公共辩护方式来强调和协调自由和平等关系的正义原则。无自由、不平等当然会影响到一个政体的正当性，但现代自由国家的正当性危机并非是自由人民在自由与不自由、平等与不平等间变得犹豫不决了；而在于各种自由权间的冲突、各种平等主张间的冲突以及自由的要求与平等的主张间的冲突。这些冲突的背后又关涉人们更深层次的、何为一种好生活的哲学、道德和宗教承诺。我们要充分认识到：这种善与善的冲突、不同正当权利之间的冲突，并不比善与恶、正义与不正义的冲突更和缓或更好解决；它们仍然是撕裂政治甚至毁灭政治的冲突，仿佛又使人们回到了不知怎么解决正当与正当冲突的前政治状态。❷因此，重建自由社会政治正当性任务的重

---

❶ John Rawls, *CP*, p.47.
❷ 思想家对前政治状态或自然状态的冲突构想，多是强调这种正当与正当的冲突。霍布斯认为，自然状态之所以不可避免地走向战争状态，除了人的自然激情外，还在于所有人都对所有东西有一种正当的权利，因此人们正当地攻击同时又正当地抵抗，参见 Thomas Hobbes, *On the Citizen*, edited and translated by Richard Tuck and Michael Silverthorne (Cambridge: Cambridge University Press, 1991), p.29. 康德认为，人们的首要政治义务就是摆脱自然状态，并使我们自己以及他人一起服从于一个合乎情理的和正义法律的统治；因为即使每个人根据自己的关于正义和正当的概念通过占有或契约的方式取得外物，仍然会导致严重冲突。参见 Immanuel Kant, *The Metaphysics of Morals*, in *Practical Philosophy*, translated by Mary Gregor (Cambridge: Cambridge University, 1996), p.456. 政治理论家都是由此推导一种政治秩序的必要性的。同理，如果一种政治秩序无力解决这种与自然状态类似的正当与正当的冲突了，那么从理论上说，政治社会存在的理据和必要性就岌岌可危，并危险地向前政治状态倒退。

心，很大程度上转移到正义观念的辩护方式上来了：如何以一个新方式对自由、平等重新达成共享理解，如何将它们相互兼容地整合进一种正义观念内并取得公民的同意。

公共辩护的努力，正是着力探寻这样一种新方式：它以尊重公民的道德能力为基础，设定了辩护工作的目标、策略路径、论证设施等等。它从人们共享的实践理性的观念（自由平等的公民观念、作为一种公平合作体系的社会观念）出发，经由体现上述实践理性观念与实践理性原则（理性的原则、合情理性的原则）所有相关要求的政治建构程序，得到一种政治价值的排序方案并以一组有次序的正义原则表达出来。整个原则的辩护过程，实际上就是公开地展示在正义问题上的实践推理，并争取自由平等的公民同意的过程。

有建树的政治理论家都有自己心目中的"理想国"，但仿佛为了向政治理论的鼻祖致敬，当代的政治理论家都把"理想国"一词看作光荣地独属于柏拉图，而他们在概括自己的政治理想时，都谦逊地改以"某某政治"代之：如在查尔斯·泰勒（Charles Taylor）那里有"承认的政治"（the Politics of Recognition）[1]；艾丽丝·扬（Iris Young）提倡"差异的政治"（the Politics of Difference）[2]；在菲利普·佩蒂特（Philip Pettit）那里可以说是"无支配的政治"（the Politics of Non-domination）[3]。遵循这个传统，根据本书前面的分析，当然也冒着简单化和不恰当的危险，我希望将罗尔斯的政治哲学归

---

[1] Charles Taylor, "The Politics of Recognition," in Amy Gutmann, ed., *Multiculturalism: Examining the Politics of Recognition* (Princeton, NJ: Princeton University Press, 1994).

[2] Iris Marion Young, *Justice and the Politics of Difference* (Princeton, NJ: Princeton University Press, 1990).

[3] Philip Pettit, *Republicanism: A Theory of Freedom and Government* (Oxford: Clarendon Press, 1997).

结为一种"辩护的政治"(the Politics of Justification)。其他人也许认为把罗尔斯的政治哲学归结为"政治性的政治"、"中立性的政治"更为合理，我不想在这一点上辩驳。但如果本书前面的分析是有道理的，我还是认为"辩护的政治"的确概括和标示了政治性自由主义重要的（尽管不是所有的）"德性"。

7.2 辩护政治之基础的薄与厚

公共辩护是从一些较为单薄的、抽象的、在自由社会政治文化中作为共识存在的政治理念出发，经由符合实践理性所有相关要求的建构程序，得到一些更为具体和丰满的、足以有效地指导人类正义的社会合作实践的观念和原则。由于政治自由主义断定，只要允许人们自由地运用理性，那么他们在关于何为好生活的观念上必然会出现合理的分歧。因此，公共辩护的工作得以起步的那种前提共识，不可能在各种哲学、道德或宗教学说中找得到。这种前提性的共识只能从政治生活本身去寻找，公共辩护的要求使得这种前提必须是政治性的。如前所述，这种辩护政治找到的前提共识，就是罗尔斯所谓的政治领域的实践理性观念——自由平等的公民观念，以及作为一种公平合作体系的社会的观念。这两个根本性的观念并非明白现成地存在于自由社会的政治传统中，而被认为是潜藏于民主社会公共文化中的，是从包括立宪制度及其解释、政治惯例、政治上成为常识的历史性文本和文件中诠释出来的。由于这些公共政治文化及其精神是人们熟悉且共享的，因此哲学家从中概括抽象出来的理念也可望得到人们的认同或反思后的认同。正因为如此，很多理论家认为，这种辩护的政治只具有一种十分浅薄的基础（shallow foundation）❶。理论家们有这样一种判断，原因也很好理解：从古希腊直到现代，非常少的政治哲学家会认为单单在政治领域就能够为政治原则找到一个规范的基础。所以正像亚里士多德写《政治学》之前著有《尼各马可伦理学》，现代的思想家霍布斯、洛克、康德、休谟的政治学说，无一不是以其对人和人性的哲学理解为前提的。因此，当公共辩护的要求迫使政治自由主义宣称要在政治本身寻找政治正义原则辩护的基础时，人们多少会对政治自由主义这种背离传统的举动感到疑惑。

不过，在我看来，不必夸大所谓"浅薄的基础"与"背离传统"的危险。这种辩护的政治，并不认为政治正义原则根本不需要在人性那里有一个基础；它只是不指定其政治正义原则必定承诺某种关于人和人性的特定的哲学、道德或宗教的理解。它从自由社会公共文化中潜藏着的、为人们共享的直觉性信念中阐发一些政治性的理念，将之作为建构正义观念的出发点，并希望这些作为出发点的理念以及作为结果的正义观念，能够与大多数合乎情理的哲学、道德或宗教的观点相容。不过，并不表明这种辩护的政治认为正义观念只需要一个"浅薄的基础"就足够了：它作为一种政治学说，自身不涉及更深层次的哲学、道德或宗教的基础，但不等于它反对这种正义观念在每个公民个体那里有更深的基础来为之辩护。实际上，它要求公民个体对此正义观念进行这种更深层次的审察，这就是第6.4节充分辩护阶段的工作。而且正义观念在公民个体那里得到越深层次的辩护，正义观念就越具有理性的根基和稳定性。辩护的政治认肯如下这一点：如果这种正义观念及其所包含的"人观念"

---

❶ Joseph Raz, "Facing Diversity: The Case of Epistemic Abstinence," *Philosophy & Public Affairs*, Vol.19, No.1 (1990), p.18.

及社会观念在人类个体身上不是生机勃勃的,那么正义在这个世界上将是无根浮萍。

另外,我们可以再考察一下作为辩护工作前提的"实践理性的观念"。在第 4.2.3.4 小节的后半部分,我已经部分指出了罗尔斯使用"实践理性的观念"而不是使用"文化观念"或"传统观念"这一类表述的用意;在此,我想继续探究一下其意涵。那些希望政治自由主义要具有更深厚基础的人,必定会问道:你依据什么去证明"自由平等的公民的观念"、"公平合作的社会的观念"的确是值得公民追求的根本观念,也是我们应该由之出发的观念?毕竟,此前没有理论家认为我们应以此两个观念作为建构一种良善政治生活的起点,而且未来人类也许会认识到这两个观念是有缺陷的呢?

我觉得正是对这种追问的思考,有可能使我们探究到"实践理性观念"的更多内涵。对于这个问题,罗尔斯似乎也有相同的自我设问:为什么此前的理论家例如托马斯·霍布斯不这么设定呢?他为什么要以私人利益,也即人们对死亡的恐惧以及对通往一种阔绰生活的手段的欲求作为其理论的前提预设呢?罗尔斯认为霍布斯这样设定是情有可原的,他以同情的口吻谈道:

> ……这对他的目的而言是刚好足够的;这个假设是政治性的,是为了使他的观点产生实践效果而采纳的。在一个被宗派分歧和利益冲突肢解得支离破碎的社会里,他不能为政治性的论证找得到任何其他共同的立足点。❶

紧接着,罗尔斯坦率地讲明他为什么能够做这样的设定:

---

❶ John Rawls, *CP*, p.422.

我们不需要考虑霍布斯的对情势的看法究竟有多准确这个问题，因为我们要面对的问题有所不同。我们受惠于三个多世纪的民主思想和发展着的宪政实践；并且我们不仅能够预设一些对在现存政治制度中已然实现的民主理想和价值的公共理解，而且还能假定人们对它们的忠诚。❶

因此，我们可以看到，罗尔斯称辩护由之出发的那些观念为"实践理性的观念"，是因为这些观念不是"自然"的观念：人们对它们的构想以及对它们作为一种根本性的共享理念的确证，都需要依赖人类在正义实践上的思考和实践。人类不断地运用实践理性去设计正义的制度，并且在漫长的实践中加以检验、修正以及总结。在此意义上，作为辩护工作得以展开的前提和基础的这种实践理性观念，不仅不是一个浅薄的基础，而且是一个在深厚的政治实践基础上和历史经验中总结、提炼和诠释出来的理念。

　　至于有人问，有什么根据可以肯定地说：我们的实践理性通过对正义实践的反思从而阐发出来的理念和设定的目标就是合理、正确的呢？我的回答是：没有，不过也无须寻找进一步的根据。我们要记得公共辩护主要的是与人类实践理性相关的，在人类实践事务上，实践理性就是最后的裁判者。你不能想象有一个上帝之眼，我们人类可以借助它以便从人类自身之外放眼人类过去与未来，并拿着客观的错对标准小心地丈量人类现在所走的每一步。过去世代的人们在关于正义问题上的实践思考的确没有得到这样的实践理性的观念，而人类正义实践在遥远的未来会采纳什么样的观念我们也无法猜测，但我们人类某些社会（例如自由民主社会）的实践的确让

---

❶ John Rawls, *CP*, p.422. 着重号为本书作者所加。

我们认识到：把社会看作公平的合作体系，把公民们看作平等自由的同侪是一个值得追求的道德目标。当然，我们应该对理性进行自我批判、自我反省，保持心灵开放以及被理性说服的可能性；而强调普遍而又广泛的反思平衡的政治自由主义是保有此精神的。

7.3 辩护政治的吸引力与生命力

最后，让我们回到导论中提出的那个问题：辩护的政治，如果说它成功地探索出了一条让自由民主政体可以解决它们新的正当性危机的道路，那么，它对全人类（尤其是非自由民主政体）探索朝向公平正义之路有什么有益的启示吗？

初看起来，结论是令人沮丧的。因为根据上面的分析，作为辩护政治的基础和前提的那种"人观念"和社会观念，其发现及被认同都重要地依赖自由民主公共文化传统；因此，对没有这种传统的社会而言，辩护的政治要么是没有吸引力，要么就是根本没有成长的土壤。罗尔斯的《政治自由主义》问世后，这种批评就一直伴随着它。但是，在前面的 4.2.3.4 节，我已经表明了罗尔斯并不是传统主义和文化相对主义的拥护者。公共辩护工作得以起步所依赖的那些实践理性的观念——包括拥有两种道德能力的自由平等的公民观念、作为公平合作体系的社会观念——其实从政治上讲也就是"成为某种人"和"追求某种社会"的价值和理想。这些价值被构想出来，当然与某种社会实践和条件有关：因为自由平等的公民观与作为公平合作体系的社会观，并不是凭空想象出来的，也不是从一个"纯粹实践理性理念"或"纯粹政治概念"中直接推导出来的；而是对自由民主社会的实践进行理性反思基础上的一种道德构想和政治规划。这些观念构想、诠释自人类某种特定的政治实践与文化,罗尔斯强调这些观念是"实践理性的观念"的含义的一个方面。但自由社会的政治实践及公共文化积淀,只是为人们运用实践理性去构想这种公民观和社会观提供了反思的素材和实践的经验。"辩护的政治"的基础性观念对自由民主社会的实践及公共政治文化的依赖,其实就仅仅是此种意义上的相关性。但重要的是,自由民主社会的实践及公共政治文化,作为对"实践理性的观念"进行构想与诠释的实践经验来源这个事实本身,并不是这些实践理性观念的规范性力量来源。在前面的4.2.3.4节我也已分析过,"实践理性的观念"规范性力量来源于人们运用实践理性能力对其根据与内容进行反思后加以认肯。政治自由主义的公民观、社会观,都有其实质性的内容及它们为什么如此界定的根据,这些内容与根据是可以提供给每一个有理性反思能力的人思考的,而不仅仅依靠"它们构想自自由民主社会政治实践与文化"这个事实本身来要求其他人接受。这些观念本身包含着可供人类实践理性能力进行审察反思的内容与根据,这是罗尔斯强调这些观念是"实践理性的观念"的含义的另一个重要方面。当然,罗尔斯可以同意克里斯汀·科斯伽德的说法,即并非所有的反思性认同都会自动赋予认同对象一种规范性。❶所以罗尔斯强调一种普遍而广泛的反思平衡(general and wide reflective equilibrium)过程。❷更具体而言,在政治自由主义中,社会观念和人的观念之所以有规范力量,在于公

---

❶ Christine Korsgaard, *The Sources of Normativity* (New York: Cambridge University Press, 1996), pp.49-89.

❷ John Rawls, *CP*, p.289. 对于"反思平衡"这种辩护方法的一个更详尽分析,参见 Norman Danies, "Reflective Equilibrium and Archimedean Points," *Canadian Journal of Philosophy*, Vol.10, No.1 (Mar., 1980), pp.83-103。

民们在社会正义这个实践问题上对这些观念进行反思平衡的考察后予以的反思性认肯:自由社会的公民们采纳反思性批判的态度去对他们的历史传统、公共文化和政治制度进行审视,并问我们自己:在处理我们面临的正义问题时,我们应该如何设想我们自己、如何设想他人,以及与其他人一道进行的合作活动的性质呢?罗尔斯认为,在经过一个反思平衡过程后,政治自由主义的公民观与社会观,不仅符合自由社会公民们的背景性道德和政治常识、一般性判断和深思熟虑的确信(得益于"实践理性观念"第一方面含义);而且从这些观念出发,经过原初状态等哲学反思程序,会使得公民们发现由此出发得到的"结论是如此具有综合性和如此诱人,以至说服我们同意它们的前提所表达的观念的合理性"[1](得益于"实践理性观念"第二方面含义)。

因此,尽管"成为某种人"和"追求某种社会"这些价值和理想的构想与产生依赖于特定的实践,但正如拉兹观察到的那样:价值,尤其是这类政治价值,一经产生和出现,是可以脱离它得以产生和发展的那个支撑性实践(sustaining practice)而继续存在的,并"无限制地对所有东西产生影响"。说一种价值的构想依赖于某种社会实践,并不意味着只有在产生和认可它的社会里,它才能成为价值。[2]在其他没有这种传统和实践的社会里,它仍然可以作为一种(价值)愿景(aspiration)而存在。所以,罗尔斯很恰当地将政治自由主义称为一种以理想或观念为基础的理论(ideal or conception-based theory):这种理想或价值,因为是一种实践理性观念,在没有自由传统和实践的社会里,是可以被人们以实践理性加以审察、

---

[1] John Rawls, *TJ*, p.508.

[2] Joseph Raz, *The Practice of Value*, in *Tanner Lectures on Human Values*, edited and introduced by R. Jay Wallace (Oxford: Clarendon Press, 2003), p.22.

批评以及反思性地认同的（reflective endorsement）。辩护的政治邀请每一个理性的人类个体思考如下问题：在公共政治生活中，成为一个自由平等、理性而又合乎情理的公民，追求一种公平合作的社会，到底是不是值得我们向往的？

对这个问题的反思的结果，辩护的政治保持开放的态度：如果该社会大多数人经过一种反思平衡，的确认为这种理想或经过修改调整后的这种理想切合他们最深层次的承诺和确信；那么即使该社会当前不存在支撑这种政治的公共文化，该社会的人们也应该积极地创造各种社会条件，使这种理想和价值在他们的社会生根发芽。因为任何价值和理想的落实，都要求一定的社会条件；从原则上讲，不能以社会条件不具备反过来要求人们放弃追求某些价值和理想。当然，在有些社会，人们还是觉得采纳这种理想和价值会动摇他们根本的信仰和安身立命之道，如一些政教合一的社会。对此，政治自由主义并没有要求他们必须采纳这种理想从而变成自由的社会。这并不是因为政治自由主义耗尽了批判这种社会的规范性资源——政治自由主义认为只有依靠国家权力的压迫性使用才能成功维持一个社会多数人对某种特定的宗教的忠诚；只要保障了人类理性的自由运用，合理分歧必然由于"判断的负担"而出现。不过，基于其他一些诸如保持国际和平及尊重其他正派人民的理由，政治自由主义仍然宽容这样的社会；只要这样的社会是正派的社会（decent society）[1]。

当然，一些持普遍主义立场的强硬的自由主义者仍不满意，他们也许认为：罗尔斯没有为"自由平等公民"和"公平合作的社会"提供普遍以及有根据的哲学论证以表明世界上每个人、每个社

---

[1] John Rawls, *LP*, p.67.

会都应该追求这种价值,那么自由主义就无法要求非自由主义社会必须接受这种价值或者难以为那些非自由民主社会转变成自由民主社会提供一个"应当"意义上的强道德理由。这样一来,就把这种辩护政治在全世界这个层面上的吸引力和生命力,任意地抛给了由他人反思的不确定结果来决定。对于普遍主义的自由主义者所期望的那种"世界所有人应当普遍地接受政治自由主义"意义上的强道德论据,罗尔斯应当承认政治自由主义理论自身的确提供不了。罗尔斯确实没有通过哲学论证,普遍地给出强意义上的所有人都"应该"接受"自由平等公民"和"公平合作的社会"这样的政治理想的理由。但罗尔斯认为这不是什么新奇或有缺陷的事,他谈道:理性不要太自负,人类还未足够聪明,不要期望哲学论证能够论证所有人类价值和解决所有人类困惑,实际上它能解决的只是少部分问题。❶这是道德哲学和政治哲学领域为人类价值作论证的常态。例如,许多哲学家认为,其实我们对于最基本的价值——人权,也尚未给出完备的哲学论证。但也不需要因此而沮丧,伦理学中许多根本性的人类价值,尽管一开始我们也许只能依据人类实践经验直觉性地加以确认,但我们可以反思性或回顾性地为它们提供依据。罗尔斯同意康德,认为哲学的一般使命是作捍卫和申辩(philosophy as defense);而政治哲学应理解为通过寻找和提供最深层次的理性根据,来捍卫那些人类认为合乎情理的政治信念与实践。❷有时候,从那些并没有得到彻底的哲学论证而只是由经验和反思获得直觉确信的理想和信念出发,得到的"结论是如此具有综合性和如此诱人,以至能够说服我们同意它们的前提所表达的观念的合

---

❶ John Rawls, *CP*, pp.350, 438.
❷ Ibid., pp.448, 528.

理性"。❶在本书开篇,我就提出辩护政治要符合公共性的要求;整个公共辩护的工作,实际上可以理解为一个将哲学展示给公民,又把公民引向哲学的过程。而整个政治哲学的论证,归根结底是在捍卫一种合乎情理的信仰:自由而又平等、理性而又合乎情理的公民,在一个社会体系里进行公平合作的现实可能性。通过公共辩护过程公开推导和展示出来的这种组织有序社会的道德吸引力,以及它在实践上的不断成功,就是对它的前提和出发点的最好论证、捍卫与推广。

---

❶ John Rawls, *TJ*, p.508.

参考文献

Arendt, Hannah. *The Origins of Totalitarianism*. New York: Harcourt Brace Jovanovich, Inc., 1975.

Aristotle. *Nicomachean Ethics*. Translated by David Ross, Revised with an Introduction and Notes by Lesley Brown London, Oxford University Press 2009.

Arneson, Richard J. "Cracked Foundations of Liberal Equality," In *Dworkin and His Critics: With Replies by Dworkin*. Edited by Ronald Dworkin & Justine Burley. Blackwell Publishing, 2004.

—— "What, If Anything, Renders All Humans Morally Equal?" in *Singer and His Critics*. Edited by D. Jamieson. Oxford: Blackwell, 1999: 103-128.

Barry, Brain. *Justice as Impartiality*. Oxford: Clarendon Press, 1995.

—— "John Rawls and the Search for Stability, "*Ethics*, Vol.105, No.4 (2005): 874-915.

Baynes, Kenneth. "Constructivism and Practical Reason in Rawls," *Analyse & Kritik*, Vol.14 (1992): 18-32.

Beitz, Charles. "Rawls' Law of Peoples," *Ethics*, Vol.110, No.4 (July 2000): 669-696.

—— *The Idea of Human Rights*. Oxford: Oxford University Press, 2009.

Berlin, Isaiah. *The Crooked Timber of Humanity*. New York: Alfred A. Knopf, 1991.

Berlin, Isaiah & Polanowska-Sygulska, Beata. *Unfinished Dialogue*. Amherst, NY: Prometheus Books, 2006.

Berlin, Isaiah & Williams, Bernard. "Pluralism and Liberalism: A Reply," *Political Studies* 42 (1994): 306-309.

Besch, Thomas M. "Constructing Practical Reason: O'Neill on the Grounds of Kantian Constructivism," *The Journal of Value Inquiry*, Vol.42 (2008): 55-76.

Blake, Michael. "Distributive Justice, State Coercion, and Autonomy," *Philosophy & Public Affairs*, Vol.30, No.3 (Summer 2001): 257-296.

Bohman, James. "Liberalism, Deliberative Democracy, and 'Reasons that All Can Accept'," *The Journal of Political Philosophy*, Vol.17, No.3 (2009): 253-274.

Buckley, Michael. "The Structure of Justification in Political Constructivism," *Metaphilosophy*, Vol.41, No.5 (October 2010): 669-689.

Cohen, G. A. "Facts and Principles," *Philosophy & Public Affairs*, Vol.31, No.3 (2003): 211-245.

Cohen, Joshua. "Moral Pluralism and Political Consensus," in *The Idea of Democracy*. Edited by D. Copp, J. Hampton, and J. Roemer. Cambridge: Cambridge University Press, 1993.

——"Minimalism about Human Rights: The Best We Can Hope For?" *The Journal of Political Philosophy*, Vol.12 (2004): 190-213.

D'Agostino, Fred. *Free Public Reason: Making it Up as We Go*. Oxford: Oxford University Press, 1996.

Darwall, Stephen. "Two Kinds of Respect," in *Dignity, Character, and Self-Respect*. Edited by R.S. Dillon. New York: Routledge, 1995.

Dreben, Burton. "On Rawls and Political Liberalism," In Freeman, Samuel (ed.), *The Cambridge Companion to Rawls*. Cambridge: Cambridge University Press, 2003.

Dworkin, Gerald. *The Theory and Practice of Autonomy*. New York: Cambridge University Press, 1988.

Dworkin, Ronald. "The Original Position," *University of Chicago Law Review*, Vol.40, No.3 (Spring 1973): 500-533.

—— "Comment on Narveson: In Defense of Equality," *Social Philosophy and Policy*, Vo.1, No.1 (1983): 31-35.

—— "Liberalism," in *Liberalism and Its Critics*. Edited by Michael Sandel. New York: New York University Press, 1984.

—— *Law's Empire*. Cambridge, MA: Harvard University Press, 1986.

—— "Foundations of Liberal Equality," in *Tanner Lectures on Human Values*. Vol.11. Edited by Grethe B. Peterson. Salt Lake City: University of Utah Press, 1990: 1-119.

Estlund, David. "The Insularity of the Reasonable: Why Political Liberalism Must Admit the Truth," *Ethics*, 108 (1998): 252-275.

Frankfurt, Harry. "Freedom of the Will and the Concept of the Person," *The Journal of Philosophy*, Vol.68 (1971): 5-20.

Freeman, Samuel. *The Cambridge Companion to Rawls* (ed.). Cambridge: Cambridge University Press, 2003.

—— *Justice and the Social Contract: Essays on Rawlsian Political Philosophy*. Oxford: Oxford University Press, 2007.

—— "The Burdens of Public Justification: Constructivism, Contractualism, and Publicity," *Politics, Philosophy & Economics*, Vol.6, No.1 (Feb. 2007): 5-43.

Freyenhagen, Fabian. "Taking Reasonable Pluralism Seriously: An Internal Critique of Political Liberalism," *Philosophy, Politics & Economics*, Vol.10, Issue 3 (August 2011): 1-20.

Galston, William. *Liberal Purposes*. Cambridge: Cambridge University Press, 1991.

Gallie, Walter. "Essentially Contested Concepts," *Proceedings of the Aristotelian*

Society, 56 (1956): 167-198.

Gardbaum, Stephen. "Liberalism, Autonomy, and Moral Conflict," *Stanford Law Review*, Vol.48, No.2 (1996): 385-417.

Gaus, Gerald F. "The Rational, the Reasonable and Justification," *The Journal of Political Philosophy*, Vol.3 (September 1995): 234-258.

—— *Justificatory Liberalism: An Essay on Epistemology and Political Theory*. Oxford: Oxford University Press, 1996.

Gray, John. *Isaiah Berlin*. Princeton, NJ: Princeton University Press, 1996.

—— "Where Liberals and Pluralists Part Company," In *Pluralism: The Philosophy and Politics of Diversity*. Edited by M. Maria Baghramian & Attracta Ingram. New York: Routledge, 2000.

Habermas, Jürgen. "Reconciliation Through the Public Use of Reason: Remarks on John Rawls' Political Liberalism," *The Journal of Philosophy*, XC II (1995): 109-131.

—— *Moral Consciousness and Communicative Action*. Cambridge, MA: MIT Press, 1991.

—— *The Inclusion of the Other: Studies in Political Theory*. Cambridge, MA: MIT Press, 1998.

Hampton, Jean. "Contracts and Choices: Does Rawls Have a Social Contract Theory?" *The Journal of Philosophy*, Vol.77, No.6 (Jun. 1980): 315-338.

Heath, Joseph. *Communicative Action and Rational Choice*. Cambridge, Mass.: MIT Press, 2001.

Hobbes, Thomas. *On the Citizen*. Edited and translated by Richard Tuck and Michael Silverthorne. Cambridge: Cambridge University Press, 1991.

James, Aaron. "Constructing Justice for Existing Practice: Rawls and the Status Quo," *Philosophy & Public Affairs*, Vol.33, No.3 (Summer 2005): 281-316.

Johnston, David. *The Idea of a Liberal Theory: A Critique and Reconstruction*. Princeton, NJ: Princeton University Press, 1994.

Kant, Immanuel. *Groundwork of the Metaphysics of Morals*, in *Kant's Practical Philosophy*. Translated and edited by Mary Gregor. Cambridge: Cambridge University Press, 1996.

—— *The Metaphysics of Morals*, in Kant's *Practical Philosophy*. Translated and edited by Mary Gregor. Cambridge: Cambridge University Press, 1996.

—— *The Critique of Practical Reason*, in *Kant's Practical Philosophy*. Translated and edited by Mary Gregor. Cambridge: Cambridge University Press, 1996.

Klosko, George. "Political Constructivism in Rawls' Political Liberalism," *American Political Science Review*, Vol.91, No.3 (1997): 635-646.

Korsgaard, Christine. The *Sources of Normativity*. New York: Cambridge University Press, 1996.

—— *The Constitution of Agency: Essays on Practical Reason and Moral Psychology*. Oxford: Oxford University Press, 2008.

Krasnoff, Larry. "Consensus, Stability, and Normativity in Rawls' Political Liberalism," *The Journal of Philosophy*, Vol.95, No.6 (1998): 269-292.

—— "How Kantian is Constructivism?" *Kant-Studien*, Vol.90 (1999): 385-409.

Larmore, Charles. *The Morals of Modernity*. Cambridge: Cambridge University Press, 1996.

—— *The Autonomy of Morality*. New York: Cambridge University Press, 1998.

—— "Political Liberalism," *Political Theory*, Vol.18, No.3 (1990): 323-342.

Mackie, J. L. *Ethics: Inventing Right and Wrong*. New York: Penguin Books, 1977.

McCabe, David. *Modus Vivendi Liberalism: Theory and Practice*. Cambridge, MA: Cambridge University Press, 2010.

McCarthy, Thomas. "Practical Discourse: On the Relation of Morality to Politics," in his *Ideals and Illusions: On Reconstruction and Deconstruction in Contemporary Critical Theory*. Cambridge, MA: MIT Press, 1991.

——"Legitimacy and Diversity: Dialectical Reflections and Analytical Distinctions," *Cardozo Law Review*, Vol.17, Nos.4-5 (1996): 1083-1125.

Macedo, Stephen. "The Politics of Justification," *Political Theory*, Vol.18, No.2 (1990): 280-304.

——*Liberal Virtues: Citizenship, Virtue and Community in Liberal Constitutionalism*. Oxford: Clarendon Press, 1991.

Mendus, Susan. *Impartiality in Moral and Political Philosophy*. Oxford: Oxford University Press, 2002.

——"Pluralism and Scepticism in a Disenchanted World," In *Pluralism: The Philosophy and Politics of Diversity*. Edited by M. Maria Baghramian & Attracta Ingram. New York: Routledge, 2000.

McMahon, Christopher. "Habermas, Rawls, and Moral Impartiality," In James Gordon Finlayson & Fabian Freyenhagen (eds.), *Habermas and Rawls: Disputing the Political*. New York: Routledge, 2011.

Mill, John Stuart. *Utilitarianism*, in *On Liberty and Other Essays* [Oxford World's Classics]. Edited by John Gray. Oxford University Press, 1991.

Moon, Donald. "Practical Discourse and Communicative Ethics," in *The Cambridge Companion to Habermas*. Edited by Stephen K. White. New York: Cambridge University Press, 1995.

Moore, G. E. *Principia Ethica*. Cambridge: Cambridge University Press, 1993.

Nagel, Thomas. "Moral Conflict and Political Legitimacy," *Philosophy and Public Affairs,* 16 (1987): 215-240.

——*Equality and Partiality*. New York: Oxford University Press, 1991.

——"The Problem of Global Justice," *Philosophy & Public Affairs*, Vol.33, No.2 (Summer 2005): 113-147.

Nussbaum, Martha. "Human Functioning and Social Justice: In Defense of Aristotelian Essentialism," *Political Theory*, Vol.20, No. 2 (May 1992): 202-246.

——"Aristotle on Human Nature and the Foundations of Ethics," In *World,*

Mind, and Ethics: Essays on the Ethical Philosophy of Bernard Williams. Edited by J. E. J. Altham and Ross Harrison. Cambridge: Cambridge University Press, 1995.

—— *Sex and Social Justice.* Oxford: Oxford University Press, 1999.

—— "Aristotle, Politics, and Human Capabilities: A Response to Antony, Arneson, Charlesworth, and Mulgan," *Ethics*, Vol.111, No.1 (October 2000): 102-140.

—— *Women and Human Development: The Capabilities Approach.* Cambridge: Cambridge University Press, 2000.

—— "Perfectionist Liberalism and Political Liberalism," *Philosophy & Public Affairs* 39, No.1 (2011): 3-45.

—— *Frontiers of Justice: Disability, Nationality, Species Membership.* Cambridge, MA: Harvard University, 2006.

Neufeld, Blain. "Civic Respect, Political Liberalism, and Non-Liberal Societies," *Politics, Philosophy & Economics*, Vol.4, No.3 (2005): 275-299.

Noggle, Robert. "The Public Conception of Autonomy and Critical Self-reflection," *The Southern Journal of Philosophy*, Vol.35 (1997): 495-515.

O'Neill, Onora. "Constructivism VS. Contractualism, "*Ratio*, Vol.16, Issue 4 (1986): 319-331.

—— "The Public Use of Reason," *Political Theory*, Vol.14, No.4 (Nov. 1986): 523-551.

—— *Constructions of Reason.* Cambridge: Cambridge University Press, 1989.

—— *Towards Justice and Virtue: A Constructive Account of Practical Reasoning.* Cambridge: Cambridge University Press, 1996.

—— "Political Liberalism and Public Reason: A Critical Notice of John Rawls, Political Liberalism," *The Philosophical Review*, Vol.106, No.3 (1997): 411-428.

—— "Constructivism in Rawls and Kant," in *The Cambridge Companion to Rawls.* Edited by Samuel Freeman. Cambridge: Cambridge University Press,

2003.

Pettit, Philip. *Republicanism: A Theory of Freedom and Government*. Oxford: Clarendon Press, 1997.

Pogge, Thomas. "An Egalitarian Law of Peoples," *Philosophy & Public Affairs*, Vol.23, No.3 (Summer, 1994): 195-224.

—— "Is Kant's Rechtslehre Comprehensive?" *Southern Journal of Philosophy*, Vol.36, Issue S1(Spring 1998): 161-187.

—— "Moral Universalism and Global Economic Justice," *Politics, Philosophy & Economics*, Vol.1 (2002): 29-58.

Pojman, Louis. "On Equal Human Worth: A Critique of Contemporary Egalitarianism," in *Equality: Selected Readings*. Edited by L. P. Pojman and R. Westmoreland. Oxford: Oxford University Press, 1997.

Quong, Jonathan. *Liberalism without Perfection*. New York: Oxford University Press, 2011.

Rawls, John. *A Study in the Grounds of Ethical Knowledge: Considered with Reference to Judgments on the Moral Worth of Character*. Ph.D. Dissertation. Princeton University, 1950.

—— *Political Liberalism* [2nd Edition]. New York: Columbia University Press, 1996.

—— "The Idea of Public Reason Revisited," *The University of Chicago Law Review*, Vol.64, No.3 (1997): 765-807.

—— *A Theory of Justice* [Revised Edition]. Cambridge, MA: Harvard University Press, 1999.

—— *Collected Papers*. Edited by Samuel Freeman. Cambridge, MA: Harvard University Press, 1999.

—— *The Law of Peoples*. Cambridge, MA: Harvard University Press, 1999.

—— *Lectures on the History of Political Philosophy*. Edited by Samuel Freeman. Cambridge, MA: Harvard University Press, 2007.

—— "John Rawls For the Record," Interview by Sam R. Aybar, Joshua D. Harlan, and Won J. Lee, *The Harvard Review of Philosophy*, Vol.I (Spring 1991): 38-48.

Raz, Joseph. *The Morality of Freedom*. Oxford: Clarendon Press, 1986.

—— *The Practice of Value*. In *Tanner Lectures on Human Values*. Edited and introduced by R. Jay Wallace. Oxford: Clarendon Press, 2003.

—— "Facing Diversity: The Case of Epistemic Abstinence," *Philosophy and Public Affairs* 19 (1990): 3-46.

—— "Disagreement in Politics," *American Journal of Jurisprudence*, Vol.43 (1998): 25-54.

Reidy, David. "Reciprocity and Reasonable Disagreement: From Liberal to Democratic Legitimacy," *Philosophical Studies*, Vol.132 (2007): 243-291.

Roberts, Peri. *Political Constructivism*. New York: Routledge, 2007.

Ross, Steven. "The End of Moral Realism?" *Acta Analytica*, Vol.24, No.1 (2009): 43-61.

Sandel, Michael. *Liberalism and the Limits of Justice* [2nd Edition] .Cambridge: Cambridge University Press, 1998.

Scanlon, T. M. "Rawls on Justification," in *The Cambridge Companion to Rawls*. Edited by Samuel Freeman. Cambridge, MA: Cambridge University Press, 2002.

—— *What We Owe to Each Other*. Cambridge: Cambridge University Press, 1998.

Scheffler, Samuel. "The Appeal of Political Liberalism," *Ethics*, Vol.105, No.1 (Oct. 1994): 4-22.

Sher, George. *Beyond Neutrality: Perfectionism and Politics*. Cambridge: Cambridge University Press, 1997.

Sidgwick, Henry. *The Methods of Ethics*, 7th ed. Indianapolis: Hackett, 1981.

—— "Some Fundamental Ethical Controversies," *Mind*, Vol.14, No.56 (Oct. 1889): 473-487.

Tan, Kok-Chor. "Liberal Toleration in Rawls' Law of Peoples," *Ethics*, Vol. 108, No.2 (January 1998): 276-295.

Taylor, Charles. "The Politics of Recognition," in *Multiculturalism: Examining the Politics of Recognition*. Edited by Amy Gutmann. Princeton, NJ: Princeton University Press, 1994.

Waldron, Jeremy. "Locke, Toleration, and the Rationality of Persecution," in *John Locke: A Letter Concerning Toleration in Focus*. Edited by John Horton and Susan Mendus. London: Routledge, 1991.

—— "Theoretical Foundations of Liberalism". In his *Liberal Rights: Collected Papers 1981-1991*. Cambridge: Cambridge University Press, 1993.

—— *Law and Disagreement*. Oxford: Clarendon Press, 1999.

—— "Moral Autonomy and Personal Autonomy," in *Autonomy and the Challenges to Liberalism*. Edited by John Christman and Joel Anderson. Cambridge: Cambridge University Press, 2005.

Wall, Steven. *Liberalism, Perfectionism and Restraint*. Cambridge: Cambridge University Press, 1998.

—— "Is Public Justification Self-Defeating?" American *Philosophical Quarterly*, Vol.39, No.4 (2002): 385-394.

Walzer, Michael. *Spheres of Justice: A Defense of Pluralism and Equality*. New York: Basic Books, 1988.

Weithman, Paul. *Why Political Liberalism? On John Rawls' Political Turn*. New York: Oxford University Press, 2011.

Wenar, Leif. "Political Liberalism: An Internal Critique," *Ethics*, Vol.106, No.1(1995): 32-62.

Westmoreland, Robert. "The Truth about Public Reason," *Law and Philosophy*, Vol.18, No.3 (1999): 271-296.

Williams, Bernard. *Ethics and the Limits of Philosophy, with a Commentary on the Text by A. W. Moore*. London: Routledge, 2006.

—— "The Idea of Equality," in *Philosophy, Politics and Society*, series II. Edited by P. Laslett and W. G. Runciman. Oxford: Blackwell, 1962.

Wolf, Susan. "Sanity and the Metaphysics of Responsibility," in *Responsibility, Character and the Emotions*. Edited by F. Schoeman. Cambridge: Cambridge University Press, 1987.

Young, Iris Marion. *Justice and the Politics of Difference*. Princeton, NJ: Princeton University Press, 1990.

后　记

本书的雏形是我提交给北京大学的博士论文。在做最后修订的秋日里，回想起选题和构思的那些年月，我经常独自踱步于未名湖北岸那些荒芜的园子里，心中满是苦闷与困惑。因为自己平时虽辛勤苦读，但从政治哲学已有的研究中确定一个有学术价值的选题并做出创新性的研究，实非易事。加上伦理学教研室各位老师，素来不喜给学生指定论文题目，我们因此得到探索自由之益，但责任自然是沉甸甸的。这并不是他们放任不管，而是提供各种指导帮助首先都将学生看作是有独立思考能力的研究者。随着学术之路越往前行，我就越体会到这一点的重要。

这本书主要处理这样一个问题：在现代性多元的状况下，规制一个政治社会的根本正义原则本身是如何获得合理的公共辩护的？我认为一种经过发展、诠释和补充的罗尔斯式辩护进路是可得到合理捍卫的。书中所做的论证以及对质疑的回应，其得失自有学术共同体来评判。在此，我只是希望对各位师长和朋友表达真挚的谢意。感谢何怀宏教授引领我进入北京大学哲学系。在静园四院的伦理学教研室、在褐石园那个书香满溢的客厅里，我甚至无法记清和何老师有过多少次对谈和讨论。他的言传身教使我形成了一种治学信念：学者要关注社会及在社会中生活的人的现实境况，同情地理解他们遭遇到的困惑苦难，将之合理地提炼转化为学术上可以讨论的问题，并探索解决之道。何老师待人宽厚，超然物外，这种温文儒雅、宠辱不惊的治学处世态度亦令我受益匪浅。何老师和师母邵滨鸿女士这几年对我的真挚关怀和热情鼓励，我一直感念至深。我的学术训练，还得益于伦理学教研室的徐向东老师和李猛老师。我至今还记得徐老师带领我们在外哲所 227 室一章章地研读帕菲特尚未正式出版的巨著 *On What Matters* 时的艰辛和兴奋，以及讨论知识论、全球正义等领域的问题时的收获和感悟。徐老师在学术研究、出国交流、翻译出版以及工作选择等诸多问题上都热情地给予我指导帮助。2009 年冬天，李猛老师和我们聚在文史楼研读自然法基本文献的情景也历历在目，他每节课前给我的读书报告回复的批注至今完好地保存在我的邮箱里。我到了博士四年级，仍然坚持参与李老师的两门研讨课，听他讲授政治思想史研究如何从文本缝隙里找到分析问题的关键切入点。我从教研室几位师长那里学到了如何阅读文献、提炼问题、分析问题以及如何提出具有自己创新性的解答。徐老师上课时有几次提到：做哲学研究能够使人的思辨潜能和个性最大限度地发挥出来。我深以为然，上述的三位恩师就是最好的例证。正是他们的言传身教，我才得以初步具备从事学术研究的能力和信心。

本书的大部分写作工作，是我在 2011 年至 2012 年接受国家留学基金委资助到美国田纳西大学哲学系访问期间，在 John C. Hodges Library 中完成的。我非常感谢 David Reidy 教授接纳我的访问申请，他介绍和引导我参与他们系里几门"康德—罗尔斯"课程、各种有关价值哲学的学术讨论会。我忘不了在大烟山国家公园脚下那个简朴宁静的美国中部小城里,与他每月在 Cumberland Ave 的小餐馆里共进一次学术午餐,就正义、自由、平等、人权、人类尊严、人的自主性和能动性等这些人类价值展开讨论。我们的政治社会文化背景迥异,但彼此的对话却能逾越这些障碍严肃而又富有激情地展开,这本身表明我们不仅自然地共在一个世界,而且对如何保障人类在此世上拥有值得一过的生活,也有可以共享的理解。

我在政治哲学上的知识准备,也要归功于 2003 年至 2009 年分别在中山大学政治与公共事务管理学院以及南京大学政府管理学院这两个学术机构得到的培养锻炼;它们都是当今中国在政治以及公共事务研究领域内成就卓著的机构。其中,我要特别感谢中山大学政治学系的谭安奎教授,我非常乐意承认拙著仍有许多他学术思想的影子,原因很简单:他是我研究政治哲学的启蒙老师,并且经常无私地把他的原创性观点与我分享。这些年来,他一直鼓励和关心着我的成长和发展。我从这位真挚的师友身上体会到:对研究人类事务的学问,当倾激情以维持兴致却又要依理性去分析问题;而对每个人实实在在所过的生活,需同情宽容的心态、清明的判断,以及直面人事完缺的勇气和担当。我同样感谢我的硕士导师南京大学张凤阳教授,我在硕士期间的学术训练无一不受惠于他。出于研究政治哲学的需要,我在南大获得政治学理论硕士学位后,决定转到北京大学哲学系攻读博士,他对此给予了热情的鼓励和帮助;并且之后一直热心地关注我的学术、生活,直到现在。由此扩展开来,我要感谢这两所学术机构所有培养过我的师长,以及那些年一起在康乐园以及金陵苑共读的同学少年。这些同窗中大多数人并不做学术研究,却一直能理解和鼓励我这个独行学术路的人,这在一个浮躁功利的社会里并不容易。也正是因此,我对他们尤为感念。

本书的章节曾在不同的学术会议上宣读,收获了来自分析政治哲学共同体的朋友许多有益批评和中肯的修改建议；这个年轻活跃、真诚分享、诚恳批判的共同体是我坚持和进步的动力。本书的部分章节也曾在不同的专业学术期刊上发表过，感谢这些期刊的编审。感谢"三联·哈佛燕京学术丛书"对本书出版的支持；非常感谢丛书的匿名评审人给我写了很长的修改建议和指出进一步研究的方向，还有生活·读书·新知三联书店为本书出版所做的一切努力。

亚里士多德以为：作为研究城邦善的政治哲学，它所规划、追求的那些东西，应该是人们自己，其父母、亲人、爱人以至所有公民同胞等，他们作为人就能够享受到的，而不是将他们造成神或者降为兽才能享用到的。我非常赞同这种对政治哲学的实践理解。因此，我想对含辛茹苦抚养我长大的身在远方的父母说：尽管你们不一定能完全看得懂这本书，但它必定包含了对包括你们在内的每一个普通人如何才能过上一种安全、体面、有尊严的生活的真切关顾与严肃思考。

陈肖生

2017年10月于南京大学

出版后记

当前,在海内外华人学者当中,一个呼声正在兴起——它在诉说中华文明的光辉历程,它在争辩中国学术文化的独立地位,它在呼喊中国优秀知识传统的复兴与鼎盛,它在日益清晰而明确地向人类表明:我们不但要自立于世界民族之林,把中国建设成为经济大国和科技大国,我们还要群策群力,力争使中国在21世纪变成真正的文明大国、思想大国和学术大国。

在这种令人鼓舞的气氛中,三联书店荣幸地得到海内外关心中国学术文化的朋友们的帮助,编辑出版这套"三联·哈佛燕京学术丛书",以为华人学者们上述强劲吁求的一种纪录,一个回应。

北京大学和中国社会科学院的一些著名专家、教授应本店之邀,组成学术委员会。学术委员会完全独立地运作,负责审定书稿,并指导本店编辑部进行必要的工作。每一本专著书尾,均刊印推荐此书的专家评语。此种学术质量责任制度,将尽可能保证本丛书的学术品格。对于以季羡林教授为首的本丛书学术委员会的辛勤工作和高度责任心,我们深为钦佩并表谢意。

推动中国学术进步,促进国内学术自由,鼓励学界进取探索,是为三联书店之一贯宗旨。希望在中国日益开放、进步、繁盛的氛围中,在海内外学术机构、热心人士、学界先进的支持帮助下,更多地出版学术和文化精品!

生活·读书·新知三联书店
一九九七年五月

三联·哈佛燕京学术丛书
［一至十六辑书目］

第一辑

01 中国小说源流论 / 石昌渝著
02 工业组织与经济增长
   的理论研究 / 杨宏儒著
03 罗素与中国 / 冯崇义著
   ——西方思想在中国的一次经历
04 《因明正理门论》研究 / 巫寿康著
05 论可能生活 / 赵汀阳著
06 法律的文化解释 / 梁治平编
07 台湾的忧郁 / 黎湘萍著
08 再登巴比伦塔 / 董小英著
   ——巴赫金与对话理论

第二辑

09 现象学及其效应 / 倪梁康著
   ——胡塞尔与当代德国哲学
10 海德格尔哲学概论 / 陈嘉映著
11 清末新知识界的社团与活动 / 桑兵著
12 天朝的崩溃 / 茅海建著
   ——鸦片战争再研究
13 境生象外 / 韩林德著
   ——华夏审美与艺术特征考察
14 代价论 / 郑也夫著
   ——一个社会学的新视角

15 走出男权传统的樊篱 / 刘慧英著
   ——文学中男权意识的批判
16 金元全真道内丹心性学 / 张广保著

第三辑

17 古代宗教与伦理 / 陈　来著
   ——儒家思想的根源
18 世袭社会及其解体 / 何怀宏著
   ——中国历史上的春秋时代
19 语言与哲学 / 徐友渔 周国平
                陈嘉映 尚　杰 著
   ——当代英美与德法传统比较研究
20 爱默生和中国 / 钱满素著
   ——对个人主义的反思
21 门阀士族与永明文学 / 刘跃进著
22 明清徽商与淮扬社会变迁 / 王振忠著
23 海德格尔思想与中国天道 / 张祥龙著
   ——终极视域的开启与交融

第四辑

24 人文困惑与反思 / 盛　宁著
   ——西方后现代主义思潮批判
25 社会人类学与中国研究 / 王铭铭著
26 儒学地域化的近代形态 / 杨念群著
   ——三大知识群体互动的比较研究

27 中国史前考古学史研究 / 陈星灿著
   (1895—1949)
28 心学之思 / 杨国荣著
   ——王阳明哲学的阐释
29 绵延之维 / 丁 宁著
   ——走向艺术史哲学
30 历史哲学的重建 / 张西平著
   ——卢卡奇与当代西方社会思潮

第五辑

31 京剧·跷和中国的性别关系 / 黄育馥著
   (1902—1937)
32 奎因哲学研究 / 陈 波著
   ——从逻辑和语言的观点看
33 选举社会及其终结 / 何怀宏著
   ——秦汉至晚清历史的一种社会学阐释
34 稷下学研究 / 白 奚著
   ——中国古代的思想自由与百家争鸣
35 传统与变迁 / 周晓虹著
   ——江浙农民的社会心理及其近代以来的嬗变
36 神秘主义诗学 / 毛 峰著

第六辑

37 人类的四分之一：马尔萨斯的神话与中国的现实 / 李中清 王 丰著
   (1700—2000)
38 古道西风 / 林梅村著
   ——考古新发现所见中西文化交流
39 汉帝国的建立与刘邦集团 / 李开元著
   ——军功受益阶层研究
40 走进分析哲学 / 王 路著

41 选择·接受与疏离 / 王攸欣著
   ——王国维接受叔本华
      朱光潜接受克罗齐 美学比较研究
42 为了忘却的集体记忆 / 许子东著
   ——解读50篇"文革"小说
43 中国文论与西方诗学 / 余 虹著

第七辑

44 正义的两面 / 慈继伟著
45 无调式的辩证想象 / 张一兵著
   ——阿多诺《否定的辩证法》的文本学解读
46 20世纪上半期中国文学的现代意识 / 张新颖著
47 中古中国与外来文明 / 荣新江著
48 中国清真女寺史 / 水镜君
               玛利亚·雅绍克 著
49 法国戏剧百年 / 宫宝荣著
   (1880—1980)
50 大河移民上访的故事 / 应 星著

第八辑

51 多视角看江南经济史 / 李伯重著
   (1250—1850)
52 推敲"自我"：小说在18世纪的英国 / 黄梅著
53 小说香港 / 赵稀方著
54 政治儒学 / 蒋 庆著
   ——当代儒学的转向、特质与发展
55 在上帝与恺撒之间 / 丛日云著
   ——基督教二元政治观与近代自由主义
56 从自由主义到后自由主义 / 应奇著

第九辑

57 君子儒与诗教 / 俞志慧著
　　——先秦儒家文学思想考论
58 良知学的展开 / 彭国翔著
　　——王龙溪与中晚明的阳明学
59 国家与学术的地方互动 / 王东杰著
　　——四川大学国立化进程（1925—1939）
60 都市里的村庄 / 蓝宇蕴著
　　——一个"新村社共同体"的实地研究
61 "诺斯"与拯救 / 张新樟著
　　——古代诺斯替主义的神话、哲学与精神修炼

第十辑

62 祖宗之法 / 邓小南著
　　——北宋前期政治述略
63 草原与田园 / 韩茂莉著
　　——辽金时期西辽河流域农牧业与环境
64 社会变革与婚姻家庭变动 / 王跃生著
　　——20世纪30—90年代的冀南农村
65 禅史钩沉 / 龚㒞著
　　——以问题为中心的思想史论述
66 "国民作家"的立场 / 董炳月著
　　——中日现代文学关系研究
67 中产阶级的孩子们 / 程巍著
　　——60年代与文化领导权
68 心智、知识与道德 / 马永翔著
　　——哈耶克的道德哲学及其基础研究

第十一辑

69 批判与实践 / 童世骏著
　　——论哈贝马斯的批判理论
70 身体·语言·他者 / 杨大春著
　　——当代法国哲学的三大主题
71 日本后现代与知识左翼 / 赵京华著
72 中庸的思想 / 陈赟著
73 绝域与绝学 / 郭丽萍著
　　——清代中叶西北史地学研究

第十二辑

74 现代政治的正当性基础 / 周濂著
75 罗念庵的生命历程与思想世界 / 张卫红著
76 郊庙之外 / 雷闻著
　　——隋唐国家祭祀与宗教
77 德礼之间 / 郑开著
　　——前诸子时期的思想史
78 从"人文主义"到"保守主义" / 张源著
　　——《学衡》中的白璧德
79 传统社会末期华北的生态与社会 / 王建革著

第十三辑

80 自由人的平等政治 / 周保松著
81 救赎与自救 / 杨天宏著
　　——中华基督教会边疆服务研究
82 中国晚明与欧洲文学 / 李奭学著
　　——明末耶稣会古典型证道故事考诠
83 茶叶与鸦片：19世纪经济全球化中的中国 / 仲伟民著
84 现代国家与民族建构 / 昝涛著
　　——20世纪前期土耳其民族主义研究

第十四辑

85 自由与教育 ／ 渠敬东　王　楠著
　　——洛克与卢梭的教育哲学
86 列维纳斯与"书"的问题 ／ 刘文瑾著
　　——他人的面容与"歌中之歌"
87 治政与事君 ／ 解　扬著
　　——吕坤《实政录》及其经世思想研究
88 清代世家与文学传承 ／ 徐雁平著
89 隐秘的颠覆 ／ 唐文明著
　　——牟宗三、康德与原始儒家

第十五辑

90 中国"诗史"传统 ／ 张　晖著
91 民国北京城：历史与怀旧 ／ 董　玥著
92 柏拉图的本原学说 ／ 先　刚著
　　——基于未成文学说和对话录的研究
93 心理学与社会学之间的诠释学进路 ／ 徐　冰著
94 公私辨：历史衍化与现代诠释 ／ 陈乔见著
95 秦汉国家祭祀史稿 ／ 田　天著

第十六辑

96 辩护的政治 ／ 陈肖生著
　　——罗尔斯公共辩护思想研究
97 慎独与诚意：刘蕺山哲学思想研究 ／ 高海波著
　　——刘蕺山哲学思想研究
98 汉藏之间的康定土司 ／ 郑少雄著
　　——清末民初末代明正土司人生史
99 中国近代外交官群体的形成（1861—1911）／ 李文杰著
100 中国国家治理的制度逻辑 ／ 周雪光著
　　——一个组织学研究